Nachhaltigkeit als Erfolgsfaktor in Hotellerie & Gastronomie

Burkhard von Freyberg · Axel Gruner ·
Willy Legrand

Nachhaltigkeit als Erfolgsfaktor in Hotellerie & Gastronomie

2., überarbeitete und erweiterte Auflage

Burkhard von Freyberg
Hochschule München
München, Deutschland

Axel Gruner
Hochschule München
München, Deutschland

Willy Legrand
IU International University of Applied Sciences
Bad Honnef, Deutschland

ISBN 978-3-658-44582-9   ISBN 978-3-658-44583-6 (eBook)
https://doi.org/10.1007/978-3-658-44583-6

Die Deutsche Nationalbibliothek verzeichnet diese Publikation in der Deutschen Nationalbibliografie; detaillierte bibliografische Daten sind im Internet über https://portal.dnb.de abrufbar.

1. Auflage: © Matthaes Verlag GmbH 2015

© Der/die Herausgeber bzw. der/die Autor(en), exklusiv lizenziert an Springer Fachmedien Wiesbaden GmbH, ein Teil von Springer Nature 2024

Das Werk einschließlich aller seiner Teile ist urheberrechtlich geschützt. Jede Verwertung, die nicht ausdrücklich vom Urheberrechtsgesetz zugelassen ist, bedarf der vorherigen Zustimmung des Verlags. Das gilt insbesondere für Vervielfältigungen, Bearbeitungen, Übersetzungen, Mikroverfilmungen und die Einspeicherung und Verarbeitung in elektronischen Systemen.
Die Wiedergabe von allgemein beschreibenden Bezeichnungen, Marken, Unternehmensnamen etc. in diesem Werk bedeutet nicht, dass diese frei durch jede Person benutzt werden dürfen. Die Berechtigung zur Benutzung unterliegt, auch ohne gesonderten Hinweis hierzu, den Regeln des Markenrechts. Die Rechte des/der jeweiligen Zeicheninhaber*in sind zu beachten.
Der Verlag, die Autor*innen und die Herausgeber*innnen gehen davon aus, dass die Angaben und Informationen in diesem Werk zum Zeitpunkt der Veröffentlichung vollständig und korrekt sind. Weder der Verlag noch die Autor*innen oder die Herausgeber*innen übernehmen, ausdrücklich oder implizit, Gewähr für den Inhalt des Werkes, etwaige Fehler oder Äußerungen. Der Verlag bleibt im Hinblick auf geografische Zuordnungen und Gebietsbezeichnungen in veröffentlichten Karten und Institutionsadressen neutral.

Planung/Lektorat: Angela Meffert
Springer Gabler ist ein Imprint der eingetragenen Gesellschaft Springer Fachmedien Wiesbaden GmbH und ist ein Teil von Springer Nature.
Die Anschrift der Gesellschaft ist: Abraham-Lincoln-Str. 46, 65189 Wiesbaden, Germany

Wenn Sie dieses Produkt entsorgen, geben Sie das Papier bitte zum Recycling.

Vorwort

Die Erwartungen von Gästen, Investoren und Öffentlichkeit an das Verantwortungsbewusstsein von Hoteliers und Gastronomen steigen. Gastgeber sehen sich deshalb zunehmend in der Pflicht, nachhaltiger zu wirtschaften, ihr gesellschaftliches und ökologisches Engagement zu dokumentieren sowie diese Aktivitäten nach außen zu kommunizieren.

Jedes Handeln der Gastgeber und Gäste beeinflusst die derzeitigen sowie zukünftigen sozialen, umweltbezogenen und nicht zuletzt monetären Rahmenbedingungen unseres Umfelds. Insbesondere nachfolgende Fragen beschäftigen die gastgewerblichen Unternehmer hinsichtlich des Nachhaltigkeitsaspekts:

- Bringt das Investment in Nachhaltigkeit und Verantwortung gegenüber der Gesellschaft einen Return on Investment?
- Würdigt der Gast das Engagement und ist er bereit, die eventuellen Mehrkosten mitzutragen?
- Welche Nachhaltigkeitsstrategie passt zum eigenen Betrieb? Welche Maßnahmen sind für den jeweiligen gastgewerblichen Betriebstyp geeignet, welche nicht?
- Welche Vorschriften gelten für mein Unternehmen in Bezug auf die Berichterstattung oder die Vermarktung von Nachhaltigkeit?

Ein Blick auf den Hotel- und Gastronomiemarkt zeigt, dass „Nachhaltigkeit" keine Modeerscheinung ist, sondern mittlerweile nicht nur bei Betrieben mit Konzernstruktur in unterschiedlich starken Ausprägungen zum Unternehmenskonzept gehört.

In diesem Buch wollen wir der Frage nachgehen, was Nachhaltigkeit im Gastgewerbe bzw. der Hospitality-Industrie bedeutet, welche erfolgversprechenden Strategien existieren und welche Werkzeuge beispielsweise bei der Zertifizierung sowie im Einkaufs-, Energie- und Personalmanagement eingesetzt werden können.

Ein besonderer Dank gebührt Katrin Falkner, Manuel Hübschmann, Günter Koschwitz und Jochen Öhler, die Ideen zur 1. Auflage beigesteuert haben.

Prof. Dr. Celine Chang ist Autorin des Kapitels zum nachhaltigen Personalmanagement bei, Kathrin Haack koordinierte die Erstellung der 2. Auflage.

Die vorliegende 2. Auflage wurde vollständig gegenüber der 1. Auflage aktualisiert und erweitert. Im hinteren Teil finden sich neue Fallstudien von herausragenden Akteuren der Branche in Sachen Nachhaltigkeit.

München, Deutschland	Burkhard von Freyberg
München, Deutschland	Axel Gruner
Bad Honnef, Deutschland	Willy Legrand
Frühjahr 2024	

Inhaltsverzeichnis

1 **Was bedeutet Nachhaltigkeit in der Hotellerie und Gastronomie?** 1
   1.1 Ökonomische Nachhaltigkeit 2
   1.2 Soziale Nachhaltigkeit 5
   1.3 Ökologische Nachhaltigkeit 7
   1.4 Aktuelle wirtschaftliche und politische Rahmenbedingungen und
       Herangehensweisen 9
       1.4.1 ESG – Zeit für einen ganzheitlichen Ansatz 10
       1.4.2 Sustainable Markets Initiative (SMI) – Hospitality and
            Tourism Task Force 17
       1.4.3 Nachhaltige Entwicklungsziele (SDGs) und der Hotelsektor 18
       1.4.4 EU-Richtlinie zu umweltfreundlichen Werbeaussagen &
            Hotelmarketing 20
   Literatur.. 21

2 **Nachhaltiges Ressourcenmanagement** 25
   2.1 Mit grünen Maßnahmen schwarze Zahlen schreiben 25
   2.2 Ressourceneffizienz, wie geht das konkret? 26
       2.2.1 Energie sparen 26
       2.2.2 Wasser sparen 30
       2.2.3 Abfall vermeiden 31
       2.2.4 Mobilität... 32
       2.2.5 Umweltschonende Materialien 32
   2.3 Kennzahlen und Benchmarks offenbaren es 33
   2.4 Was es mit der Klimabilanzierung auf sich hat 36
   2.5 Checkliste zur Umsetzungsunterstützung von nachhaltigem
       Ressourcenmanagement 37
   Literatur.. 38

3 **Nachhaltiges Einkaufsmanagement** 39
   3.1 Verhaltenskodex für Lieferanten 39
   3.2 Branchenspezifische Herausforderungen 40

	3.3	Checkliste zur Umsetzungsunterstützung von nachhaltigem Einkaufsmanagement	41
	Literatur		42
4	**Regionalität – Das Salz in der Suppe**		**43**
	4.1	Die Region sind wir	45
	4.2	Einbezug der Interessenvertreter, wie geht das?	47
	4.3	Das Gebäude und die Umgebung – eine wichtige Symbiose	47
	4.4	Regionale Partnerschaften	48
	4.5	Hotellerie als Katalysator für gute Arbeitsplätze in der Region	50
	4.6	Checkliste zur Umsetzungsunterstützung eines richtigen Umgangs mit Regionalität	52
	Literatur		53
5	**Nachhaltiges Personalmanagement**		**55**
	5.1	Nachhaltiges Personalmanagement – Status quo und Entwicklungen	55
	5.2	Beitrag des Personalmanagements bei der Umsetzung von Nachhaltigkeit im Unternehmen	58
	5.3	Das Personalmanagement nachhaltig gestalten	60
		5.3.1 Voraussetzungen und Verantwortlichkeiten	62
		5.3.2 Nachhaltiges Personalmanagement ist ganzheitlich und systematisch	63
		5.3.3 Instrumente für nachhaltiges Personalmanagement	65
	5.4	Fazit und Ausblick	69
	5.5	Checkliste zur Umsetzungsunterstützung von nachhaltigem Personalmanagement	69
	Literatur		70
6	**Zertifizierungen und nachhaltige Systeme**		**73**
	6.1	Zertifizierungen	74
		6.1.1 Umweltzertifizierungen verstehen	78
		6.1.2 Einblicke in die Umweltzertifizierungen	82
		6.1.3 Zertifizierungen ökologischer Produkte	82
		6.1.4 Zertifizierungen nachhaltiger Produkte	89
	6.2	Nachhaltige Systeme	95
	6.3	Die Sustainable Hospitality Alliance	98
	6.4	Checkliste zur Umsetzungsunterstützung von nachhaltigen Systemen und Zertifizierungen	99
	Literatur		100
7	**Einführung eines nachhaltigen Managements**		**101**
	7.1	Externe Beratung	101
	7.2	Vorbereitung – das A und O	102
	7.3	Bestandsaufnahme – erkenne dich selbst	103

	7.4	Ziele definieren – nur dann kommt man auch an	104
	7.5	Ziele umsetzen – die eigentliche Arbeit	106
	7.6	Das Berichtswesen als Informationsquelle	107
	7.7	Interne und externe Audits	108
	7.8	Checkliste zur Umsetzungsunterstützung bei der Einführung eines nachhaltigen Managements	109
	Literatur		110
8	**Kommunikation eines nachhaltigen Hotelangebots**		**111**
	8.1	Tu Gutes und sprich darüber	111
	8.2	Instrumente der Nachhaltigkeitskommunikation	113
	8.3	Marketingkooperation – gemeinsam geht es leichter	119
	8.4	Auszeichnungen – Ehre, wem Ehre gebührt	121
	8.5	Checkliste zur Umsetzungsunterstützung von nachhaltiger Kommunikation	123
	Literatur		124
9	**Praxisbeispiele von Vorbildern des Gastgewerbes**		**125**
	9.1	Nachhaltiges Ressourcenmanagement im Hotel HAFFHUS	126
	9.2	Nachhaltiges Einkaufsmanagement im Schillings Gasthof, Schaprode	131
	9.3	Regionalität im FORESTIS	134
	9.4	Nachhaltiges Personalmanagement im Waldhotel Stuttgart	136
	9.5	Nachhaltige Systeme und Zertifizierungen mit GreenSign	138
	9.6	Nachhaltige Systeme und Zertifizierungen bei Scandic	140
	9.7	Einführung eines nachhaltigen Managements bei den Koncept Hotels	141
	9.8	Nachhaltige Kommunikation in den Explorer Hotels	143
10	**Forschung im Bereich Nachhaltigkeit**		**147**
	10.1	Nachhaltigkeit ist wichtig – Entwicklung des Forschungsfeldes im Hospitality-Management	147
	10.2	Einflussreiche Trends und Schlüsselerkenntnisse	148
	10.3	Einfluss wissenschaftlicher Forschung auf die Umsetzung von ESG-Prinzipien	150
	Literatur		151

Über die Autoren

Prof. Dr. Burkhard von Freyberg (geb. 1973) absolvierte eine Hotelfachlehre im Hotel Bayerischer Hof in München und studierte im Anschluss Wirtschaftswissenschaften in München, Boston und Regensburg. Nach verschiedenen beruflichen Stationen im In- und Ausland war er unter anderem vier Jahre bei dem Hotelberatungsunternehmen Treugast als Senior Consultant und Leiter des angegliederten Forschungsinstitutes tätig. Neben verschiedenen Lehrengagements an renommierten nationalen und internationalen Hochschulen unterrichtet er seit März 2007 an der Fakultät für Tourismus der Hochschule München, im März 2009 wurde er zum Professor für Hospitality Management berufen. Seit Januar 2008 ist er geschäftsführender Gesellschafter des auf die Privathotellerie spezialisierten Beratungsunternehmens Zarges von Freyberg Hotel Consulting, 2012 gründete er Online Birds Hotelmarketing Solutions. Burkhard von Freyberg ist Autor diverser hospitality-relevanter Artikel und Fachbücher, Jurymitglied bei Branchenawards und in verschiedenen Beiräten in Hotels und Hotelgesellschaften aktiv.

Prof. Dr. Axel Gruner (geb. 1964), gelernter Koch, staatl. gepr. Hotelbetriebswirt und Dipl.-Betriebswirt, ist seit November 2004 Professor für Hospitality Management an der Hochschule für angewandte Wissenschaften München, Fakultät für Tourismus. Mit seiner Unternehmensberatung hospitality consulting & training hat er sich auf Mystery Checks, unternehmensspezifische Erneuerungsprozesse sowie die Konzeptionierung von lebensstilorientierten Hospitality-Leistungen spezialisiert. Er verfügt über langjährige operative Erfahrung in der internationalen Hotellerie (u. a. Hotel Ruf, Pforzheim; SSS Gorch Fock, Kiel; Maritim Golf- & Sporthotel,

Timmendorfer Strand; Hotel Europe, Killarney (Irland); Hyatt Regency Grand Cayman (British West Indies); Brenners Parkhotel, Baden-Baden; Hotel Océano, Teneriffa (Spanien)) und als Unternehmensberater, Coach, Trainer, Dozent, Aufsichtsratsvorsitzender des Rhön Park Hotel Resorts und Ex-Aufsichtsrats- und Lenkungsausschussmitglied Travel Charme Hotels & Resorts. Axel Gruner ist u. a. (Mit-)Herausgeber und Autor zahlreicher Bücher wie „Management-Lexikon Hotellerie & Gastronomie", „Management-Ausbildung in der Hotellerie", „ErfolgReich in der Privathotellerie", „Hotelmanagement" sowie „Erlebnisse schaffen in Hotellerie und Gastronomie". Das betriebswirtschaftliche Studium absolvierte er an der Universität für Wirtschaft und Politik Hamburg und der Universidad de Alicante (Spanien). Die Promotion zum Dr. rer. soc. oec. erfolgte in Kooperation mit der Steigenberger Hotels AG sowie der Choice Hotels Germany GmbH am Zentrum für Tourismus und Dienstleistungswirtschaft der Leopold-Franzens-Universität Innsbruck (Österreich) mit einer umfassenden Arbeit über die Markenloyalität in der Hotellerie.

Prof. Dr. Willy Legrand (geb. 1971) ist Professor an der IU Internationalen Hochschule in Deutschland und hat sich auf nachhaltige Entwicklung und Management in Tourismus und Hospitality spezialisiert. Er hat in Europa, Süd- und Nordamerika, im Nahen Osten und in Asien mehr als zwei Dutzend Bachelor- und Masterkurse zum Thema nachhaltige Entwicklung in der Wirtschaft und im Hotel- und Tourismussektor gehalten. Er ist Hauptautor von Sustainability in the Hospitality Industry; Principles of Sustainable Operations (4. Auflage, 2022, Routledge) und von Critical Questions in Sustainability and Hospitality (2023, Routledge). Willy Legrand ist Vorsitzender des Hospitality Net World Panel on Sustainability in Hospitality, in dem sich Branchenexperten mit dem Ziel austauschen, das Thema Nachhaltigkeit mehr denn je in der unternehmerischen Diskussion und Entscheidungsfindung zu verankern. Er sitzt in mehreren akademischen Publikations- und Fachgremien und ist Mitherausgeber des Journal of Global Responsibility.

Über die Gastautorin

 **Prof. Dr. Celine Chang**, Diplom-Psychologin, ist seit 2012 Professorin für Human Resources Management an der Hochschule München, Fakultät für Tourismus. Sie ist Gründungsmitglied der Forschungsgruppe New Work an der Hochschule München, die im Rahmen der Hightech Agenda Bayern gefördert wird. Ihre Themenschwerpunkte in Lehre und Forschung sind New Work, strategisches HR-Management, Leadership und Fachkräftesicherung im Tourismus. Sie verfügt über umfassende Erfahrungen im HR-Bereich und im HR-Consulting und begleitet Unternehmen, Führungskräfte und Teams als Beraterin und systemischer Coach. Sie ist langjähriges Jurymitglied des Hospitality HR Award.

Was bedeutet Nachhaltigkeit in der Hotellerie und Gastronomie?

Zusammenfassung

In diesem Kapitel steht die Bedeutung von Nachhaltigkeit in der Hotellerie und Gastronomie im Fokus. Es werden ökonomische, soziale und ökologische Aspekte beleuchtet und es wird auf aktuelle wirtschaftliche und politische Rahmenbedingungen eingegangen. Die Integration von Umwelt, Sozialem und Governance (ESG) in die Hospitality-Industrie wird aufgezeigt, mit Schwerpunkten wie ESG-Berichterstattung -Bewertungen und -Performance. Die Verbindung zu nachhaltigen Entwicklungszielen (SDGs) sowie die EU-Richtlinie zu umweltfreundlichem Hotelmarketing werden ebenfalls behandelt. Das Kapitel bietet einen prägnanten Überblick über Nachhaltigkeitsaspekte in der Branche, gestützt durch Beispiele von Hotelketten wie Radisson, Hilton, Marriott und Accor sowie einzelnen Häusern wie dem Fairmont Hotel Vier Jahreszeiten Hamburg oder dem Tegernseer Hotel Bachmair Weissach.

Gäste, Investoren und Öffentlichkeit erwarten von Hoteliers und Gastronomen zunehmend einen verantwortungsvollen Umgang mit ihren Ressourcen. Somit sehen sich Gastgeber mittlerweile in der Pflicht, nachhaltiger zu wirtschaften, ihr gesellschaftliches und ökologisches Engagement zu hinterfragen sowie ihre Aktivitäten diesbezüglich nach außen zu kommunizieren.

Wenn sich gastgewerbliche Betriebe nachhaltig bzw. nachhaltiger ausrichten wollen, ist es natürlich essenziell, sich zunächst einmal damit zu beschäftigen, was Nachhaltigkeit bzw. nachhaltig zu sein eigentlich bedeutet. Der Begriff der Nachhaltigkeit ist grundsätzlich kein neuer, er existiert bereits seit Jahrzehnten, hat aber aufgrund der klimapolitischen Diskussionen der letzten Jahre deutlich an Relevanz gewonnen.

© Der/die Autor(en), exklusiv lizenziert an Springer Fachmedien Wiesbaden GmbH, ein Teil von Springer Nature 2024
B. von Freyberg et al., *Nachhaltigkeit als Erfolgsfaktor in Hotellerie & Gastronomie*, https://doi.org/10.1007/978-3-658-44583-6_1

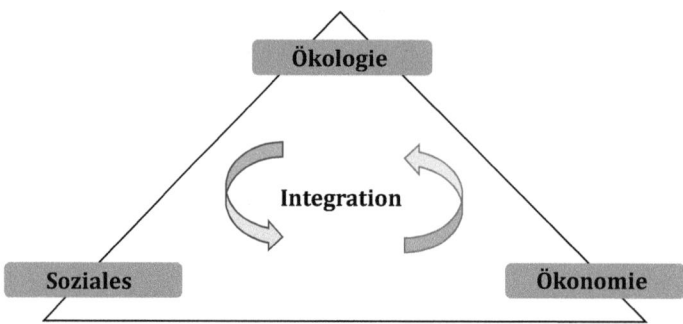

Abb. 1.1 Nachhaltigkeitsdreieck. (Quelle: u. a. Pufé, 2017, S. 113)

Mit einer Seerosen-Metapher veranschaulichten Dennis Meadows und sein Forscherteam schon im Jahre 1972 das Problem der heutigen ressourcen- sowie emissionsintensiven Industriegesellschaft, die sich wie Seerosen exponentiell oder gar super-exponentiell ausbreitet (Meadows et al., 1972, S. 20 ff.).

> „Stell dir vor, du entdeckst eines Tages auf deinem Gartenteich eine Seerose. Du freust dich an ihrer wunderbar zarten Blütenpracht, weißt andererseits, dass diese Pflanze stark wuchert und ihre Blattfläche jeden Tag verdoppelt. Wenn sie ungehindert wächst, werden ihre Schwimmblätter eines Tages den gesamten Teich bedecken. Dann werden sie in kurzer Zeit alle anderen Lebensformen ersticken. Die Seerose scheint freilich in den folgenden Tagen und Wochen ziemlich zierlich und harmlos zu bleiben. Du machst dir keine großen Sorgen. Im Gegenteil, du freust dich an ihrer wachsenden Pracht. Am 29. Tag stellst du plötzlich fest, dass ihre Blätter die Wasserfläche des Teiches zur Hälfte bedecken. Wie viel Zeit bleibt dir noch, um den Teich zu retten?" (Meadows et al., 1972, S. 20)

Die Enquete-Kommission zum „Schutz des Menschen und der Umwelt" bildete 1994 die Erkenntnisse in einem „magischen Dreieck" (Abb. 1.1) ab, das besagt, dass eine Entwicklung nur dann nachhaltig ist, wenn Umwelt, Soziales und Ökonomie gleichrangig sind und in systematischer Weise miteinander verknüpft werden (Pufé, 2017, S. 113).

Die Stoßrichtung im Hinblick auf ökonomische, ökologische und soziale Ziele hat sich seitdem in der Theorie und Praxis der Nachhaltigkeit manifestiert. So findet sie sich branchenübergreifend in nahezu allen Veröffentlichungen zu diesem Thema und ist branchenspezifisch in vielen Nachhaltigkeitsreports von „nachhaltigen" Hotels und Restaurants präsent.

1.1 Ökonomische Nachhaltigkeit

> „Ökonomische Nachhaltigkeit beschreibt die betriebswirtschaftliche Nutzung eines Systems im Sinne einer Organisation oder eines Unternehmens in einer Weise, dass dieses in seinen wesentlichen Eigenschaften dauerhaft erhalten bleibt und sein wirtschaftlicher Fortbestand so gesichert ist." (Pufé, 2017, S. 101)

1.1 Ökonomische Nachhaltigkeit

Vor allem drei Fragen beschäftigen Unternehmer des Gastgewerbes hinsichtlich ökonomischer Nachhaltigkeit:

1. Sind Profitmaximierung und Investitionen in Nachhaltigkeit in Einklang zu bringen?
2. Sind Gäste bereit, die Mehrkosten für Nachhaltigkeit mitzutragen?
3. Wie lässt sich ein ganzheitlicher Ansatz inklusive der korrespondierenden Maßnahmen ansonsten finanzieren?

Kleine, mittelständische Gastgeber gehen aktuell noch anders damit um als größere Akteure, insbesondere Hotelgesellschaften oder Hotelkooperationen.

So haben kleine, mittelständische Gastgeber oftmals noch keine stichhaltigen Antworten darauf, weshalb sie bislang in der Masse nur zögerlich bereit sind, das Thema Nachhaltigkeit strategisch anzugehen oder noch umfassender CSR[1]-Maßnahmen in ihrer Unternehmenspolitik zu verankern.

Hotelgesellschaften hingegen haben erkannt, dass nachhaltiges Wirtschaften im Hinblick auf Zukunftssicherung wesentlich wichtiger ist als kurzfristige maximale Gewinnmaximierung. Sie haben verstanden, dass sich ein Invest in Nachhaltigkeit nicht unbedingt sofort finanziell bemerkbar macht, aber vielfach dann höhere Profite generiert, wenn beispielsweise bewusst auf Kostenreduktion im Energie- und Wasserverbrauch gesetzt wurde. Als eine der ersten Hotelgesellschaften führte die Radisson Hotel Group (vorher Carlson Rezidor Hotel Group) eine Responsible-Business-Politik ein und veröffentlicht seitdem jährlich einen Nachhaltigkeitsbericht über ihre Aktivitäten hinsichtlich eines verantwortungsvollen Umgangs mit der Umwelt. Die Hilton Hotels installierten im Jahr 2006 ihr Programm „we care". Es wurde das Ziel ausgegeben, in den Folgejahren bei allen Hilton Hotels weltweit den Energieverbrauch, den CO_2-Ausstoß sowie die Abfallmenge um 20 % und den Wasserverbrauch um 10 % zu senken (Schlag, 2008). Mit der Zeit wurde die Messlatte höher gelegt, so wurde eine Verringerung des CO_2-Ausstoßes um 61 %, des Wasserverbrauchs um 50 % und der Abfallmenge um 50 % bis 2030 als Maßgabe festgelegt sowie die Implementierung von 20 Gemeinschaftsprojekten zur Wasserbewirtschaftung vorgesehen. (https://esg.hilton.com/environment/, Einsehdatum 03.04.2024)

Die Hotelkette Marriott setzt sich ebenfalls seit vielen Jahren dafür ein, globale Verantwortung für den Klimaschutz zu übernehmen, und legte Ziele für mehr als 6500 weltweite Standorte bis 2025 fest. Die Ziele sind auf drei Bereiche ausgelegt; der Schwerpunkt liegt weltweit auf Energie und Wasser. Ziel ist, bis 2025 die Abfallmenge um 45 %, die Kohlendioxidemissionen um 30 % und den Wasserverbrauch um 15 % zu senken (https://de-at.ecolab.com/stories/marriott-sustainability-goals-for-2025-and-beyond, Einsehdatum 03.04.2024). Auch verfolgt Marriott langfristige Ziele, die auf wissenschaftlichen Er-

---

[1] CSR steht für Corporate Social Responsibility, also die Verantwortung der Unternehmen für ihre Auswirkungen auf die Gesellschaft und Umwelt. Die Unternehmen müssen in ihrem Kerngeschäft – über die gesetzlichen Vorgaben hinaus – soziale und ökologische Anforderungen erfüllen, um dieser Verantwortung gerecht zu werden.

kenntnissen basieren. Ein solches Ziel ist beispielsweise, bis spätestens 2050 die Gesamtemission von Treibhausgasen (THG) in der gesamten Wertschöpfungskette auf null zu reduzieren. (https://news.marriott.com/news/2021/09/22/marriott-international-announces-ambition-to-go-net-zero, Einsehdatum 03.04.2024)

Accor führte im April 2012 das Programm „Planet 21" ein. Die Nachhaltigkeitsstrategie des Konzerns konzentriert sich mit diesem Programm darauf, eine positive Wirkung auf Menschen und Natur zu erzielen, indem sie eine umfassende Transformation innerhalb der Gruppe vorantreibt und eng mit Hotelbesitzern, Partnern und Interessengruppen zusammenarbeitet. Accor verpflichtet sich zur Reduzierung seiner CO_2-Emissionen bis 2050 auf Netto-Null, während es gleichzeitig auf eine nachhaltige Nutzung von natürlichen Ressourcen setzt und sich für den Schutz der Natur und Biodiversität einsetzt. Die Strategie beinhaltet auch die Integration von Umwelt-, Sozial- und Governance-Kriterien in die Geschäftspraktiken und die kontinuierliche Implementierung von Maßnahmen zur Erreichung der Nachhaltigkeitsziele in der gesamten Gruppe (https://group.accor.com/en/commitment/approach/sustainability-strategy, Einsehdatum 10.03.2024).

Auch Hotelkooperationen haben mittlerweile das Thema Nachhaltigkeit in unterschiedlicher Tiefe in der Unternehmenspolitik verankert. Die im Jahr 2012 gegründete Hotelkooperation Sleep Green Hotels trägt mit „Green" Nachhaltigkeit im Namen und sieht sich beispielsweise „als grünes Netzwerk in ganz Europa". (www.ahgz.de/hotellerie/news/das-gruene-hotelnetzwerk-waechst-218325, Einsehdatum 10.03.2024) Die Kooperation formulierte zehn Aufnahmekriterien als Voraussetzung für eine Aufnahme (www.sleepgreenhotels.com, Einsehdatum 30.12.2023):

1. Ein aktuelles Nachhaltigkeitskonzept mit entsprechendem Management- und Aktionsplan ist vorhanden; dieses wird regelmäßig dokumentiert und ist öffentlich zugänglich
2. Mindestens eine offizielle Zertifizierung als nachhaltiges Unternehmen
3. Mitgliedshäuser verpflichten sich zu vorbildlicher Mitarbeiterführung und beziehen ihre Mitarbeiter in die grüne Unternehmensphilosophie mit ein
4. Einhaltung der ILO-Kernarbeitsnormen
5. Nutzung/eigene Gewinnung der für die Kälte-/Wärmeenergieerzeugung benötigten Energie aus regenerativen Quellen
6. Bezug von Strom aus mindestens 90 % regenerativen Energiequellen
7. Einsatz von regionalen und zertifizierten Bio-Lebensmitteln
8. Abfallwirtschaftskonzept mit festgelegten Reduktionszielen
9. Landnutzung im Sinne lokaler Gesetze sowie Schutz lokaler Kultur und Natur
10. Jeder Mitgliedsbetrieb muss mindestens zwei der folgenden drei Bewertungen im Internet vorweisen können:

- Booking.com > 8,0
- TripAdvisor > 4,0
- Holiday Check Weiterempfehlungsrate > 90 %

1.2 Soziale Nachhaltigkeit

Soziale Nachhaltigkeit beschäftigt sich mit der Nutzung eines Systems oder einer Organisation in einer Weise, die dafür sorgt, dass dessen bzw. deren wesentliche Eigenschaften und der personalbezogene sowie gesellschaftliche Fortbestand gesichert sind. Soziale Nachhaltigkeit kann jedoch auch als die Lösung der Verteilungsprobleme zwischen Regionen, sozialen Schichten, Geschlechtern und Altersgruppen sowie der kulturellen Integration von Zugehörigkeiten und Identitäten definiert werden (Pufé, 2017, S. 102). Das übergeordnete Ziel ist eine auf Dauer zukunftsfähige, lebenswerte Gesellschaft.

Sowohl Privathoteliers als auch Hotelgesellschaften haben vielfältige Möglichkeiten, sich sozial zu engagieren, sei es im Hinblick auf das direkte Umfeld in Form von beispielsweise Community Work (Mitarbeiter eines Hotels unterstützen mit Besuchen eine Seniorenresidenz, sammeln Abfall in einem benachbarten Park etc.) als auch innerhalb der Organisation (Hotelgesellschaft fördert mit Programmen die physische und psychische Gesundheit der Mitarbeiter, unterstützt Teammitglieder, die unverschuldet in eine Notsituation geraten sind, schafft bezahlbaren Wohnraum für die Angestellten bzw. verbessert kontinuierlich die Arbeitsbedingungen etc.).

Positive Beispiele der Privathotellerie gibt es mittlerweile einige. Das Wiener magdas Hotel hat als erstes Social Business Österreichs gestartet, um Menschen mit Fluchterfahrung eine Chance am Arbeitsmarkt zu geben. (https://magdas-hotel.at/de/vienna-city/ueber-uns, Einsehdatum 02.04.2024) Im Green City Hotel Vauban in Freiburg arbeiten Menschen mit und ohne Handicap gleichberechtigt zusammen, rund zehn Menschen mit Behinderung sind angestellt. (https://green-city-hotel-vauban.de/de/hotel#nachhaltig, Einsehdatum 02.04.2024) Gleiches gilt für das Hotel Anne Sophie in Künzelsau (https://hotel-anne-sophie.de/hotel-anne-sophie-2/philosophie/, Einsehdatum 02.04.2024) Seit vielen Jahren engagieren sich die Wiener Schick Hotels & Restaurants bei der Stiftung Kindertraum, die schwer erkrankten Kindern Herzenswünsche erfüllt. (www.schick-hotels.com/nachhaltigkeit/soziales-engagement.html, Einsehdatum 02.04.2024) Das Hotel City Zürich unterstützt unter anderem die Schweizer Tafel. (https://responsible-hotels.ch/hotels/hotel-city-zurich, Einsehdatum 02.04.2024) Hotelgesellschaften wie die Althoff Hotels engagieren sich für menschenwürdige Arbeit und Wirtschaftswachstum, indem sie die Einhaltung von Arbeitszeiten und Ruhepausen und besonderen Schutz Minderjähriger und Schwangerer als Muss sehen sowie den Angestellten in der Althoff Academy Zugang zu (Weiter-)Bildung ermöglichen. (www.althoffhotels.com/de/nachhaltigkeit, Einsehdatum 02.04.2024) Mitarbeiter der B&B Hotels engagieren sich im Rahmen der unternehmensweiten CSR-Strategie unter anderem für Spendenläufe. (www.hotel-bb.com/de/nachhaltigkeit-bei-bb-hotels-germany, Einsehdatum 02.04.2024)

> **Was außen ist, ist auch innen**
>
> Sozialräume, Pausenzimmer, Personal- und Lieferanten(ein)gänge – Gäste, die hinter die Kulissen eines Luxushotels blicken, wundern sich zumeist über die gegensätzlichen

Welten vor und hinter der Bühne. Oftmals dem Kapitalmangel oder der nicht vorhandenen Investitionsbereitschaft in die dem Gast nicht zugänglichen Räumlichkeiten geschuldet, nehmen die meisten Hotelmitarbeiter täglich die unterschiedliche Behandlung in Kauf.

Ausnahmen bestätigen die Regel. In der Kettenhotellerie lässt sich das Fairmont Hotel Vier Jahreszeiten Hamburg als Vorzeigebetrieb identifizieren und in der Privathotellerie profitieren die Mitarbeiter des Tegernseer Hotels Bachmair Weissach von einem design- und qualitätsaffinen Eigentümer.

Das Fairmont Hotel Vier Jahreszeiten Hamburg bietet nicht nur seinen Gästen exklusive, bis ins kleinste Detail gepflegte Räumlichkeiten. Auch die Mitarbeiterbereiche wurden in den vergangenen Jahren in den Fokus gerückt. Aus einer Not machte der geschäftsführende Direktor Ingo C. Peters eine Tugend: nach Überschwemmungen des Kellergeschosses im Jahr 2011 gestaltete Ingo C. Peters den Bereich hinter den Kulissen ganz neu und kreierte eine Szenerie, die man in der Hotellerie in dieser Form anderswo nicht findet. Das Mitarbeiter-Restaurant „Café Royal" erinnert an eine skandinavische Stube mit Loungebereich, gemütlichen Sitzecken und einer großzügigen Buffetstation. Eine kleine Leseecke, große Flachbildfernseher, eine Computerstation sowie eine umfangreiche Speisenauswahl von früh morgens bis spät abends runden das Angebot ab und ermöglichen den mehr als 300 Mitarbeitern im Hotel, sich in ihren Pausen zu erholen und wohlzufühlen.

Die Mitarbeitertoiletten erinnern mehr an die WCs von Designhotels und wurden liebevoll bis ins kleinste Detail gestaltet.

Auch bei der Neugestaltung der verschiedenen Küchen des Hotels ließ Ingo C. Peters seiner Kreativität freien Lauf. So wurden die einzelnen Restaurant-Küchen im entsprechenden Stil des Restaurants gestaltet – die Küche des Jahreszeiten Grills erinnert mit ihren schwarz-weißen Fliesen an den unverwechselbaren Art-déco-Stil der Restauranträume des Jahreszeiten Grills. Die Küche des Gourmetrestaurants Haerlin greift die warmen Erdtöne des Restaurants auf – Grün, Taupe, Beige und Braun dominieren. Gleiches gilt für den einzigartigen Chef's Table im Herzen der Haerlin Küche, in der Gäste dem Sternekoch und seiner Brigade über die Schulter schauen und zeitgleich seine Kreation genießen können.

Den Clou landete Ingo C. Peters mit der Renovierung der Fleischerei des Hotels und der Patisserie: Die Fleischerei erinnert an eine urige und gemütliche Jagdhütte und gleicht so gar nicht einer Küche, während die Patisserie an malerische Impressionen des Versailler Schlosses erinnert. Nicht nur, dass die Mitarbeiter einen unverwechselbaren Arbeitsplatz genießen und somit allerhöchste Wertschätzung erfahren, auch öffnete Ingo C. Peters all diese Bereiche der Öffentlichkeit und schaffte eine einzigartige Event-Location auf mehr als 600 qm: tagsüber Küche, abends Event-Location (www.fairmont.com/vier-jahreszeiten-hamburg, Einsehdatum 17.12.2023).

Im Tegernseer Hotel Bachmair Weissach wurde der Personalspeiseraum in eine sehr hochwertige Team-Lounge mit nahezu ganztägig bestücktem kalt-warmem Buffet nebst Kaffeeecke, gemütlichem Sitzbereich und Flachbildschirm umgewandelt.

Die verwendeten Materialien sowie die Formensprache spiegeln den Stil und das Niveau des Designhotels wider. So wurde für die Möblierung massive, geölte Eiche verwendet, die für eine natürliche Haptik sowie einen sehr angenehmen Geruch sorgt. Der Boden besteht aus Solnhofener Natursteinplatten. Hinsichtlich der Möbel wurden alte Tegernseer Formen reduziert und auf heute übersetzt. Dabei wurden traditionelle Verarbeitungsverfahren wie die Verzapfung der Tischbeine in der Platte berücksichtigt. Details in der Zeichensprache, wie das Tegernseer Seelaub, ein Symbol, das sich in fast allen Wappen der Gemeinden um den See findet, runden das sehr wertige Gesamtbild des „Personalraums" ab (https://bachmair-weissach.com/, Einsehdatum 02.01.2024). ◄

1.3 Ökologische Nachhaltigkeit

Ökologie ist die Wissenschaft, die sich mit der Interaktion von Lebewesen und ihrer Umwelt in einem bestimmten Lebensraum befasst. Ökologische Nachhaltigkeit ist also die Nutzung eines Systems in einer Weise, die dafür sorgt, dass dieses in seinen wesentlichen Eigenschaften dauerhaft erhalten bleibt und so sein Fortbestand gesichert wird.

Der Umgang mit und die Nutzung von Wasser, Energie, Luft und Boden sowie die Vermeidung von Abfällen sind vordergründige betriebliche Themen der Hospitality-Industrie, die ständig hinterfragt werden müssen.

Jeder Tropfen zählt

„Rund 400 Liter Wasser verbraucht ein Hotel pro Gast und Tag. In luxuriösen Häusern kann der Bedarf mehr als das Doppelte betragen. Um den Trinkwasserverbrauch zu senken, nutzt das Wiesbadener Hotel Bären Regen- und Grauwasser für Toilettenspülungen und Waschmaschinen. So konnte im 60-Zimmer-Haus der Trinkwasserverbrauch um 20 Prozent gesenkt werden. Im Hotel Schaper-Siedeburg in Bremen mit seinen 118 Zimmern konnten im Rahmen eines umfangreichen Energiesparprogramms durch den Austausch der Duschköpfe die jährlichen Betriebskosten um 2.000 Euro verringert werden." (Camphausen, 2013)

Nachhaltigkeitsbenchmark Soneva Resorts

Die Soneva Resorts Soneva Fushi auf Kunfunadhoo, Soneva Jani auf Medhufaru Island, Malediven, und Soneva Kiri auf Ko Kut, Thailand, versprechen sowohl Luxus als auch Nachhaltigkeit, eine Kombination, welche sie als „intelligenten Luxus" bezeichnen. Als Marke der 1995 gegründeten Hotelgruppe Six Senses verkörpern die Soneva Resorts die Philosophie des SLOW LIFE (S – Sustainable, L – Local, O – Organic, W – Wellness, L – Learning, I – Inspiring, F – Fun, E – Experiences). Das Bekenntnis zu „intelligentem Luxus" setzt man in den Resorts konsequent um: Das einzige Fortbewegungsmittel auf den Inseln ist das Fahrrad, Wasserflaschen aus Glas werden wieder aufgefüllt, Plastikflaschen sind tabu und die neue Mülltrennung mit Biogasanlage sollte Vorbild für alle Resorts werden. Im „Organic Garden" werden möglichst viele Gemüse-, Obst- und Kräutersorten selbst angepflanzt und verwertet. Das spart aufwendigen (umweltschädlichen) Transport und garantiert chemikalienfreie Lebensmittel. Zudem werden in der Gärtnerei von Soneva Jani Korallen gezüchtet, um jedes Jahr zwei Hektar Korallen in das Riff zu pflanzen und somit das Korallensterben in den Griff zu bekommen. Stühle, Tische, Geländerstangen und sämtliche anderen Bauträger bestehen in den Soneva Resorts aus natürlich geformten und unbehandelten Ästen und Baumstämmen. Treibholz wird sowohl für die Dekoration als auch für die Möbel verwendet. Die Gebäude sind gleichmäßig über die Insel verteilt und unauffällig in die Palmenwelt integriert, hohe oder große Bauwerke gibt es nicht.

Wasser wird nachhaltig gewonnen durch Regenwassersammlung und durch Entsalzungsanlagen oder Tiefbrunnen. Die Resorts haben Kläranlagen, sodass das behandelte Abwasser wiederverwendet wird, vorzugsweise zur Bewässerung der Gärten. Die Wellnesswasser-Initiative wurde 2008 zur Reduzierung der hohen und unnötigen Kohlenstoffemissionen gestartet, welche durch die Lieferung von Trinkwasser über große Distanzen, oft per Flugzeug, generiert wurden. Seitdem servieren die Resorts nur ihr eigenes stilles oder sprudelndes Wasser, das nach höchsten internationalen EPA Trinkwasserstandards selbst hergestellt wird. Das Wasser wird ausschließlich in Glasflaschen abgefüllt und mit einem Keramikstöpsel versehen, der durch eine Metallschnalle luftdicht schließt. Um den Wellness-Effekt zu verstärken, wird das Wasser über Edelsteinphiolen von VitaJuwel gegossen und dann als Wellness-Wasser serviert. Somit konnten seit der Gründung bereits 2,2 Mio. Einweg-Plastikflaschen durch Soneva vermieden werden.

Soneva ist seit 2012 sowohl in Bezug auf direkte als auch indirekte Emissionen klimaneutral. Mithilfe eines Kohlenstoffrechners kontrollieren sie ihren CO_2-Fußabdruck, der nicht nur die im Resort kreierten Emissionen kalkuliert, sondern auch die, die durch Flugreisen, Reisen mit anderen Verkehrsmitteln, Fracht, Lebensmittel, Getränke, Papier, Abfall und Wasser entstehen. 65 % der Emissionen der Soneva Resorts stammen von den Anreisen der Gäste per Flugzeug. Dies sind also Emissionen, die Soneva weder kontrollieren noch reduzieren kann. Von den in den Resorts generierten Emissionen entfallen 8 % auf Soneva Kiri, 43 % auf Soneva Jani und 49 % auf Soneva Fushi.

Da es in den Soneva Resorts notwendig ist, die Gäste, Mitarbeiter und Waren mit dem Flugzeug zu transportieren, wurde ein so genannter Carbon Sense Fund eingegliedert, der Projekte zur Verringerung des Kohlenstoffausstoßes ermöglicht. Auf die Zimmerraten wird eine zusätzliche Abgabe von 2 % aufgeschlagen, die diesen Fund mitfinanziert. Aus dem Fond werden dann mithilfe des Soneva SLOW LIFE Trusts zum Beispiel Waldaufforstungsprojekte in Nordthailand oder Windturbinen zur Generierung von erneuerbarer Energie in Tamil Nadu, Indien, finanziert.

Das Eco-Centro-Projekt auf Soneva Fushi ist ein Beispiel dafür, wie umfassend und effektiv Abfallmanagement sein kann. Basierend auf permakulturellen Prinzipien, hat sich die Anlage zu einem komplexen Abfallrecyclingzentrum entwickelt, das aus den

Stufen Abfalltrennung, Kompostierung, Pyrolyse von Holzabfällen zu Holzkohle und der Umwandlung von Pflanzenmaterial in Biogas zur Energiegewinnung besteht.

Die Soneva Resorts haben einen Null-Abfall-Grundsatz, was auch die Recyclingquote von 69 % in Soneva Kiri und 81 % in Soneva Fushi bestätigt. Deshalb wurden beispielsweise importierte Wasserflaschen aus Plastik durch das hauseigene Wasser in Glasflaschen ersetzt, und Amenities wie Shampoo, Pflegespülung, Seife und Körpercreme werden in wiederauffüllbare Spender aus Keramik anstelle kleiner Plastikgefäße abgefüllt. In den wenigen Bereichen, in denen Müllbeutel oder ähnliche Produkte verwendet werden, handelt es sich um biologisch abbaubare Alternativen. Zerstoßenes Glas wird mit Beton vermischt und zu Tischplatten verarbeitet. So kann nicht nur Glasabfall wiederverwendet, sondern auch der Zementimport reduziert werden. Stromkabelrollen werden ebenfalls zu Tischen umgewandelt. Gerade auf abgeschiedenen Inseln wie Soneva Fushi ist dies sinnvoll, da die Rollen nicht mehr entsorgt und neue Tische gar nicht geliefert werden müssen. Auf Soneva Fushi produziert ein Mix aus zerkleinertem Küchen- und Gartenabfall hochqualitativen Kompost für die Kräuter- und Gemüsegärten. Soneva Kiri hat ein spezielles Team von afrikanischen Nachtgleisketten-Würmern in ihrem hauseigenen Kompost involviert. Diese Kompostwürmer werden in Boxen gehalten, die Tierausscheidungen, Kokosnussfasern und sandigen Lehm enthalten, und werden mit Essensresten aus dem Restaurant gefüttert. Sie scheiden einen hoch fruchtbaren Wurmkompost aus, der reich an Mineralien und Nährstoffen ist und für die Kräuter- und Gemüsegärten genutzt wird. In beiden Resorts wird die Küche so mit frischen Lebensmitteln versorgt. 100 % des Kräuterverbrauchs und 30 % der Salate werden durch die Gärten gedeckt, was wiederum Kohlenstoffemissionen durch Importe reduziert.

In Soneva Fushi wurde zusätzlich eine Pilzhütte gebaut, in der eine große Anzahl an Pilzen wächst (Linhard, 2013, S. 112 ff.; Sloan et al., 2017, S. 61 ff.; www.soneva.com, Einsehdatum 12.11.2023). ◄

1.4 Aktuelle wirtschaftliche und politische Rahmenbedingungen und Herangehensweisen

Bisher konnte ein Hotel noch durch umweltbewusstes betriebliches Handeln und durch nachhaltige Sanierungen aus der Masse hervorstechen und sich so entsprechend am Markt positionieren. Sollten aber beispielsweise für Sanierungsmaßnahmen Förderungen oder Fremdfinanzierungen in Anspruch genommen werden müssen, müssen die Maßnahmen den Nachhaltigkeitsanforderungen, wie sie sich aus den UN-Klimazielen, dem Green Deal sowie aus der EU-Taxonomie und den ESG-Richtlinien ergeben, entsprechen. (ww.dreso.com/at/aktuelles/details/nachhaltigkeit-von-hotelimmobilien-vom-alleinstellungsmerkmal-zur-neuen-realitaet, Einsehdatum 02.04.2024). Im Folgenden wird auf die wichtigsten Aspekte näher eingegangen.

1.4.1 ESG – Zeit für einen ganzheitlichen Ansatz

ESG steht für Umwelt, Soziales und Unternehmensführung (Environmental, Social und Governance). Der Begriff ist mittlerweile gut etabliert und kam erstmals 2005 in einem Bericht einer Konferenz des UN Global Compact, des Eidgenössischen Departements für auswärtige Angelegenheiten der Schweiz und der International Finance Corporation vor. Diese Konferenz hatte zum Ziel, die Auswirkungen von ESG-Themen auf die Finanzmärkte zu verstehen (IFC, 2005). Der Begriff ESG wurde anschließend in den Bericht der Vereinten Nationen über die Grundsätze für verantwortungsbewusste Investitionen (PRI) von 2006 integriert. Sechs Prinzipien für verantwortungsbewusste Investitionen wurden um ethische oder nachhaltige Anlagestrategien festgelegt, die von Investoren übernommen wurden. Prinzip 1 besagt, dass ESG-Themen in Anlagepraktiken und Entscheidungsfindungsprozesse integriert werden sollen (PRI, 2019). Die sechs Prinzipien lauten wie folgt:

- Prinzip 1: Wir werden ESG-Themen in die Analyse- und Entscheidungsprozesse im Investmentbereich einbeziehen.
- Prinzip 2: Wir werden aktive Anteilseigner sein und ESG-Themen in unserer Investitionspolitik und -praxis berücksichtigen.
- Prinzip 3: Wir werden Unternehmen und Körperschaften, in die wir investieren, zu einer angemessenen Offenlegung in Bezug auf ESG-Themen anhalten.
- Prinzip 4: Wir werden die Akzeptanz und die Umsetzung der Prinzipien in der Investmentbranche vorantreiben.
- Prinzip 5: Wir werden zusammenarbeiten, um unsere Wirksamkeit bei der Umsetzung der Prinzipien zu steigern.
- Prinzip 6: Wir werden über unsere Aktivitäten und Fortschritte bei der Umsetzung der Prinzipien Bericht erstatten. (PRI, 2019)

Seitdem hat der Einfluss der ESG-Grundsätze auf verschiedene Branchen zugenommen, einschließlich der Hospitality-Industrie. Die Richtlinie der Europäischen Union für Nachhaltigkeitsberichterstattung von Unternehmen (CSRD), die 2023 in Kraft getreten ist, ist das prominenteste Beispiel für die Anwendung von ESG-Grundsätzen. Die CSRD stellt sicher, dass Informationen für alle Stakeholder verfügbar sind, um sowohl die Auswirkungen von Unternehmen auf Umwelt und Gesellschaft zu bewerten als auch im Rahmen eines doppelten Materialitätsansatzes die finanziellen Risiken und Chancen zu bewerten, denen sich Investoren angesichts des Klimawandels und anderer Nachhaltigkeitsfragen gegenübersehen (European Commission, 2023b). Die wichtigste Erkenntnis bezüglich ESG ist, dass Unternehmen über reine Rentabilität hinaus tätig sind und handeln können. Sie tragen eine umfassende Verantwortung gegenüber ihrer Umwelt, dem Gemeinwohl, das sie beeinflussen, und den von ihnen implementierten Governance-Strukturen. Zur Erinnerung: Mehr als die Hälfte des weltweiten Bruttoinlandsprodukts (BIP) hängt von der Natur und ihren Ökosystemdienstleistungen ab (WEF, 2020), allerdings ist das natürliche Kapital pro Person in den letzten zwei Jahrzehnten um 40 % gesunken (Dasgupta, 2021).[2] Im Hinblick auf die Hospitality Industrie sind die Natur und ihre Ökosystemdienstleistungen das Herzstück des Werteversprechens. Die Natur liefert Ernten für das gastronomische Angebot und Materialien für Bau und Renovierung. Gastgewerbliche Betriebe monetarisieren die natürliche Schönheit eines Reiseziels, und Hotels vermarkten oft das Wohlbefinden und Erlebnis basierend auf dem Zugang zu unberührten natürlichen Umgebungen (Legrand et al., 2023). Auf gewisse Weise zwingt ESG Hotelmanager und -eigentümer dazu, eine ganzheitliche Sicht auf die Betriebswirtschaft einzunehmen. In dieser Hinsicht stellt es eine Verbindung zu einigen Bemühungen der Gesellschaft dar, die Sustainable Development Goals der Vereinten Nationen (UN SDGs) und die Ziele des Pariser Klimaabkommens zu erreichen. Zum Beispiel entspricht die Behandlung von Umweltfragen (E) den UN SDGs wie sauberem Wasser und Sanitärversorgung, bezahlbarer und sauberer Energie sowie Klimaschutz, während soziale Themen (S) mit Zielen wie menschenwürdiger Arbeit und wirtschaftlichem Wachstum, Verminderung von Ungleichheiten und Frieden, Gerechtigkeit sowie starken Institutionen zusammenhängen. Die Aspekte der Governance (G) konzentrieren sich darauf, Werkzeuge zur Messung und Verbesserung der unternehmerischen Rechenschaftspflicht, Transparenz und Einbindung der Stakeholder zu stärken. Alle diese Aspekte sind entscheidend für die Entwicklung eines nachhaltigen Ansatzes für die Entwicklung und das Managen von Hotels.

ESG und Materialität

Gastgewerbliche Unternehmen können eine ESG-Strategie entwickeln, indem sie die Umwelt-, Sozial- und Governance-Risiken und -Chancen identifizieren, verstehen und managen, denen sie möglicherweise gegenüberstehen. Die Durchführung einer Materialitätsbewertung kann eine hilfreiche Methode sein, um diese Risiken und Chancen zu identifizieren. Kurz gesagt: Eine Materialitätsbewertung beinhaltet die Bewertung wirtschaftlicher, Umwelt- und sozialer Fragen, die die Performance eines Hotels und die Entscheidungen der Stakeholder maßgeblich beeinflussen.

Ein Hotel könnte beispielsweise eine Materialitätsbewertung durch Umfragen oder Interviews mit Stakeholdern wie Gästen, Mitarbeitern, Lieferanten, Partnern und der lokalen Politik durchführen, um wesentliche Anliegen zu identifizieren. Themen könnten die Reduzierung von Abfall, Energieverbrauch, lokale Beschaffung, Mitarbeitergewinnung und die Einbindung des Standorts bzw. der lokalen Politik umfassen. Diese Fragen würden anschließend genauer auf ihre Auswirkungen auf die Hotelbetriebe analysiert und priorisiert. Dieser Priorisierungsprozess würde wiederum die Entwicklung und den Fokus ihrer Nachhaltigkeitsstrategie beeinflussen. Das Ergebnis kann visuell dargestellt werden (siehe Abb. 1.2).

---

[2] Natürliches Kapital bezeichnet die natürlichen Ressourcen und Ökosystemleistungen, die für das menschliche Wohlbefinden und die wirtschaftliche Entwicklung von zentraler Bedeutung sind.

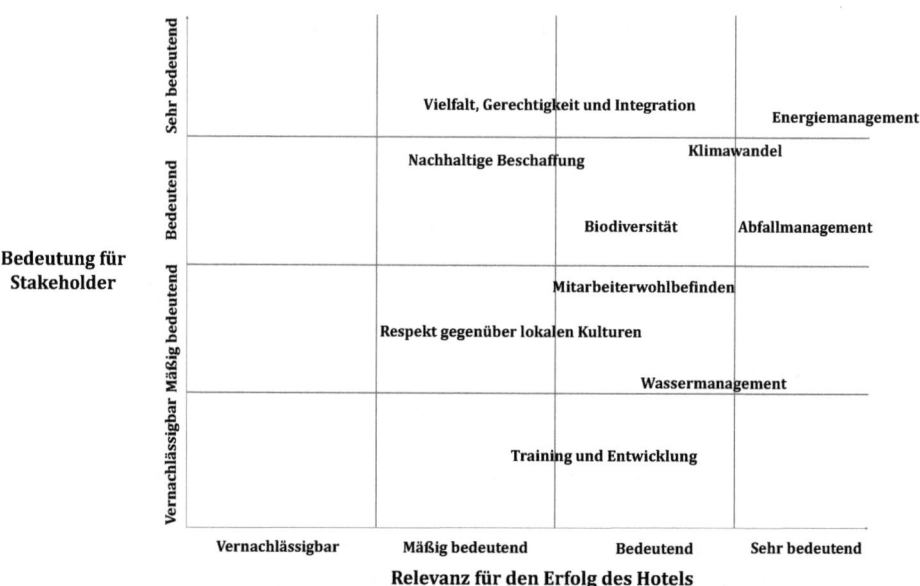

Abb. 1.2 Beispiel für eine Materialitätsbewertung (nicht repräsentativ für ein bestimmtes Hotel). (Quelle: Eigene Abbildung)

ESG-Berichterstattung

Die ESG-Berichterstattung ist ebenfalls zu einem integralen Bestandteil der Kommunikationsstrategie von Hotels geworden. Stakeholder fordern zunehmend Transparenz in Bezug auf ESG-Praktiken. Eine solche Berichterstattung ermöglicht es Unternehmen, ihre ESG-Performance, Fortschritte, Ziele und zukünftigen Strategien zu dokumentieren. Die CSRD ist ein Schritt vorwärts in Richtung Standardisierung von Kennzahlen über Branchen hinweg. Obwohl die CSRD zunächst nur für große Unternehmen gilt (d. h. mindestens zwei der folgenden Kriterien: durchschnittliche Mitarbeiterzahl > 250, Bilanzsumme > 20 Mio. €, Umsatz > 50 Mio. €) (European Commission, 2023a, 2023c, 2023d)), würden auch kleine und mittelständische Hotelunternehmen (KMU) davon profitieren, die Umsetzung der ESG-Berichterstattung in Betracht zu ziehen. Angesichts der Tatsache, dass 99 % aller Unternehmen im touristischen und gastgewerblichen Sektor KMUs sind (< 250 Mitarbeiter; < 50 Mio. Umsatz) (European Commission, 2021b), ergeben sich zwei Aspekte:

1. KMUs haben erhebliche Auswirkungen auf die Umwelt und die Gesellschaft und repräsentieren einen großen Anteil an Beschäftigung und BIP der EU (European Parliament, 2022), und diese Auswirkungen hängen nicht von ihrer Größe ab.
2. KMUs sollten auch von der Neuausrichtung von Investitionen zur Unterstützung des Übergangs zu einer kohlenstoffarmen Wirtschaft profitieren, da dies nicht auf große Hotelunternehmen beschränkt sein sollte.

Tab. 1.1 Kritische materielle Themen im Gastgewerbssektor. (Quelle: Legrand et al., 2022)

Umweltpolitische Säule	Thema/Risiko
Treibhausgas-Emissionen	Klimawandel
Wassermanagement	Wasserknappheit/Mangel
Abfall- und Kreislaufwirtschaft	Verschmutzung
Biodiversität	Ökosystemdienstleistungen
Verantwortliche Beschaffung	Verfügbarkeit/Sicherheit der Wasserversorgung
Soziale Säule	**Thema/Risiko**
Personalbeschaffung	Vielfalt, Gleichberechtigung, Inklusion
Beschäftigung	Menschenrechte, Menschen mit Behinderungen, Minderheiten
Gemeinschaft	Beteiligung und Unterstützung
Beschaffung	Menschenrechte in der Lieferkette
Investition	Lokale/Regionale Auswirkungen
Governance-Säule	**Thema/Risiko**
Ethik in Geschäftspraktiken	Bestechung und Korruption
Politikmanagement und -vertretung	Transparenz
Informationssteuerung	Datensicherheit

Kleinere und mittlere Unternehmen im Gastgewerbe stehen vor erheblichen technologischen und regulatorischen Veränderungen und müssen häufig Finanzmittel für Transformationen, einschließlich in den Bereichen Energie, Bauwesen, Gebäude und Landwirtschaft, sichern. Die Erschließung von Finanzierungsmöglichkeiten wird zunehmend von der Fähigkeit der Hoteleigentümer und -manager abhängen, die richtigen Daten zu ESG bereitzustellen. Kritische materielle Themen im Gastgewerbe sind in Tab. 1.1 dargestellt.

ESG-Bewertungen

Die Zunahme verfügbarer Daten zu ESG-Fragen hat zur Entwicklung von ESG-Bewertungen geführt, die es Investoren, Stakeholdern und der Öffentlichkeit ermöglichen, Unternehmen anhand ihrer ESG-Performance zu analysieren und zu vergleichen. Diese Bewertungen, die von unabhängigen ESG-Unternehmen vergeben werden, schaffen einen standardisierten ESG-Performance-Maßstab, der fundierte Anlageentscheidungen erleichtert. Der ESG-Performance-Maßstab basiert oft auf Praktiken (Wie wird das Unternehmen geführt?), Performance (Was macht das Unternehmen in Bezug auf Ziele und Leistung?) und Kontroversen (Steht das Unternehmen vor Kontroversen, die ihren Ruf, rechtlichen oder finanziellen Status beeinträchtigen?). Schlüsselindikatoren werden anschließend aus der Umwelt-, Sozial- und Governance-Performance abgeleitet, und nach der Normalisierung (Beseitigung extremer Werte, die Vergleichsmöglichkeiten verzerren könnten) und Gewichtung (einige Themen werden möglicherweise als wichtiger erachtet als andere) werden Punktzahlen vergeben, die die Leistung oder Nachhaltigkeit eines Unternehmens in diesen Bereichen quantifizieren. Während Dutzende von ESG-Rating-Agenturen auf dem Markt tätig sind, bieten sechs von ihnen öffentlich zugängliche Bewertungen für einige der größten Hotelunternehmen an. Diese ESG-Rating-Agenturen sind:

- Sustainalytics (www.sustainalytics.com/),
- S&P Global (www.spglobal.com/esg/solutions/data-intelligence-esg-scores),
- Refinitiv (www.refinitiv.com/en),
- MSCI (www.msci.com/our-solutions/esg-investing/esg-ratings),
- ISS (www.issgovernance.com/esg/ratings/) und
- Ethos (www.ethosesg.com/) (Antova et al., 2023).

Es gibt auch neue Marktteilnehmer, die speziell ESG-Bewertungen für KMUs betrachten, was es KMUs ermöglichen würde, ihre Performance in der relevanten Branche zu vergleichen.

ESG-Performance zur Nutzung von Chancen
Angesichts der intensiven Ressourcenabhängigkeit und -nutzung im Gastgewerbe wird die Einführung von ESG zunehmend als entscheidender Aspekt von Entwicklung und Betrieb betrachtet. Da Stakeholder umwelt- und sozialbewusster werden und Investoren Klarheit über Risikobelastungen erwarten, ist Transparenz in Bezug auf die ESG-Performance entscheidend. Durch eine effektive ESG-Strategie und Berichterstattung können gastgewerbliche Unternehmen ihre Risiken steuern, Chancen nutzen und zu einer nachhaltigen Zukunft beitragen. Zusammenfassend hat sich die Rolle von ESG, anfangs als Nischeninteresse von Investoren betrachtet, erheblich erweitert, und die Prinzipien sind weitgehend in die grundlegenden Strategien von Unternehmen, einschließlich aller großen Akteure im Gastgewerbe, eingeflossen. ESG dient als Blaupause für das Gastgewerbe, wenn es um einen Weg zu nachhaltigem, ethischem und profitablem Handeln geht.

Es besteht eine klare Unterscheidung zwischen ESG und nachhaltiger Unternehmensführung. Letztere zielt darauf ab, die Prinzipien der Nachhaltigkeit in die Strategie und die Entscheidungsprozesse eines Unternehmens zu integrieren. Dabei erstellt das Unternehmen eine Reihe von Richtlinien, um seine Nachhaltigkeitsstrategie voranzutreiben. Zum Beispiel überlegt sich ein Hotel eine nachhaltige Beschaffungspolitik, um Beschaffungsangelegenheiten zu regeln (z. B. Bio-Lebensmittel, lokale Produkte, regionale Bauern), oder eine Schulungs- und Engagementpolitik für das Personal, um sicherzustellen, dass alle Mitarbeiter sich dem nachhaltigen Ansatz des Hotels verpflichten. Überlegungen könnten auch in Richtung nachhaltige Energiepolitik oder nachhaltiges Abfallmanagement gehen. Die Festlegung von Richtlinien sowie die regelmäßige Überwachung und Überprüfung dieser Richtlinien sind wichtig, um deren Wirksamkeit bei der Förderung der Nachhaltigkeit im Hotel sicherzustellen. Bei nachhaltiger Unternehmensführung geht im Wesentlichen darum, zu „lenken" und sicherzustellen, dass ESG im Mittelpunkt von Entscheidungen stehen. Es geht also um die Leistung in Bezug auf Nachhaltigkeit. Diese Leistungen sind für Investoren entscheidend, wenn es um Risikomanagement und die Bewertung langfristiger Wachstumschancen geht. Zusammen belegen die Realisierung von ESG-Maßnahmen und eine stark nachhaltige Unternehmensführung, dass ein Hotel den langfristigen Return on Investment vor kurzfristige Gewinne stellt.

Interaktion mit Stakeholdern durch eine Wesentlichkeitsbewertung
Der Prozess der Wesentlichkeitsanalyse unterstützt Unternehmen dabei, ESG-Themen zu bestimmen, die in ihren Nachhaltigkeitsberichten berücksichtigt werden sollten, aber er dient auch als strategisches Instrument. Die European Financial Reporting Advisory Group definiert die Wesentlichkeitsanalyse als einen „von der Unternehmung organisierten Prozess zur Identifizierung aller wesentlichen Auswirkungen, Risiken und Chancen in den Themen Umwelt, Soziales und Governance" (EFRAG, 2023, S. 10). Folglich werden bestimmte Informationen als „wesentlich" betrachtet oder relevant, „wenn sie die Entscheidungsfindung von Stakeholdern im Hinblick auf das berichtende Unternehmen beeinflussen könnten" (GRI, 2022, S. 1).

Allerdings sind Nachhaltigkeitsfragen oft komplex sowie mit einer beträchtlichen Unsicherheit und unterschiedlichen Ansichten darüber verbunden, welche Lösungen am besten umgesetzt werden sollten. Dies resultiert aus Faktoren wie der Beteiligung mehrerer Stakeholder, vernetzten Herausforderungen, der Unvorhersehbarkeit des Verhaltens der Stakeholder, Veränderungen im regulatorischen Kontext und Veränderungen von gesellschaftlichen Präferenzen (Garst et al., 2022). Die Durchführung einer Wesentlichkeitsanalyse kann daher eine große Aufgabe sein. Ihre Aufteilung in die folgenden sechs Schritte kann die Durchführung erleichtern:

1. Identifikation und Einbindung von Stakeholdern,
2. Bestimmung von Informationsquellen und Datensammlungsprozessen,
3. Festlegung von Themen und potenziell relevanten ESG-Themen,
4. Bewertung von Auswirkungen, Risiken und Chancen,
5. Auswahl wesentlicher Themen und
6. Präsentation der Ergebnisse der Wesentlichkeitsanalyse.

In der Praxis kann dies wie folgt aussehen:
Ein Hotelunternehmen beschließt, regelmäßig im Laufe des Jahres mit unterschiedlichen Stakeholdern, darunter Gästen, Lieferanten und Mitarbeitern, mittels verschiedener Aktivitäten in Kontakt zu treten. Zusätzlich zu den traditionellen Stakeholdern interagiert das Hotelunternehmen auch mit anderen Stakeholdern wie NGOs, der Politik, Gemeindegruppen, Branchenverbänden und akademischen Institutionen. Diese breite Palette von Stakeholder-Engagements hilft dem Hotelunternehmen, potenzielle Risiken und Chancen zu verstehen und strategisch zu priorisieren. Die gewonnenen Erkenntnisse durch Umfragen, Interviews, Workshops und Seminare sind ein entscheidender Bestandteil einer Wesentlichkeitsanalyse. Das Hotelunternehmen identifiziert anschließend wesentliche ESG-Themen, die sowohl für das Unternehmen als auch für die Stakeholder relevant sind.

Themen könnten die Förderung ethischer Geschäftspraktiken, Gewährleistung von Arbeitsschutz und Sicherheit, Minimierung von Abfall, Sicherstellung fairer Arbeitsbedingungen oder Einbindung in lokale Gemeinschaften sein.

Bei einer Wesentlichkeitsanalyse ist es wichtig, die Themen durch Ratings nach ihrer Bedeutung für die Stakeholder und ihrer Relevanz für das Hotelunternehmen zu bewerten. Oft wird eine sogenannte Wesentlichkeitsmatrix erstellt. Die y-Achse repräsentiert die Bedeutung für die Stakeholder von niedrig bis hoch, während die x-Achse die Relevanz für das Hotelunternehmen von niedrig bis hoch zeigt (siehe Abb. 1.3).

Der Ausgangspunkt besteht oft darin, ESG-Themen auszuwählen, die sowohl für die Stakeholder als auch für das Hotelunternehmen von hoher Relevanz sind. Diese Methode stellt sicher, dass die größtmöglichen Hebel in Bezug auf Maßnahmen genutzt werden. Viele Unternehmen integrieren die Ergebnisse ihrer Wesentlichkeitsanalyse in ihre jährlichen Nachhaltigkeitsberichte, teilen die Ergebnisse mit Stakeholdern und skizzieren Pläne zur Bewältigung prioritärer Themen.

Die Einbindung von Stakeholdern kann nicht überbewertet werden. „Entscheidend ist nicht nur, was unter Informationen verstanden wird, sondern vor allem, wer die Stakeholder sind" (GRI, 2022, S. 2). Die Einbindung auf allen Ebenen ermöglicht es dem Management, einen holistischeren Blick auf die Messung ihrer Erfolge zu haben, ihren Ruf zu schützen und soziales Bewusstsein zu entwickeln, indem sie die Bedürfnisse der Stakeholder verstehen.

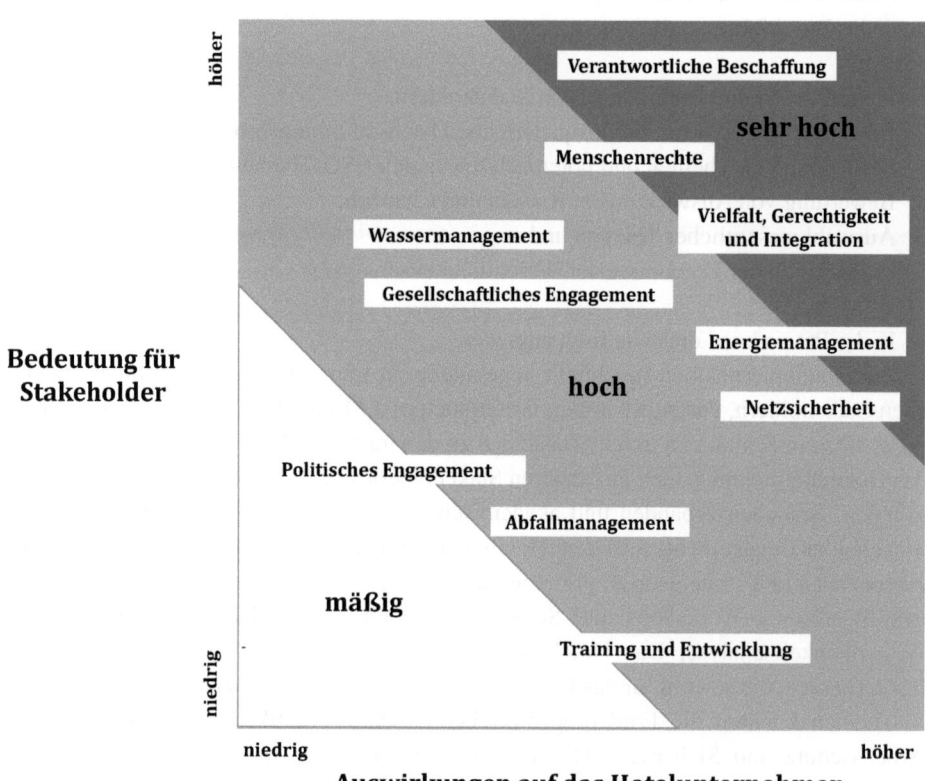

Abb. 1.3 Generisches Beispiel einer Wesentlichkeitsmatrix. (Quelle: Eigene Abbildung)

Die Corporate Sustainability Reporting Directive (CSRD) erhöht erheblich den Druck auf große Unternehmen in der EU, ESG-Informationen offenzulegen, und basiert auf dem Konzept der „doppelten Wesentlichkeit". Eine doppelte Wesentlichkeitsanalyse bezieht sich darauf, die Auswirkungen des Unternehmens auf Menschen und Umwelt zu bewerten (als Impact Materiality bezeichnet) sowie die nachhaltigkeitsbezogenen Risiken und Chancen zu bewerten, denen das Unternehmen gegenübersteht (als Financial Materiality bezeichnet). Stand 2023 werden die European Sustainability Reporting Standards (ESRS) (die die CSRD leiten) in Zusammenarbeit zwischen der Global Reporting Initiative (GRI) und der European Financial Reporting Advisory Group (EFRAG) entwickelt. Die ESRS verwenden einen doppelten Wesentlichkeitsansatz, um ein breites Publikum von Stakeholdern zu informieren. Gleichzeitig entwickelt die International Financial Reporting Standards (IFRS) Foundation ESG-bezogene Finanzangabestandards, die vom International Sustainability Standards Board (ISSB) verwaltet werden, aber nur auf finanzieller Wesentlichkeit (anstatt doppelter Wesentlichkeit) basieren und somit Informationen an ein Investorenpublikum richten. Daher sind die ESRS- und ISSB-Standards, obwohl sie sich in Bezug auf die Perspektive der Auswirkungswesentlichkeit und die Abdeckung von ESG-Angelegenheiten unterscheiden, für eine effiziente Anwendung mit minimaler Redundanz konzipiert.

Mit der steigenden Bedeutung von Umwelt-, Sozial- und Governance-Faktoren (ESG) wird offensichtlich, dass Nachhaltigkeit nicht mehr nur auf einzelne Unternehmen beschränkt ist. Diese Entwicklung spiegelt sich in verschiedenen Initiativen wider, insbesondere in der „Sustainable Markets Initiative" (SMI), welche verdeutlicht, dass Unternehmen heute Teil einer globalen Bewegung für nachhaltiges Handeln sind bzw. sein sollten.

1.4.2 Sustainable Markets Initiative (SMI) – Hospitality and Tourism Task Force

2020 vom damaligen Prince of Wales und jetzigem englischen König Charles III. gegründet, ist die Sustainable Markets Initiative (SMI) zur weltweit führenden Organisation des Privatsektors im Bereich „Transition" geworden. Die Terra Carta (eingeführt im Jahr 2021) dient als Mandat der SMI mit dem Schwerpunkt, positive Ergebnisse für Natur, Mensch und Erde durch Maßnahmen in der Realwirtschaft zu beschleunigen.

Die SMI ist eine mächtige Plattform für Führungskräfte, die globale CEOs aus verschiedenen Branchen, Finanz- und Investitionsgemeinschaften in Arbeitsgruppen zusammenbringt, um Schlüsselmaßnahmen zu identifizieren, die den globalen Fortschritt bei den wichtigsten Themen für Natur, Mensch und Erde beschleunigen. Angesichts des Bedarfs an jährlich benötigten Billionen Dollar ist ein Hauptziel der SMI, den internationalen Fluss privaten Kapitals zu erhöhen, um der Welt bei der Umstellung auf eine nachhaltigere Zukunft zu helfen.

Die Hospitality and Tourism Task Force der SMI wurde offiziell auf der ITB 2023 initiiert und vereint Führungskräfte der Branche, um bei der Verfolgung greifbarer, skalierbarer, praktischer und dauerhafter nachhaltiger Geschäftspraktiken zusammenzuarbeiten. Sie besteht derzeit aus 14 globalen Unternehmen der Hospitality-Industrie und drei führenden Organisationen für Nachhaltigkeit und zwischenstaatlicher Entwicklung, die Technologie und Innovation fördern.

Die Task Force verfolgt einen ganzheitlichen Ansatz und strebt an, den gesamten Sektor einzubeziehen, während sie mit anderen Arbeitsgruppen zusammenarbeitet, um den erfolgreichen Ausgang und Einfluss sicherzustellen. Mit einer weitreichenden Wertschöpfungskette, die Finanzen, Lieferketten, Transport, Landwirtschaft, Bauwesen und andere umfasst, kann diese Task Force sektorübergreifenden Einfluss und Zusammenarbeit ermöglichen und sicherstellen, dass der Weg zu einer Netto-positiven Gastfreundschaft erreicht wird.

Die Task Force wird von Glenn Mandzuik, CEO der Sustainable Hospitality Alliance, und Xenia zu Hohenlohe, Mitbegründerin der Considerate Group, gemeinsam geleitet und hat folgende Ziele (www.sustainable-markets.org, Einsehdatum 04.01.2024):

- Entwickeln von Geschäftsszenarien, um eine breitere branchenweite Umstellung auf ein nachhaltigeres Geschäftsmodell zu fördern
- Sensibilisierung für Finanzierungsmöglichkeiten zur Unterstützung von Nachhaltigkeitsmaßnahmen erhöhen
- Untersuchung von Herausforderungen und Chancen für Menschen in der Branche und ihren Lieferketten, um Innovation durch systemisches und Design-Thinking zu unterstützen
- Nutzung von Stakeholder-Netzwerken
- Streben nach Förderung der Übernahme von Nachhaltigkeitsmetriken zur Verbesserung von Standards und Benchmarks
- Standardisierung von Messinstrumenten, um sicherzustellen, dass die Branche ihre Auswirkungen versteht
- Unterstützung von Roadmaps für branchenweite Umstellungen, einschließlich des Weges zu einer netto-positiven Gastfreundschaft
- Bis spätestens 2050 so schnell wie möglich Netto-Null erreichen

1.4.3 Nachhaltige Entwicklungsziele (SDGs) und der Hotelsektor

Die Agenda 2030 für nachhaltige Entwicklung (United Nations, 2015) mit den Zielen für nachhaltige Entwicklung (SDGs) beabsichtigt die Steuerung der globalen nachhaltigen Entwicklung bis 2030. Die 17 Ziele umfassen eine Reihe von 169 Bestrebungen und über 230 Indikatoren, die Themen von der Beendigung der Armut über die Sicherung der Lebensmittelversorgung, Gewährleistung gesunder Lebensweise, Zugang zu qualitativ hochwertiger Bildung, Zugang zu Wasser und Energie, Verringerung von Ungleichheiten, Erhalt der natürlichen Umwelt bis hin zur Förderung von Beschäftigung und anständiger Arbeit für alle abdecken (United Nations, o. J.). Die vollständige Liste der Themen, Ziele und Indikatoren kann von der Plattform für nachhaltiges Entwicklungswissen (https://sdgs.un.org/goals) abgerufen werden. Die SDGs sind zu einem Leitfaden für viele Unternehmen für die Entwicklung interner Nachhaltigkeitsstrategien geworden. Ebenso hat die Integration der SDGs im Gastgewerbe zunehmende Aufmerksamkeit erhalten (Alvarez-Risco et al., 2020; Jones & Comfort, 2019). Die SDGs gelten als ein transformierender Weg zu nachhaltigen Geschäftspraktiken, die positiv zu den sozialen, wirtschaftlichen und Umweltsäulen beitragen und gleichzeitig das Image und die Leistung des Unternehmens verbessern (Bacari et al., 2021). Angesichts der Tatsache, dass die Hospitality-Industrie ein bedeutender Motor für lokale und nationale Volkswirtschaften ist, ist ihre Rolle bei der Erreichung der SDGs entscheidend. Eine umfassende Umsetzung der SDGs im Gastgewerbe ist jedoch noch nicht die Norm. Während die Entwicklung und der Betrieb von Hotels mit jedem der 17 SDGs verbunden sind, sind hier einige Schlüsselbereiche erläutert, die die Art der Maßnahmen erklären, die klar darauf abzielen, bestimmte SDG-Ziele zu erreichen:

- **Gesundheit und Wohlbefinden (SDG 3):** Viele Hotels haben Mitarbeiter-Wellness-Programme eingeführt, wie Fitnesseinrichtungen, Workshops zum Stressmanagement sowie Schulungsprogramme zur Suchtprävention (Ziel 3.5) und die Bereitstellung einer Krankenversicherung (Ziel 3.8).
- **Geschlechtergleichstellung (SDG 5):** Während die Geschlechterungleichheit in Führungspositionen in der Hotelbranche eine Herausforderung darstellt (Deiana & Fabbri, 2020), unternehmen einige Hotelunternehmen entschlossene Schritte, um diese Lücke zu schließen (Ziel 5.5), und zwar durch Talententwicklungsprogramme und flexible Arbeitszeiten.
- **Verantwortungsvoller Konsum und Produktion (SDG 12):** Viele Hotels arbeiten daran, Lebensmittelverschwendung zu reduzieren (Ziel 12.3) und bei allen Arten von Abfall Präventions-, Reduzierungs-, Recyclings und Wiederverwendungsmaßnahmen einzuführen (Ziel 12.5).

Obwohl einige Hotelunternehmen das SDG-Rahmenwerk klar in ihre Nachhaltigkeitsstrategie integriert haben, kann die Reaktion der Hotellerie auf die SDGs insgesamt als „Work in progress" und als eher selektiv betrachtet werden. „Selektiv" bedeutet in diesem Zusammenhang, dass die Hotellerie nicht einheitlich auf die SDGs reagiert hat. Während einige Unternehmen das SDG-Rahmenwerk klar in ihre Nachhaltigkeitsstrategie integriert haben, haben andere möglicherweise weniger oder gar nicht darauf reagiert. Die Erreichung der SDGs in diesem Sektor geht also langsam vonstatten, da die gesamte Branche nicht in gleichem Maße oder mit gleicher Geschwindigkeit reagiert. Aber dies ist nicht nur im Gastgewerbe der Fall. Zum Zeitpunkt der Abfassung dieses Buches (Anfang 2024) gibt es laut dem Bericht zu den Zielen für nachhaltige Entwicklung 2023 (United Nations, 2023) offensichtlich unzureichende Fortschritte bei der Erreichung der 17 SDGs bis 2030. Obwohl es einige Debatten über den Wert der SDGs im Allgemeinen gibt (z. B. Eisenmenger et al., 2020), bleiben die SDGs nach wie vor strategisch relevant für die Arbeit an einer nachhaltigeren Praxis in der Hotellerie. Dies ist daher ein Aufruf an den Hotelsektor, sich umfassender und engagierter für die Verwirklichung dieser Ziele einzusetzen.

1.4.4 EU-Richtlinie zu umweltfreundlichen Werbeaussagen & Hotelmarketing

2019 hat die Europäische Kommission den Europäischen Green Deal verabschiedet, ein umfassendes Paket von Klima-, Energie-, Mobilitäts- und anderen Nachhaltigkeitsinitiativen, das darauf abzielt, die europäische Wirtschaft bis 2050 in einen Zustand der CO_2-Neutralität zu transformieren, gleichzeitig jedoch den Verlust der Biodiversität anzugehen und einen gerechten Übergang sicherzustellen (European Commission, 2019). Die Einführung des EU Green Deals hat einige besondere Herausforderungen aufgezeigt. Insbesondere die Art und Weise, wie Unternehmen ihre Umweltleistung in Form von Aussagen (z. B. unser Hotel ist … „umweltfreundlich", „klimaneutral", „netto null" oder „ökologisch") kommunizieren und vermarkten, ist in den Fokus gerückt. Die Europäische Kommission hat erkannt, dass Unternehmen oft Aussagen ohne angemessene, wissenschaftlich fundierte und überprüfbare Substanziierung verwenden, was problematisch ist (European Commission, 2023a). Ein Ziel des EU Green Deals ist es, Verbraucher – einschließlich Hotelgäste – zu befähigen, den Übergang zu Netto-Null durch bewusste Entscheidungen voranzutreiben (European Commission, 2023a).

Eine Hotelwahl stellt diesbezüglich für viele Reisende eine Herausforderung dar, da sie mit Nachhaltigkeitsauszeichnungen, Preisen und Aussagen überflutet werden. Selbst Umweltzeichen können unzuverlässig und wenig glaubwürdig sein, wenn sie nicht einer Überprüfung durch Dritte unterzogen wurden (European Commission, 2023a). Alles in allem verschärft diese Ungewissheit die Schwierigkeit für Verbraucher, zwischen Zertifizierungssystemen von Dritten und Selbstzertifizierungen zu unterscheiden. In einigen Fällen werden Gäste absichtlich durch Greenwashing-Praktiken in die Irre geführt, was zu einem schwindenden Vertrauen in die Unternehmenskommunikation führt (Rahman et al., 2015). Die Situation bringt sie in ein Dilemma – vertraut man den kommunizierten Botschaften der Hotels oder nicht?

Die EU Green Claims Directive zielt darauf ab, den Verbraucherschutz zu stärken, indem sie transparente Praktiken in Bezug auf Umweltaussagen in Marketingaktivitäten sicherstellt (European Commission, 2023a). Wie bereits erwähnt, verwendet das Gastgewerbe oft Begriffe wie „klimaneutral", „kohlenstoffneutral", „100 % CO_2-kompensiert" oder „Netto-Null", die für Verbraucher unklar und damit missverständlich sein können (European Commission, 2023a). Die Green Claims Directive soll diese Probleme angehen, indem sie solche Aussagen verbietet, es sei denn, sie werden systematisch mit wissenschaftlichen Beweisen untermauert und extern überprüft (European Commission, 2023a). Die Richtlinie erfordert, Umweltaussagen durch eine Lebenszyklusperspektive zu substanziieren, d. h. Umweltauswirkungen über die wesentlichen

Lebenszyklusphasen hinweg zu bewerten (European Commission, 2023a). Obwohl keine einheitliche Methode zur Bewertung der Umweltauswirkungen von Produkten oder Dienstleistungen existiert, schlägt die Europäische Kommission die Verwendung der Environmental-Footprint(EF)-Methode als standardisierte Möglichkeit zur Messung der Umweltleistung vor (European Commission, 2021c). Verbrauchervertretungsgruppen können rechtliche Schritte gegen Unternehmen einleiten, die falsche oder nicht nachgewiesene Aussagen machen, um die kollektiven Interessen der Verbraucher zu schützen (European Commission, 2023c).

Gemäß der EU Green Claims Directive muss ein sich als „umweltfreundlich" vermarktendes Hotel eine Lebenszyklusanalyse durchführen, die die Umweltauswirkungen seiner Aktivitäten untersucht. Beispielsweise würde die Lebensmittelversorgung eines Hotels die Auswirkungen im Zusammenhang mit Ressourcengewinnung, Produktion, Transport, Nutzung sowie Entsorgung umfassen. Eine externe Überprüfung könnte diese Aussage authentifizieren. Während dieses Prozesses muss das Hotel eine transparente Dokumentation aller Maßnahmen und damit verbundenen Auswirkungen aufrechterhalten. Es sollte auch regelmäßig seine Umweltaussagen überprüfen, um deren Genauigkeit zu gewährleisten. Die mit der Substanziierung von Umweltaussagen verbundenen Kosten variieren erheblich (siehe Green Claims Directive, Abschn. 3.2.2: Auswirkungen der bevorzugten Politikoption, in European Commission, 2023a) und werden vom Hotel getragen. Diese Kosten sind jedoch steuerbar, da Umweltaussagen in Marketingaktivitäten weiterhin freiwillige unternehmerische Entscheidungen sind.

Diese Richtlinie gilt für alle Unternehmen, die in der EU tätig sind, auch für internationale Unternehmen, die Produkte und Dienstleistungen innerhalb der EU anbieten, unabhängig von ihrem geografischen Standort (Font, 2023). Die Hotellerie fällt unter die Richtlinie, es sei denn, es handelt sich um ein Kleinstunternehmen (weniger als zehn Mitarbeiter mit einem Jahresumsatz von weniger als 2 Mio. €). Diese Kleinstunternehmen sind von der Richtlinie befreit, da die mit der Substanziierung von Ansprüchen verbundene Belastung unverhältnismäßig ist (European Commission, 2023a). Um andere KMUs zu unterstützen (die Mehrheit der Hotels in Märkten wie Deutschland oder Österreich), plant die Europäische Kommission, Mittel zur Verfügung zu stellen, um Daten bereitzustellen und Berechnungstools zu entwickeln (European Commission, 2023c).

Literatur

Alvarez-Risco, A., Estrada-Merino, A., & Perez-Luyo, R. (2020). Sustainable development goals in hospitality management. In H. Ruël & A. Lombarts (Hrsg.), *Sustainable hospitality management* (S. 159–178). Emerald Publishing Limited. https://doi.org/10.1108/S1877-636120200000024012

Antova, A., Bernard Simpson, S., & Legrand, W. (2023). An evaluation of the environmental, social, and corporate governance assessment (ESG) criteria adopted by ESG rating agencies: A hospitality industry perspective. Präsentiert auf der EuroCHRIE Conference, Vienna, Austria, 03.–06. Oktober 2023.

Bacari, C., Séraphin, H., & Gowreesunkar, V. G. B. (2021). Sustainable development goals and the hotel sector: Case examples and implications. *Worldwide Hospitality and Tourism Themes, 13*(1), 9–21. https://doi.org/10.1108/WHATT-08-2020-0085

Camphausen, H. (2013). Jeder Tropfen Wasser zählt. www.ahgz.de/unternehmen/jeder-tropfen-wasser-zaehlt,200012207772.html. Zugegriffen am 05.02.2014.

Dasgupta, P. (2021). *The economics of biodiversity*. The Dasgupta Review. HM Treasury. www.gov.uk/government/publications/final-report-the-economics-of-biodiversity-the-dasgupta-review. Zugegriffen am 02.01.2024.

Deiana, M., & Fabbri, C. (2020). Barriers to the success of female leaders in the hospitality industry. *Research in Hospitality Management, 10*(2). https://doi.org/10.1080/22243534.2020.1869461

EFRAG. (2023, August 23). Implementation guidance for the materiality assessment. EFRAG SRB meeting. www.efrag.org/Assets/Download?assetUrl=%2Fsites%2Fwebpublishing%2FMeeting%20Documents%2F2307280747599961%2F06-02%20Materiality%20Assessment%20SRB%20230823.pdf. Zugegriffen am 20.11.2024.

Eisenmenger, N., Pichler, M., Nora, K., Dominik, N., Plank, B., Ekaterina, S., & Gingrich, S. (2020). The sustainable development goals prioritize economic growth over sustainable resource use: A critical reflection on the SDGs from a socio-ecological perspective. *Sustainability Science, 15*(4), 1101–1110. https://doi.org/10.1007/s11625-020-00813-x

European Commission. (2019). The European green deal sets out how to make Europe the first climate-neutral continent by 2050 […]. https://ec.europa.eu/commission/presscorner/detail/en/ip_19_6691. Zugegriffen am 12.12.2023.

European Commission. (2021b). Annual single market report 2021, SWD (2021) 351 final. https://commission.europa.eu/system/files/2021-05/swd-annual-single-market-report-2021_en.pdf. Zugegriffen am 27.11.2023.

European Commission. (2021c). Commission recommendations (EU) 2021/2279 of 15 December 2021 on the use of the Environmental Footprint methods to measure and communicate the life cycle environmental performance of products and organisations. https://eur-lex.europa.eu/legal-content/EN/TXT/HTML/?uri=CELEX:32021H2279. Zugegriffen am 28.11.2023.

European Commission. (2023a). Directive of the European Parliament and of the Council on substantiation and communication of explicit environmental claims (Green Claims Directive). https://eur-lex.europa.eu/legal-content/EN/TXT/HTML/?uri=CELEX:52023PC0166. Zugegriffen am 02.01.2024.

European Commission. (2023b). Corporate sustainability reporting. https://finance.ec.europa.eu/capital-markets-union-and-financial-markets/company-reporting-and-auditing/company-reporting/corporate-sustainability-reporting_en. Zugegriffen am 03.01.2024.

European Commission. (2023c). Questions and answers on European Green Claims. https://ec.europa.eu/commission/presscorner/detail/en/qanda_23_1693. Zugegriffen am 03.01.2024.

European Commission. (2023d). Commission Delegated Directive (EU) of 17.10.2023 […] as regards the adjustments of the size criteria for micro, small, medium-sized and large undertakings or groups. https://ec.europa.eu/info/law/better-regulation/have-your-say/initiatives/13912-Adjusting-SME-size-criteria-for-inflation_en. Zugegriffen am 04.01.2024.

European Parliament. (2022). Tourism. Fact sheets on the European Union. www.europarl.europa.eu/factsheets/en/sheet/126/tourism. Zugegriffen am 12.01.2024.

Font, X. (2023). The impact of the Green Claims Directive for sustainable hospitality. In W. Legrand (Hrsg.), HYB 2024 Hospitality ESG edition (S. 30–33). Hospitality Net. www.hotelyearbook.com/. Zugegriffen am 12.01.2024.

Garst, J., Maas, K., & Suijs, J. (2022). Materiality assessment is an art, not a science: Selecting ESG topics for sustainability reports. *California Management Review*, 1–27. https://doi.org/10.1177/00081256221120692

Literatur

GRI. (2022). *The materiality madness: Why definitions matter.* Global Reporting Initiative. www.globalreporting.org/media/r2oojx53/gri-perspective-the-materiality-madness.pdf. Zugegriffen am 15.01.2024.

IFC. (2005). Investing for long-term value: Integrating environmental, social and governance value drivers in asset management and financial research – A state-of-the-art assessment. Conference report prepared by on Values Investment Strategies and Research Ltd. www.ifc.org/content/dam/ifc/doc/mgrt/whocareswins-2005conferencereport.pdf. Zugegriffen am 24.01.2024.

Jones, P., & Comfort, D. (2019). Sustainable development goals and the world's leading hotel groups. *Athens Journal of Tourism, 6*(1), 1–14. www.athensjournals.gr/tourism/2019-6-1-1-Jones.pdf. Zugegriffen am 23.12.2023.

Legrand, W., Chen, J. S., & Laeis, G. (2022). *Sustainability in the hospitality industry: Principles of sustainable operations* (4. Aufl.). Routledge.

Legrand, W., Kuokkanen, H., Marucco, F., Hazenberg, S., & Fischer, F. (2023). Survival of the fittest? A call for hospitality to incorporate ecology into business practice and education. *Cornell Hospitality Quarterly.* https://doi.org/10.1177/19389655231182083

Linhard, W. (2013). Ich bin reif für die Insel. Soneva Fushi Resort. *Gate to Travel, 8,* 104–122.

Meadows, D. L., Meadows, D. H., Zahn, E. K. O., & Milling, P. (1972). *Die Grenzen des Wachstums: Bericht des Club of Rome zur Lage der Menschheit.* Deutsche Verlags Anstalt.

PRI. (2019). What are the principles for responsible investment? Principles for responsible investment association. www.unpri.org/about-us/what-are-the-principles-for-responsible-investment. Zugegriffen am 09.01.2024.

Pufé, I. (2017). *Nachhaltigkeit* (3. Aufl.). utb.

Rahman, I., Park, J., & Chi, C. G. (2015). Consequences of "greenwashing": Consumers' reactions to hotels' green initiatives. *International Journal of Contemporary Hospitality Management, 27*(6), 1054–1081. https://doi.org/10.1108/IJCHM-04-2014-0202

Schlag, M. (2008). Hilton fährt auf der Öko-Schiene. www.ahgz.de/regional-und-lokal/hilton-faehrt-auf-der-oeko-schiene,200012154614.html. Zugegriffen am 15.05.2014.

Sloan, P., Legrand, W., & Chen, J. S. (2017). *Sustainability in the hospitality industry: Principles of sustainable operations* (3. Aufl.). Routledge.

United Nations. (2015). Resolution adopted by the General Assembly on 25 September 2015 70/1. Transforming our world: the 2030 Agenda for Sustainable Development. United Nations General Assembly. https://documents-ddsny.un.org/doc/UNDOC/GEN/N15/291/89/PDF/N1529189.pdf?OpenElement. Zugegriffen am 10.01.2024.

United Nations. (2023). The sustainable development goals report 2023: Special Edition. United Nations, Department of Economic and Social Affairs. https://unstats.un.org/sdgs/report/2023/. Zugegriffen am 10.01.2024.

United Nations. (o.J.). The 17 Goals. United Nations Department of Economic and Social Affairs. https://sdgs.un.org/goals. Zugegriffen am 10.03.2024.

WEF. (2020). *Nature risk rising: Why the crisis engulfing nature matters for business and the economy.* World Economic Forum. www.weforum.org/publications/nature-risk-rising-why-the-crisis-engulfing-nature-matters-for-business-and-the-economy/. Zugegriffen am 23.01.2024.

Nachhaltiges Ressourcenmanagement

Zusammenfassung

Das Kapitel fokussiert sich darauf, wie Unternehmen in der Hotellerie und Gastronomie durch umweltbewusste Maßnahmen wirtschaftlichen Erfolg erzielen können. Unter dem Leitgedanken „Mit grünen Maßnahmen schwarze Zahlen schreiben" werden praxisnahe Ansätze vorgestellt. Ein zentrales Thema ist die korrekte Umsetzung von Ressourceneffizienz, die detailliert in Bereichen wie Energieeinsparung, Wassermanagement, Abfallvermeidung, Mobilität und der Verwendung umweltschonender Materialien beleuchtet wird. Das Kapitel bietet eine umfassende Anleitung für nachhaltiges Ressourcenmanagement, um sowohl ökologische als auch ökonomische Ziele erfolgreich zu realisieren. Eine „Checkliste zur Umsetzungsunterstützung" rundet das Kapitel ab.

2.1 Mit grünen Maßnahmen schwarze Zahlen schreiben

Immer mehr Hotels erkennen ihre Verantwortung gegenüber den natürlichen Ressourcen; Kunden fragen immer häufiger nach speziellen Aktivitäten und Umweltschutzmaßnahmen. Ein effizientes Ressourcenmanagement ist jedoch nicht nur ökologisch wichtig, sondern es lohnt sich auch ökonomisch, mit den vorhandenen Ressourcen rücksichtsvoll und effizient umzugehen, mit dem Ziel, die Kosten für Energie, Wasser und Materialien so gering wie möglich zu halten.

Von dem Anstieg der Energiekosten ist auch die Beherbergungsbranche stark betroffen. Laut der Konjunkturumfrage des DEHOGA im Sommer 2023 bezeichnen 80 % der befragten Hoteliers die gestiegenen Energiekosten als Hauptproblemfeld für die nächsten Jahre. (www.dehoga-bundesverband.de, Einsehdatum 15.01.2024)

Neben dem Energieverbrauch sind in der Beherbergungsbranche vor allem Wasserverbrauch und Abfallaufkommen die Hotspots hinsichtlich negativer Umweltauswirkungen.[1] Bei allen Bemühungen für effizienten Ressourceneinsatz stehen Hotelbetriebe – noch mehr als andere Branchen – vor der Herausforderung, Klassifizierungsstandards und Gästeanspruch mit ihren Einsparzielen zu vereinen. Komfort und Servicequalität dürfen durch nachhaltiges Ressourcenmanagement nicht eingeschränkt werden.

2.2 Ressourceneffizienz, wie geht das konkret?

Um die Ressourceneffizienz langfristig zu verbessern, müssen alle Hotelbereiche auf Einsparungspotenziale untersucht werden. Dies kann im Rahmen einer Zertifizierung oder durch einen speziellen Energieberater durchgeführt werden. Eine externe Einschätzung ist von großer Bedeutung, da wenige Hoteliers über geeignete technische Qualifikationen verfügen. Investive Maßnahmen wie Gebäudesanierungen oder der Austausch von Heizungsanlagen fordern zwar einen hohen Investitionsaufwand, jedoch ist das Einsparpotenzial auch dementsprechend groß und die Investition amortisiert sich oftmals in einem überschaubaren Zeitraum. Das Potenzial zur Ressourceneinsparung ist jedoch stark abhängig vom Gebäudezustand und der Ausstattung.

Anders verhält es sich mit vielen kleinen, nicht-investiven Maßnahmen und Verhaltensänderungen. Erfahrungswerte bei unterschiedlichen Betrieben zeigen, dass Einsparmöglichkeiten von oftmals 10 bis 20 % realisiert werden können. Die folgenden Empfehlungen sind ein Mix von investiven und nicht-investiven Maßnahmen, die Hoteliers helfen können, Einsparpotenziale aufzudecken und den Verbrauch bei Strom, Heizung und Wasser zu reduzieren und Abfall und Emissionen zu verringern.

2.2.1 Energie sparen

Die folgenden Maßnahmen können helfen, Strom zu sparen:

- Bewegungsmelder auf Fluren und Toiletten
- LED-Beleuchtung: Die Kosteneinsparungen beim Austausch einer Halogenleuchte (50 W) gegen eine LED (7 W, 40.000 h Lebensdauer) belaufen sich während der gesamten Lebensdauer und bei einem Strompreis von 0,29 €/kWh auf beachtliche 496 €
- Schaltbare Steckdosenleisten zur Vermeidung von Standby-Stromverbrauch

---

[1] Reference Document on Best Environmental Management Practice in the Tourism Sector. Auf europäischer Ebene werden für das Umweltmanagement EMAS (EMAS = Eco-Management and Audit Scheme) branchenspezifische Referenzdokumente erarbeitet mit Hinweisen zu relevanten Indikatoren und bewährten Umweltmanagementpraktiken.

2.2 Ressourceneffizienz, wie geht das konkret?

- Effiziente Elektrogeräte (mit dem EU-Energielabel A++ bzw. A+++ gekennzeichnet)
- Fotovoltaikanlagen oder Blockheizkraftwerke zur Stromeigenversorgung
- Gebäudeautomation, z. B. Beleuchtung bedarfs-, tageszeit- bzw. jahreszeit- und bewegungsabhängig schalten, Lüftungs- oder Klimaanlage bedarfs- und zeitgerecht steuern; Abschaltfunktion der Heizung bei offenen Fenstern
- Einsatz eines Temperaturmanagements in den Zimmern (automatische Drosselung bei Nichtbelegung bzw. Abwesenheit)
- Verzicht auf Minibars
- Verzicht auf Empfangsbeleuchtung und eingeschalteten Fernseher bei Anreise des Gastes
- Verzicht auf elektrische Händetrockner in den öffentlichen Toiletten und stattdessen Einsatz von Recyclingpapier-Tüchern
- Klimafreundliche oder klimaneutrale Übernachtungen und Veranstaltungen anbieten
- Energieverbrauch erheben und kontinuierlich Verbesserungsmaßnahmen durchführen
- Verhaltensschulung und Motivation der Mitarbeiter zum Stromsparen
- Gästeinformation zur Sensibilisierung und Beteiligung

Die folgenden Maßnahmen können helfen, effizient zu heizen:

- Wärmeschutzisolierung durch Gebäudesanierung (Isolierung der Gebäudehülle, dreifach verglaste Wärmedämmfenster)
- Einsatz effizienter Heizanlagen und Heizungspumpen
- Gebäudeautomation, z. B. Heizungsanlage bedarfs- und zeitgerecht steuern, Verschattungseinrichtungen in Abhängigkeit von Sonnenlicht und Wind zeit- und bedarfsgerecht steuern
- Wärmerückgewinnung aus Wasser oder Abluft
- Schulung der Mitarbeiter in Bezug auf das Lüftungsverhalten
- Hinweise für Gäste und Mitarbeitende zum richtigen Lüften im Winter

Effizienz im Engadin – Erstes Plusenergie-Hotel im Alpenraum

Das Romantik Hotel Muottas Muragl muss auf über 2500 m etwa 365 Tage im Jahr heizen, was in der Vergangenheit etwa 40.000 L Heizöl verschlang. Das neue Energiekonzept basiert auf einer differenzierten Versorgung. Insgesamt 140 m² thermische Sonnenkollektoren erzeugen warmes Wasser und unterstützen die Heizung. Den gesamten Strombedarf für Beleuchtung sowie Betriebs- und Hilfsenergie decken 460 m² Fotovoltaik-Module, die entlang der Bergbahntrasse installiert wurden. 16 Erdsonden liefern Heizwärme.
(www.engadin.ch, Einsehdatum 10.01.2024; Zimmer, 2011, S. 58) ◄

Mondschein, der nachhaltig ist!

Das Hotel Mondschein in Stuben am Arlberg ist ein Familienbetrieb mitten im Arlberg Skigebiet. Das Hotel, in dem schon Luis Trenker und Romy Schneider einkehrten, ist eine der ältesten Herbergen im Land Vorarlberg. Es zeichnet sich durch die authentische Atmosphäre in der urigen Gaststube mit Kachelofen, den besonderen Weinkeller aus dem 17. Jahrhundert und zeitgemäßen Charme mit einer ganzen Reihe von nachhaltigen Innovationen aus.

Ganz besonders groß geschrieben wird Energieeffizienz. Die gesamte Beleuchtung der Zimmer, Gänge und im Stiegenhaus wurde auf LED-Technologie umgestellt. Auf den energieaufwändigen Kühlschrank (Minibar) wurde gänzlich verzichtet. Stattdessen wurde eine „stromlose Minibar" entwickelt und umgesetzt. In den Zimmern kommt ein Kartensystem zum Einsatz, welches den Standby-Verbrauch bei Abwesenheit des Gastes auf null reduziert. Um dies optimal zu nutzen, wurden zusätzlich zwei „grüne Steckdosen" für das Aufladen von Laptop oder Handy installiert. So reduziert sich der Stromverbrauch in jedem Zimmer um 90 %. Darüber hinaus sorgen acht Duplexsonden in je 168 m Tiefe für die Nutzung von Erdwärme. Neben der Verwendung von Materialien aus der Region wie Zirbenholz oder Lodenstoff fungiert eine raumhohe Verglasung als unterstützendes „Kraftwerk" in der Energiebilanz des Hauses. Als erstes Hotel Österreichs wurde das Mondschein mit den drei wichtigsten Umweltpreisen gleichzeitig prämiert. Es erhielt 2014 das Österreichische Umweltzeichen, das Europäische Umweltzeichen sowie die Auszeichnung: klima:aktiv GOLD. 2020 erhielt die Unterkunft zudem die Auszeichnung Luxury Eco/Green Hotel. (www.mondschein.com) ◄

Hotel Luise – Pionier in nachhaltigem Ressourcenmanagement

Das Hotel Luise in Erlangen zeichnet sich als Vorreiter im nachhaltigen Ressourcenmanagement aus. Der Hotelier Ben Förtsch engagiert sich leidenschaftlich für die Förderung von Umweltschutz in der Hotellerie. Vor allem mit dem innovativen Konzept des nachwachsenden Hotelzimmers nach dem Cradle-to-Cradle-Prinzip setzt das Hotel Luise neue Maßstäbe. Mit zahlreichen Zertifizierungen, darunter DEHOGA Umweltcheck Gold, Green Stay, Viabono, Leuchtturm im nachhaltigen Deutschland Tourismus, Green Brand und das EU Ecolabel, unterstreicht das Hotel Luise sein durch und durch grünes Engagement. (https://hotel-luise.de/, Einsehdatum 20.01.2024) ◄

Energiesparen im Team

Energiesparziele in einem Hotelbetrieb können am besten realisiert werden, wenn alle an einem Strang ziehen. Die Sparmaßnahmen sollten nicht nur von der Leitung verordnet werden, sondern alle Mitarbeiter sollten über Sinn und Zweck informiert und zur Beteiligung motiviert werden. Die Hotelleitung sollte durch ihr eigenes vorbildliches Verhalten sowie die Bereitschaft für Investitionen in energieeffiziente Technologien eine produktive Atmosphäre schaffen und die Mitarbeiter anspornen.

Regelmäßige Informationen über Erfolge können zum Weitermachen motivieren. Das Sammeln von Ideen und Verbesserungsvorschlägen unter den Mitarbeitern zeigt oftmals Perspektiven und Einsparpotenziale auf, die bislang noch nicht beachtet wurden. Einem „Energiebeauftragten" kann hierbei besondere Verantwortung übertragen werden.

- **Gästezimmer**
  Im Gästezimmer bieten sich zahlreiche Stellen, an denen Energie eingespart werden kann. Sofern keine zentrale Steuerungsmöglichkeit besteht, sollten individuell in nicht belegten Zimmern konsequent die Heizung, Lüftung und Beleuchtung reduziert oder abgestellt werden. Je nach Auslastung kann die Belegung der Zimmer auf einzelne Hotelbereiche beschränkt werden und können Beleuchtung, Heizung und Lüftung zonenweise heruntergefahren werden. Der Verzicht auf Minibars und den Bereitschaftsmodus (Standby) beim Fernseher bietet erhebliches Einsparpotenzial. Das Schließen der Vorhänge erzielt im Sommer den Effekt, dass sich der Raum nicht unnötig aufheizt, im Winter vermeidet es dessen rasches Auskühlen.
- **Kühlen**
  Für Kühlgeräte liegt die ideale Kühltemperatur in der Regel bei 7 °C, bei Tiefkühllagerung bei −18 °C. Eine tiefere Einstellung verbraucht unnötig zusätzliche Energie. Wenn nur abgekühlte und abgedeckte Lebensmittel in den Kühlschrank gestellt werden, werden Reifbildung und zusätzlicher Energieaufwand vermieden. Ebenso geprüft werden, dass die Gummidichtungen der Türen sauber sind.
- **Speisen zubereiten**
  Bei der Zubereitung von Speisen können der Verzicht auf Vorheizen, Standby-Betrieb oder das Ausschalten bei Nichtgebrauch (z. B. Salamander) den Energieverbrauch verringern. Auch elektrische Geräte im Restaurant- und Barbereich verbrauchen im Standby-Betrieb reichlich Energie und müssen erst kurz vor Gebrauch eingeschaltet werden.
- **Spülen**
  Bei Geschirrspülmaschinen kann geprüft werden, ob sie möglicherweise an die Warmwasserversorgung des Hauses angeschlossen werden können. Zusätzlich sollte auf eine konsequente volle Auslastung sowie die Nutzung der Energiesparprogramme geachtet werden.
- **Energieverbrauch systematisch kontrollieren**
  Um Einsparpotenziale zu ermitteln, ist eine möglichst differenzierte und regelmäßige Messung und Auswertung der Verbrauchsdaten sinnvoll. Dazu kann die Verwendung einer Energiemanagementsoftware hilfreich sein. Des Weiteren können durch die Installation von „intelligenten" Zählern (auch Smart Meter) Verbrauchsdaten automatisch abgelesen und in ein Energiemanagementsystem eingespeist werden. Damit ist eine kontinuierliche Überwachung der Verbrauchsdaten gewährleistet.
- **Gäste begeistern**
  Gäste können durch gezielte, freundlich formulierte Hinweise dazu angeregt werden, einen Beitrag zum Energiesparen zu leisten. Viele Gäste sind dazu gerne bereit; oft

kann dies auch zu einer besseren Kundenbindung führen. Wenn ein Betrieb sich für umweltschonendes und energiesparendes Wirtschaften entscheidet, sollte er dies seinen Gästen aktiv mitteilen. Das Engagement ist ein Alleinstellungsmerkmal und Wettbewerbsvorteil und sollte daher konsequent im Haus selbst wie auch auf der Webseite kommuniziert werden.

Ein gutes Beispiel findet sich bei Hilton. In allen Hotelmarken und Standorten wurde ein zertifiziertes Umweltmanagement eingeführt, das mit dem Namen „Lightstay" die Nachhaltigkeitsleistung anhand von mehr als 200 Indikatoren in allen Hotels überwacht. Hierdurch wurden Senkungen im Gesamtenergieverbrauch im zweistelligen Prozentbereich erzielt. Hilton hat es geschafft, nicht nur die Gäste, sondern auch die Mitarbeiter für das Thema zu begeistern und aktiv in die Verbesserungsmaßnahmen einzubinden. (https://esg.hilton.com/wp-content/uploads/2020/04/Hilton-LightStay.pdf, Einsehdatum 25.02.2024)

2.2.2 Wasser sparen

Die folgenden Maßnahmen können helfen:

- Einsatz von Durchflussbegrenzern und Perlatoren in Duschen und Bädern bzw. von wassersparenden Hähnen und Duschen
- Sensorgesteuerte Armaturen
- Tägliche Kontrolle der Wasserhähne, Duschen und WC-Spülkästen (Tropfen, Verkalkung)
- Toilettenspülungen mit Spülstoppfunktion, wasserlose Urinale
- Verzicht auf Rainfall-Duschköpfe
- Badewannen mit optimiertem Design, z. B. an Körperform angepasst
- Einsatz wassersparender Wasch- und Spülmaschinen unter optimaler Auslastung
- Aufbereitung von Grau- oder Regenwasser, z. B. für Toilettenspülungen
- Regelmäßige Reinigung und Entsorgung des Fettabscheiders
- Motivation der Gäste zum bedarfsorientierten Handtuch- und Bettwäschewechsel und wirkliches Beachten durch das Personal
- Regelmäßige Kontrolle des gesamten Wasserverbrauchs und kontinuierliche Durchführung von Verbesserungsmaßnahmen

Der Wasserverbrauch pro Person und Tag ist in Hotels meist höher als im Alltag, besonders in südlichen Ländern. Deshalb lohnen sich Effizienzmaßnahmen hier meist schon nach relativ kurzer Zeit. Es gibt verschiedene Hilfsmittel wie beispielsweise Durchflussbegrenzer, Perlatoren, bei denen die Anschaffungskosten gering sind und die durch die Reduzierung des Durchflusses in Duschen und Waschbecken außerdem nicht nur den Wasserverbrauch, sondern auch den Energieverbrauch für die Wassererwärmung verringern.

Für größere Hotelbetriebe kommt auch die Einrichtung einer Regenwasserzisterne und damit Nutzung des Regenwassers für Garten, Toiletten und Waschmaschinen in Frage. So können sich nicht nur Wassereinsparungen ergeben, sondern dies kann auch eine Reduzierung der Niederschlagswassergebühren an Gemeinden und Städte zur Folge haben (siehe DEHOGA Umweltbroschüre).

2.2.3 Abfall vermeiden

Die folgenden Maßnahmen können helfen:

- Vermeidung von Portionsverpackungen, z. B. am Frühstücksbuffet (Zucker, Milch, Marmelade etc.) oder in Gästebädern (Duschgel, Bodylotion etc.)
- Einkauf von Großgebinden
- Einsatz von Mehrweg-Geschirr und -Getränkeflaschen (vor allem bei Catering)
- Verpflichtung der Lieferanten, Mehrwegsysteme einzusetzen (z. B. Mehrwegwannen, -kisten) oder Verpackungen zurückzunehmen
- Recycling von Speiseresten, Altfetten und -ölen sowie Frittierfetten
- Weitergabe überschüssiger Lebensmittel an gemeinnützige Einrichtungen, z. B. Tafeln
- Verzicht auf Verpackung bei Give-aways und Verwendung qualitativ hochwertiger und langlebiger Artikel
- Optimierung der Trennsysteme im Gäste- und Mitarbeiterbereich und eindeutige Hinweise zum Trennkonzept
- Erfassung und korrekte Entsorgung von Sonderabfällen wie Batterien, Leuchtstoffröhren, Energiesparlampen, Druckerpatronen, Toner, Farbresten usw.
- Getrennte Abfallentsorgung sowie Information und Verpflichtung des Reinigungspersonals zur Einhaltung des Trennkonzeptes, vor allem bei Beauftragung eines externen Unternehmens
- Schulung der Mitarbeiter zum Thema Sondermüll
- Plan zur Abfallvermeidung und regelmäßige Kontrolle

Grundsätzlich sollte im Rahmen eines Abfallkonzeptes gelten: Abfälle so weit wie möglich vermeiden. Nicht vermeidbare Abfälle sollten so gut wie möglich verwertet werden können. Dazu muss eine konsequente Trennung der Abfälle erfolgen.

Beim Catering empfiehlt sich der Umstieg auf Mehrweggeschirr, -gläser und -becher sowie Mehrwegbesteck für die Ausgabe von Essen und Getränken. Bei Getränken in Flaschen sollten Mehrwegflaschen statt Getränkedosen und Einwegflaschen genutzt werden. Mehrwegsysteme lohnen sich auch finanziell: z. B. amortisieren sich die Mehrkosten eines Mehrweg-Trinkbehälters bereits nach sieben Nutzungen (Österreichisches Ökologieinstitut, 2001, S. 87).

Ein Überschuss an Speisen und Lebensmitteln sollte durch gute Kalkulation des Angebotes vermieden werden. Oft können übrig gebliebene Lebensmittel vom Vortag auch am nächsten Tag noch ohne Probleme weiterverarbeitet werden. Wenn Überschüsse bzw. Abfälle entstehen, sollte geprüft werden, ob eine Weitergabe an Dritte (unter Gewährleistung der Lebensmittelhygiene) möglich ist, wie z. B. die Zusammenarbeit mit gemeinnützigen Einrichtungen wie den Tafel-Einrichtungen (siehe www.tafel.de).

Im Interesse einer konsequenten Abfalltrennung im Betrieb sollten die Mitarbeiter über das Trennkonzept informiert werden. Einarbeitungspläne für neue Mitarbeiter sollten konkret auch die Punkte Abfallvermeidung und Abfalltrennung enthalten. Im Alltagsgeschäft sind ausreichende Informationen darüber zur Verfügung zu stellen.

Wichtig ist auch, das Reinigungspersonal, vor allem, wenn dafür eine externe Institution beauftragt wird, mit einzubeziehen und zu verpflichten, die Abfalltrennung umzusetzen. Die Abfalltrennung ist sinnvollerweise dem jeweiligen Bereich anzupassen (vor allem Biomüll, Speisereste in Küche, Gastronomie; Papier, Druckerpatronen in Büroräumen).

Kritische Abfallfraktionen wie Batterien, Farbreste, Leuchtmittel (z. B. Energiesparlampen), Frittierfette, Toner sowie alle anderen Sonderabfälle müssen getrennt gesammelt und unter Einhaltung der entsprechenden gesetzlichen Vorgaben entsorgt werden.

2.2.4 Mobilität

Die folgenden Maßnahmen können helfen:

- Empfehlung an Gäste zur Anreise mit der Bahn und aktives Angebot zur Abholung vom Bahnhof; Beschreibung der Anreise auf der Webseite
- ÖPNV-Ticket aktiv den Gästen anbieten und in den Übernachtungspreis inkludieren
- Gesicherter und geschützter Fahrradparkplatz
- Fahrradverleih und Elektrofahrräder anbieten
- Motivation der Mitarbeiter durch Jobtickets für den ÖPNV und Unterstützung von Mitfahrgelegenheiten
- Bei Taxibestellung Fahrzeuge mit alternativen Antrieben bevorzugen

2.2.5 Umweltschonende Materialien

Die folgenden Maßnahmen können helfen:

- Inventur und Prüfung der Notwendigkeit eingesetzter Reinigungsmittel
- Einsatz umweltverträglicher, biologisch abbaubarer Reinigungsmittel, ausgezeichnet mit dem Umweltzeichen „Blauer Engel" oder anderen Ökolabels
- Einkauf von „echtem" Ökostrom (zertifiziert mit dem „Grüner-Strom-Label", „ok-power-Label", „TÜV Süd" oder „TÜV Nord")
- Nutzung erneuerbarer Energien, z. B. solarthermische Anlagen, Biomasseheizungen (Holzpellets oder Holzhackschnitzel), Blockheizkraftwerke (Effizienz durch Kraft-Wärme-Kopplung) oder Wärme-/Kältepumpen)

- Verzicht auf scharfe Sanitär- und Rohrreiniger
- Nutzung automatischer Dosiersysteme bei Wasch- und Spülmaschinen
- Einsatz von echtem hundertprozentigem Recyclingpapier bei Druckmaterialien und Hygienepapier, ausgezeichnet mit dem Umweltzeichen „Blauer Engel"
- Doppelseitiges Drucken und Kopieren (Voreinstellung an Druckern und Kopierern)
- Umstellung auf elektronische Dokumente; Ausdruck nur, wenn unbedingt notwendig
- Werbung für einen Veggie-Day

ACCOR Hotel Gruppe kommuniziert Nachhaltigkeit aktiv

Die ACCOR Hotel Gruppe hat im Bereich der nachhaltigen Entwicklung ein eigenes Programm aufgesetzt: PLANET 21 (in Anlehnung an „Agenda 21"). Das Konzept besteht aus sieben Säulen: Health, Nature, Carbon, Innovation, Local, Employment, Dialogue (Deutsch: Gesundheit, Natur, Emission, Innovation, Region, Arbeitsplatz, Dialog). Bereits im Jahr 2011 hatte Accor die Plattform Earth Guest Research (heute Planet 21 Research) für einen Austausch zu nachhaltiger Entwicklung in der Beherbergungsbranche ins Leben gerufen. Die Nutzung ist kostenlos und offen für alle Interessierten. Auf der Plattform wurden auch bereits zwei umfassende Studien publiziert: Eine davon untersucht die Erwartungen und Bedürfnisse von Hotelgästen in Bezug auf eine nachhaltige Entwicklung. Bei der zweiten Studie handelt es sich um die erste umfassende Lebenszyklusanalyse der internationalen Hotelgruppe ACCOR. (https://group.accor.com/en/group/our-commitments/our-commitment-to-the-planet, Einsehdatum 25.11.2023) ◄

Natur in den Pool

Das 5-Sterne-Hotel Steirerhof im österreichischen Bad Waltersdorf, geführt von Gunda & Werner Unterweger, hatte als erstes Hotel in Mitteleuropa einen eigenen „Naturpool" mit 200 m² für Nacktschwimmer. Durch den Verzicht auf Pflanzen und mit ein spezielles Filtersystem, welches auf dem Prinzip der mechanisch-biologischen Wasserreinhaltung basiert, ist keine Chemie notwendig.

(www.dersteirerhof.at, Einsehdatum 01.05.2014) ◄

2.3 Kennzahlen und Benchmarks offenbaren es

Ressourceneffizienz und nachhaltiges Management sind in der Hotellerie unverzichtbar geworden. Schlüsselindikatoren wie Energie- und Wasserverbrauch, Abfallerzeugung und Treibhausgasemissionen ermöglichen eine Bewertung der aktuellen Umweltleistung und zeigen erhebliche Einsparpotenziale auf. Diese umfassende Perspektive des Ressourcenmanagements in Verbindung mit Überlegungen zur Materialeffizienz bietet Hotels einen Maßstab, um ihre eigene Umweltleistung zu klassifizieren und Verbesserungsbereiche zu identifizieren. Eine detaillierte Übersicht der wichtigsten Indikatoren inklusive Benchmarks ist in Tab. 2.1 dargestellt.

Tab. 2.1 Übersicht der wichtigsten Indikatoren inklusive Benchmarks. (Quelle: European Commission, 2016a)

Bereich	Benchmark
Energie	
Energieeffizienz	Für bestehende Gebäude darf der Endenergieverbrauch für Heizung, Lüftung und Klimatisierung (HVAC) sowie Warmwasser $\leq$ 75 kWh oder der Gesamtendenergieverbrauch $\leq$ 180 kWh pro m^2 beheizter und gekühlter Fläche pro Jahr betragen. Für neue Gebäude entspricht die bewertete Energieeffizienz den Standards Minergie P oder Passivhaus oder gleichwertigen Standards. Der Gesamtstromverbrauch darf $\leq$ 80 kWh pro m^2 und Jahr (beheizte und gekühlte Nutzfläche) betragen
Installierte Beleuchtungskapazität	Installierte Beleuchtungskapazität $\leq$ 10 W pro m^2 Stromverbrauch für Beleuchtung $\leq$ 25 kWh/m^2 pro Jahr (beheizte und gekühlte Nutzfläche)
Anteil des Endenergieverbrauchs, der durch vor Ort erzeugte erneuerbare Energie gedeckt wird	Das Äquivalent von 50 % des jährlichen Energieverbrauchs der Unterkunft wird durch erneuerbare Quellen vor Ort erzeugt
Wasser	
Gesamtverbrauch pro Übernachtung (Full Serviced Hotels)	$\leq$ 140 l/ÜN
Gesamtverbrauch pro Übernachtung (Unterkunft, in der die Mehrheit der Badezimmer gemeinsam von mehreren Zimmern genutzt wird, z. B. in Hostels)	$\leq$ 100 l/ÜN
Wäsche	
Masse an Wäsche, die pro Übernachtung und Gast erzeugt wird (kg Wäsche/Gast-Nacht). Formularbeginn	Reduzierung der Wäschemenge um mindestens 30 % durch die Wiederverwendung von Handtüchern und Bettwäsche
Wasserverbrauch pro Kilogramm Wäsche	Für Haushaltswaschmaschinen: EU-Energieetikettenbewertung A+++ für gewerbliche Waschmaschinen: durchschnittlicher Wasserverbrauch $\leq$ 7 L pro kg gewaschener Wäsche Gesamtwasserverbrauch über den gesamten Waschzyklus von Großwäschereibetrieben $\leq$ 5 L pro kg Textilien für Unterkunftswäsche und $\leq$ 9 L pro kg Textilien für Restaurantwäsche
Energieverbrauch pro Kilogramm Wäsche	Gesamter Energieverbrauch vor Ort für den Kleinwäschereiprozess $\leq$ 2,0 kWh pro kg Textil für getrocknete und fertige Wäscheprodukte Gesamter Prozessenergieverbrauch für getrocknete und fertige Großwäscheprodukte $\leq$ 0,90 kWh pro kg Textil für Unterkunftswäsche und $\leq$ 1,45 kWh pro kg Textil für Restaurantwäsche

(Fortsetzung)

2.3 Kennzahlen und Benchmarks offenbaren es

Tab. 2.1 (Fortsetzung)

Bereich	Benchmark
Abfall	
Gesamtabfallaufkommen pro Übernachtung	≤ 0,6 kg kg/ÜN
Restmüllaufkommen pro Übernachtung	≤ 0,16 kg/ÜN
Prozentsatz des Abfalls, der recycelt wird	Mindestens 84 % des Abfalls werden auf Gewichtsbasis recycelt
Food & Beverage	
Prozentsatz der umweltzertifizierten Zutaten (nach Beschaffungswert)	Die Organisation ist in der Lage, dokumentierte Informationen bereitzustellen, die mindestens das Herkunftsland für alle Hauptzutaten einschließen. Mindestens 60 % der Lebensmittel- und Getränkeprodukte nach Beschaffungswert sind umweltzertifiziert (zum Beispiel biologisch) Formularbeginn
Erzeugung von Bioabfall pro Gast im Restaurant	Gesamte Erzeugung von Bioabfall ≤ 0,25 kg pro Restaurantgast und vermeidbare Abfallerzeugung ≤ 0,18 kg pro Restaurantgast
Prozentsätze des Bioabfalls, der zur anaeroben Vergärung, alternativen Energiegewinnung, vor Ort kompostiert oder zur Kompostierung gesendet wird	≥ 95 % des Bioabfalls werden getrennt und von Deponien abgeleitet und wenn möglich zur anaeroben Vergärung oder alternativen Energiegewinnung gesendet
Prozentsatz der umweltzertifizierten Spül- und Reinigungsmittel für die Küche	Mindestens 70 % des Einkaufsvolumens für chemische Reinigungsprodukte (außer Backofenreinigern) für Geschirrspülen und Reinigen sind umweltzertifiziert (z. B. EU Ecolabel)

Die Erreichung dieser Indikatoren ist jedoch nicht nur eine Frage guter Praktiken, sondern entspricht auch zunehmend anspruchsvollen Vorschriften, die sowohl von der Europäischen Union in Form von Richtlinien als auch von deutschen Gesetzen festgelegt wurden. Im Falle Deutschlands wurde das Gebäudeenergiegesetz (GEG) im Jahr 2021 eingeführt und stellt hohe Standards für Energieeffizienz und nachhaltige Praktiken beim Bau, der Sanierung und dem täglichen Betrieb von Wohn- und Gewerbeimmobilien (BWSB, 2020) sicher.

Auf europäischer Ebene legt die Richtlinie über die Gesamtenergieeffizienz von Gebäuden (EPBD) den Maßstab für Energieeffizienz fest und schreibt vor, dass alle neuen Gebäude nahezu Nullenergiegebäude (NZEBs) sein müssen. Zusammengefasst sind NZEBs Gebäude mit sehr hoher Energieeffizienz, bei denen die verbleibende benötigte Energie aus erneuerbaren Quellen vor Ort oder in der Nähe stammt (European Commission, 2021a). Jedes Land hat jedoch die Freiheit, die genaue Definition eines NZEB festzulegen, einschließlich des Standards für den Primärenergieverbrauch (in kWh/m2a) (D'Agostino et al., 2021). Darüber hinaus stimmt die EPBD-Anforderung an einen Energieausweis (EPC) mit der ähnlichen Vorschrift des GEG überein (European Commission, 2021a).

In Bezug auf die praktische Anwendung dieser beiden Vorschriften müssen gewerbliche Gebäude wie Hotels eine gründliche Planung für Energieeinsparpraktiken sicherstellen und Maßnahmen zur Verbesserung der Energieeffizienz ergreifen, wie beispielsweise bessere Isolierung, gut gewartete Heizungs-, Kühl- und Lüftungseinrichtungen sowie den Einsatz energieeffizienter Technologien. Dies beinhaltet auch die Nutzung erneuerbarer Energiequellen sowohl für die Strom- als auch für die Warmwasserversorgung. Diese strengen Anforderungen an die Energieeffizienz bieten trotz anfänglicher Belastungen erhebliche Vorteile in Bezug auf kurz-, mittel- und langfristige Energieeinsparungen (abhängig von der Art der Investition in die Energieeinsparung) und Kostenreduktion. Sie verbessern auch das Markenimage der Hotels, indem sie ihr Engagement für Nachhaltigkeit in einem zunehmend umweltbewussten Markt zeigen.

Benchmark für die Hotellerie sind die Sektorreferenzdokumente (SRDs) zur besten Umweltmanagementpraxis, die Anleitungen zur Verbesserung der Umweltleistung in vielen Sektoren, einschließlich des Beherbergungssektors, bieten (European Commission, 2016b). Für jeden Sektor enthalten die SRDs bewährte Verfahren im Umweltmanagement (BEMP), Umweltleistungsindikatoren und Spitzenleistungsmaßstäbe. Die Daten im Bereich Energie, Wasser und Abfall basieren auf dem BEMP im Tourismus. Dieses Dokument enthält auch Kernindikatoren, die für alle Bereiche gemäß der EMAS-III-Verordnung erforderlich sind.

Spezifische Indikatoren wie der Energieverbrauch pro Fläche verwenden in erster Linie Referenzwerte wie beheizte und gekühlte Flächen für Energie sowie die Anzahl der Übernachtungen für Abfall, Wasser und Treibhausgasemissionen. Eine Übersicht der wichtigsten Indikatoren inklusive Benchmarks finden Sie in Tab. 2.1. Diese Benchmarks werden hauptsächlich für ältere Gebäude verwendet. Neubauten oder solche, die geothermische oder andere erneuerbare Energiequellen für Heizung und Kühlung nutzen, können die Werte für den Gesamtenergieverbrauch schnell senken. Die Benchmarks für Heizung, Lüftung, Klimaanlage (HLK) und Warmwasser gelten auch für alte Strukturen, wobei für neuere Hotelgebäude empfohlen wird, sich am Passivhausstandard oder dem Minergie-P-Standard (ein Schweizer Energiestandard) für Nichtwohngebäude zu halten.

2.4 Was es mit der Klimabilanzierung auf sich hat

Treibhausemissionen pro Übernachtung sind ein wichtiger Indikator für ein nachhaltiges Ressourcenmanagement. Dazu arbeiten die im folgenden beschriebenen Zertifizierungen mit unterschiedlichen Benchmarks und Berechnungsmethoden.

eco hotels certified (ehc)
Bei dem Gütesiegel eco hotels certified (ehc) werden Hotelbetriebe hinsichtlich ihrer Emissionen in drei Bereiche klassifiziert. Betriebe im grünen Bereich werden als Top-Betriebe eingestuft. Unterkünfte im gelben Bereich müssen die Emissionen um mindes-

tens 2,5 % jährlich oder 10 % im Zeitraum von vier Jahren reduzieren. Hotels, die im roten Bereich liegen, gelten als Betriebe in ehc-Umstellung. Sie haben ein Jahr Zeit, die Kriterien des gelben Bereichs zu erfüllen. Damit sollen die Betriebe zu einer kontinuierlichen Reduzierung ihres CO_2-Fußabdrucks motiviert werden.

Bei der Ermittlung des CO_2-Fußabdrucks werden die Faktoren Energie, Dienstreisen, Pendelverkehr, Verpflegung, Wasser und externe Wäscherei berücksichtigt. Daneben gibt es Muss-Kriterien wie z. B. die Nutzung von „echtem" Ökostrom. Um verschiedene Arten von Hotels vergleichbar zu machen, werden alle Betriebe anhand eines Umrechnungsfaktors auf Vollpension umgerechnet.

(https://ecohotels.com/, Einsehdatum 28.12.2023)

my climate hotel check
Beim my climate hotel check werden Energie, Dienstreisen, Pendelverkehr, Verpflegung, Verbrauchsmaterialien (z. B. Büroartikel, Toner), Wasser, Wäscherei, Abfallaufkommen sowie darüber hinaus auch Events miteinbezogen. Eine Einstufung der Hotelbetriebe in verschiedene Leistungsstufen hinsichtlich ihrer CO_2-Bilanz findet hier im Allgemeinen nicht statt. Auf Anfrage kann aber eine Einstufung auf Basis der Erfahrungswerte vorgenommen werden. Darüber hinaus bietet my climate für Hotels wie auch für andere Branchen die Kompensation der Treibhausgasemissionen an.

(www.myclimate.org, Einsehdatum 28.12.2023)

Viabono Klimahotels
Für die Zertifizierung Viabono Klimahotels werden die Themen Energie, Dienstreisen, Pendelverkehr, Verpflegung, Verbrauchsmaterialien (z. B. Reinigungsmittel, Hygienepapier, Kühleis), Wasser, externe Wäscherei, Abfall, Lieferverkehr, Printmaterialien und Schnittblumen herangezogen. Des Weiteren findet die Stromeinspeisung aus erneuerbaren Energien besondere Berücksichtigung. Viabono nimmt anhand seiner vorhandenen Daten eine Einstufung der Hotelbetriebe in sechs Stufen vor (A „klimaneutral" bis F „klimaschädlich"). Dabei wird auch die jeweilige Hotelkategorie berücksichtigt.

(www.viabono.de, Einsehdatum 28.11.2023)

2.5 Checkliste zur Umsetzungsunterstützung von nachhaltigem Ressourcenmanagement

Hinterfragen Sie sich! Die folgende Checkliste dient als Umsetzungsunterstützung zum nachhaltigen Ressourcenmanagement. Sie enthält zentrale Fragen für eine erfolgreiche Umsetzung. Überlegen Sie bei jeder Frage, wie der Status quo in Ihrem Unternehmen ist:

- Ist die Frage für Ihren Betrieb **nicht relevant** und wird der Gedanke deshalb **nicht weiterverfolgt**?
- Ist die Frage für Ihren Betrieb **relevant** und wurde ihr **bereits nachgegangen**?
- Ist die Frage für Ihren Betrieb **relevant** und wird ihr **gerade nachgegangen**?
- Ist die Frage für Ihren Betrieb **relevant,** aber ihr wurde **bislang nicht nachgegangen**?

Checkliste: Umsetzungsunterstützung zum nachhaltigen Ressourcenmanagement
- Sind Ihre Mitarbeiter für das Thema der Ressourceneinsparung sensibilisiert?
- Involvieren Sie Ihre Mitarbeiter in betriebsspezifische Energiesparmaßnahmen und motivieren Sie Ihr Team, selbst Energiesparmöglichkeiten zu identifizieren?
- Jeder Tropfen zählt – berücksichtigen Sie mindestens zehn der in Abschn. 2.2.2 aufgeführten Wassermaßnahmen?
- Verfügen Sie über ein Abfallkonzept?
- Sensibilisieren Sie Ihre Gäste für das Thema „umweltschonende Mobilität"?
- Haben Sie drei Betriebe identifiziert, die für Sie als Benchmark bezüglich des Themas Nachhaltigkeit dienen? Hier lohnt sich auch ein Blick in andere Branchen.

Literatur

BWSB. (2020). Das Gebäudeenergiegesetz. Bundesministerium für Wohnen, Stadtentwicklung und Bauwesen. www.bmwsb.bund.de/Webs/BMWSB/DE/themen/bauen/energieeffizientes-bauen-sanieren/gebaeudeenergiegesetz/gebaeudeenergiegesetz-node.html. Zugegriffen am 17.01.2023.

D'Agostino, D., Tsemekidi Tzeiranaki, S., Zangheri, P., & Bertoldi, P. (2021). Assessing nearly zero energy buildings (NZEBs) development in Europe. *Energy Strategy Reviews, 36*, 100680. https://doi.org/10.1016/j.esr.2021.100680

European Commission. (2016a). Commission Decision (EU) 2016/611. https://eur-lex.europa.eu/legal-content/EN/TXT/PDF/?uri=CELEX:32016D0611. Zugegriffen am 20.12.2023.

European Commission. (2016b). Sectoral reference documents. European Commission. https://green-business.ec.europa.eu/eco-management-and-audit-scheme-emas/emas-resources/emas-publications/emas-sectoral-reference-documents_en. Zugegriffen am 20.12.2023.

European Commission. (2021a). Factsheet – Energy performance of buildings. European Commission. Ecohotels. https://ecohotels.com/. Zugegriffen am 27.11.2023.

Österreichisches Ökologieinstitut. (2001). Abfallvermeidung bei Veranstaltungen. (Bericht), S. 87.

Zimmer, P. (2011). Green Globe – mit grünem Zertifikat schwarze Zahlen schreiben. *Hotelbau Journal, 2011*(April), 34.

Nachhaltiges Einkaufsmanagement 3

> **Zusammenfassung**
>
> Der Fokus dieses Kapitels liegt auf effektiven Strategien für einen nachhaltigen Beschaffungsprozess. Der Verhaltenskodex für Lieferanten bildet einen zentralen Bestandteil, um ethische und ökologische Standards sicherzustellen. Das Kapitel behandelt zudem branchenspezifische Herausforderungen, die im Rahmen eines nachhaltigen Einkaufsmanagements berücksichtigt werden müssen. Abgerundet wird das Kapitel. durch eine praktische Checkliste, die Unternehmen bei der Umsetzung eines nachhaltigen Einkaufsmanagements unterstützt.

Die Basis der Wertschöpfungskette in Hotellerie und Gastronomie bildet der Einkauf von Dienstleistungen und Produkten.

Die Erfolgsformel lautet: „Ohne nachhaltigen Input kein nachhaltiger Output!" Nachhaltiges Einkaufen bedeutet, Produkte zu kaufen, deren Herstellung und Nutzung energiesparend und umweltfreundlich sind. Arbeitskräfte, welche die Waren herstellen, werden angemessen bezahlt und arbeiten unter fairen Bedingungen. Die Waren sollten keine Einmalprodukte sein, sondern sich möglichst lange nutzen und danach recyceln lassen (Steinhauser & Heinemann, 2022).

3.1 Verhaltenskodex für Lieferanten

Basierend auf den Grundsätzen der nachhaltigen Entwicklung verankern immer mehr Unternehmen einen Verhaltenskodex für Lieferanten im Unternehmensleitbild, der wichtige soziale, ökologische und ethische Standards darlegt. Von den Zulieferern wird erwartet, dass sie die Regeln dieses Verhaltenskodexes einhalten (IHK, o. J.).

Mögliche Forderungen sind:

- **Umgang mit Mitarbeitern:** Von den Lieferanten wird erwartet, dass sie ihre Mitarbeiter respektvoll behandeln und fördern.
- **Gesundheitsschutz, Sicherheit, Umweltschutz und Qualität:** Die Zulieferer müssen in ihren Unternehmen für ein sicheres und gesundes Arbeitsumfeld sorgen und ökologisch verantwortungsbewusst sowie ressourcenschonend handeln.
- **Ethik:** Um soziale Verantwortung wahrzunehmen, wird von den Lieferanten erwartet, dass sie ethisch und integer handeln.
- **Managementsysteme:** Es wird erwartet, dass Lieferanten Managementsysteme einführen, welche die Einhaltung der anwendbaren Gesetze in ihren Unternehmen unterstützen und eine kontinuierliche Verbesserung der unternehmensspezifischen Nachhaltigkeitsbemühungen fördern.

Die in dem Verhaltenskodex aufgeführten Grundsätze sollten im Rahmen des Auswahlverfahrens und der Leistungsbeurteilung der Lieferanten berücksichtigt werden. Der gastgewerbliche Betrieb sollte seinen Lieferanten diesen Verhaltenskodex mit dem Ziel zur Verfügung stellen, das gemeinsame Verständnis zu stärken, wie Nachhaltigkeit umgesetzt werden soll.

3.2 Branchenspezifische Herausforderungen

Nachhaltigkeit im Einkauf
Bewusst nachhaltiger Einkauf setzt sich ganzheitlich aus ökologischen, ökonomischen und sozialen Aspekten zusammen. Diese Faktoren sollten bestmöglich erfüllt sein, wenn man von nachhaltigem Einkauf spricht. Bioprodukte haben nicht zwangsläufig etwas mit Nachhaltigkeit zu tun, vor allem dann nicht, wenn der Bio-Knoblauch aus China kommt oder die Tomaten aus der sogenannten „Region" stammen, aber laufend mit gefärbtem und gewürztem Wasser hochgezüchtet werden. Nachhaltigkeit – im Sinne von ökologisch oder sozial – im Einkauf umzusetzen, ist also extrem schwer, weil man zur Umsetzung einen perfekten Marktüberblick und ein ausgezeichnetes Produktwissen haben muss. Und dann leidet die dritte Säule, nämlich die Ökonomie, gegebenenfalls erheblich.

Lernen von den Branchenbesten
1. **Lieferanten-Konzentration:** Durchleuchten Sie die Menge ihrer Lieferanten und konzentrieren Sie sie getreu dem Motto „so viele wie nötig, so wenige wie möglich". Das reduziert Verwaltung und Arbeit, denn daraus resultieren weniger Bestellungen, weniger Rechnungen, weniger Warenannahmeprozesse. Und es verbessert die Einkaufsposition: Je mehr Volumen Sie einem Lieferanten geben können, umso besser sind die Aussichten auf optimierte Einkaufspreise.
2. **Einkaufsrichtlinien:** Strukturieren Sie Ihre Einkaufsabläufe, indem genau definiert wird, wie der Einkaufsprozess ablaufen soll. Zudem wird definiert, in welcher Form bestellt werden soll, wie die Freigabeprozesse sein sollen, wie und wie oft Inventuren

durchgeführt werden müssen etc. Dies ist auch dem Fachkräfteengpass geschuldet, denn je weniger Mitarbeiter für ein Hotel verfügbar sind, umso mehr muss es auf Effizienz und den schonenden Umgang mit der Ressource Zeit achten. Auch wird es so viel leichter, neue Mitarbeiter einzuarbeiten oder fachlich nicht so versierte Personen einzusetzen.
3. **Controlling:** Achten Sie sehr genau auf die Einkaufspreisentwicklung, schreiben Sie professioneller und logischer ganze Sortimente aus, die dann auch vertraglich in Rahmenabkommen mit festen Lieferanten fixiert sind.
4. **Elektronik:** Setzen Sie auf Weblösungen, die sie bei der Umsetzung der Punkte 1–3 perfekt unterstützen. Diese Webtools sind kostengünstig, technisch ausgereift und vielfach sehr intuitiv zu bedienen. Dies reduziert die Hemmschwelle der Mitarbeiter, sie auch zu nutzen.

Produkte einkaufen, die nicht nur einem „Greenwashing" unterzogen wurden
Diesbezüglich wird es keine hundertprozentige Sicherheit geben können; auch Siegel helfen wenig, da deren Vergabe nicht immer seriös erfolgt. Darunter leiden die wenigen seriösen Siegel. Je sicherer Sie als Unternehmer gehen möchten, umso detaillierter müssen Sie sich mit den Produkten auseinandersetzen. Deshalb ist es ratsam, Nachhaltigkeit – im Sinne von ökologisch oder sozial – Stück für Stück im Hotel umzusetzen. Die komplette Integration eines Nachhaltigkeitssystems wirkt unglaubwürdig, weil sich zwangsläufig das eine oder andere Produkt einschleicht, das nicht den Nachhaltigkeitsaspekten entspricht. Fazit: Entweder richtig oder gar nicht. Und lieber Evolution als Revolution.

Drei Maßnahmen hinsichtlich des nachhaltigen Einkaufsmanagements, die mittlerweile zum Standard gehören
1. **Einkauf von Nahrungsmitteln:** Hohe Sensibilität für Zusatzstoffe, deutlich weniger Fleischgerichte zugunsten vegetarischer oder veganer Gerichte
2. **Einkauf von Energie:** Niedrigenergiehotels/-betriebe (aufgrund des Kostendrucks sowie gesetzlicher Vorgaben
3. **Reinigung:** Mittlerweile gibt es viele Hotels, die bei Aufenthalt eine Reduzierung auf den Übernachtungspreis oder Verzehrgutscheine anbieten, wenn das Hotelzimmer nicht gereinigt werden muss. Hieraus resultieren nicht nur monetäre, sondern auch umweltspezifische Ersparniseffekte wie der Verbrauch von weniger Wasser und Reinigungsmitteln.

3.3 Checkliste zur Umsetzungsunterstützung von nachhaltigem Einkaufsmanagement

Hinterfragen Sie sich! Die folgende Checkliste dient als Umsetzungsunterstützung zum nachhaltigen Einkaufsmanagement. Sie enthält zentrale Fragen für eine erfolgreiche Umsetzung. Überlegen Sie bei jeder Frage, wie der Status quo in Ihrem Unternehmen ist:

- Ist die Frage für Ihren Betrieb **nicht relevant** und wird der Gedanke deshalb **nicht weiterverfolgt**?
- Ist die Frage für Ihren Betrieb **relevant** und wurde ihr **bereits nachgegangen**?
- Ist die Frage für Ihren Betrieb **relevant** und wird ihr **gerade nachgegangen**?
- Ist die Frage für Ihren Betrieb **relevant,** aber ihr wurde **bislang nicht nachgegangen**?

> **Checkliste: Umsetzungsunterstützung zum nachhaltigen Einkaufsmanagement**
> - Existiert in Ihrem Unternehmen ein Verhaltenskodex, nach welchem Lieferanten ausgesucht werden?
> - Führen Sie ein spezifisches Einkaufscontrolling durch, in dem Sie auch nachhaltige Aspekte berücksichtigen?
> - Gewährleisten Sie, dass Produkte eingekauft werden, die nicht nur einem „Greenwashing" unterzogen wurden?
> - Strukturieren Sie Ihre Einkaufsabläufe und Freigabeprozesse so, dass Sie auch dem Fachkräfteengpass gerecht werden?

Literatur

IHK. (o.J.). Verhaltenskodex für Lieferanten. https://www.wuerzburg.ihk.de/fileadmin/user_upload/International/Merkblatt_Verhaltenskodex-fuer-Lieferanten.pdf. Zugegriffen am 22.01.2024.

Steinhauser, C., & Heinemann, S. (2022). *Nachhaltiges 360°-Management im Tourismus*. De Gruyter.

Regionalität – Das Salz in der Suppe

4

> **Zusammenfassung**
>
> In diesem Kapitel wird die herausragende Bedeutung von Regionalität im Gastgewerbe hervorgehoben. Der Text hebt die langfristige Relevanz dieses Megatrends hervor und illustriert dies anhand von Beispielen wie dem Bohrerhof-Restaurant und verschiedenen Hotels. Als Ergänzung enthält das Kapitel eine praxisorientierte Checkliste, die Unternehmen dabei unterstützt, erfolgreich eine lokale Verbundenheit in ihre betriebliche Strategie einzubeziehen.

Die DLG Regionalitätsstudie aus dem Jahr 2011 (Unteres Milieu n = 473, Mittleres Milieu n = 464, Oberes Milieu n = 413) zeigt, dass das Thema Regionalität mit 45 % in der Wichtigkeit der Verbraucherthemen eindeutig an erster Stelle steht, vor den Themen „Bio" (22 %) und „Nachhaltigkeit" (21 %). Dies ist keine Modeerscheinung, sondern ein Megatrend. 61 % der Verbraucher glauben, dass uns dieses Thema noch über die nächsten zehn Jahre beschäftigen wird. Regionalität ist dabei vor allem ein Angebotsthema und kein ethisches Thema: 97 % der Verbraucher geben an, regionale Produkte zu kaufen, weil sie explizit aus der persönlich definierten Region stammen. Aspekte wie Transportwege oder Umweltschonung spielen eine eher untergeordnete Rolle. Je höher der Bildungsgrad und das Einkommen, desto enger wird von den Verbrauchern der Begriff „Regionalität" gefasst und auf ein kleineres Gebiet (z. B. Großraum um eine Stadt) begrenzt. Regionale Produkte sind in der Verbraucherwahrnehmung vor allem frische Landwirtschaftsprodukte, für die gerne mehr Geld ausgegeben wird, sofern man es sich leisten kann. (www.dlg-verbraucher.info/de, Einsehdatum 11.05.2014)

Der Bezug von Produkten aus der Region fördert nicht nur die ansässige Wirtschaft, sondern erfreut auch Konsumenten bzw. Gäste. Der Trend geht in Richtung regionaler Speisen und gesunder heimischer Küche, Herkunft und Herstellung gewinnen an Bedeutung. Vertreter der IHK Cottbus beispielsweise betonen die Relevanz auf ihrer Webseite: „Mit dem Konzept, heimische Produkte auf kleinen regionalen Märkten anzubieten, setzen wir auf den bundesweiten Trend, dass Regionalität als Nachhaltigkeitsfaktor immer wichtiger wird. Die Gäste und regionalen Unternehmen im Gastgewerbe achten auf kurze Transportwege, auf frische und regionale Produkte und nutzen gerne den lokalen Hersteller ihres Vertrauens." (www.cottbus.ihk.de, Einsehdatum 24.09.2023)

Unter dem Motto „from farm to table" bietet das Restaurant des Bohrerhofs in Hartheim am Rhein seit vielen Jahren frische Spezialitäten aus der eigenen Ernte an. Die Familie bewirtschaftet 280 ha Obst- und Gemüseanbauflächen, auf denen ganzjährig geerntet wird. Die Gäste des Bohrerhofs haben die Möglichkeit, den gesamten Prozess vom Feld bis zum Teller mitzuerleben. (www.bohrerhof.de, Einsehdatum 21.11.2023)

Nicht nur Vielreisende schätzen es, im Hotel oder Restaurant einen Bezug zur Region vorzufinden. Italienisches Mineralwasser, das Bier einer internationalen Brauerei sowie Möbel und Hotelbilder von der Stange sind aufgrund der Austauschbarkeit nicht geeignet, den Gast emotional an den Betrieb zu binden. Selbst Budget-Hotelketten wie Motel One oder Low-Budget-Hotels wie Meininger verwenden bei der Auswahl der Wandbebilderung und der Designelemente Motive aus der jeweiligen Stadt. Die 25hours-Hotels nehmen auch beim jeweiligen Hotelkonzept Bezug auf den Standort. So ist beispielsweise das Wiener Haus dem Thema Zirkus gewidmet, das Berliner Hotel am Tiergarten steht für Urban Jungle und das Hamburger HafenCity interpretiert das Thema Seefahrt neu.

Motel One Bonn-Hauptbahnhof – „Nachhaltiges Design und regionale Verbundenheit"

Das Motel One Bonn-Hauptbahnhof setzt auf ein Gestaltungskonzept, das die Werte der Nachhaltigkeit und regionalen Verbundenheit transportiert. Gäste werden von 17 farbenfrohen Tafeln aus recyceltem Material begrüßt, die auf die Ziele für nachhaltige Entwicklung der Vereinten Nationen hinweisen. Im Haus finden sich natürliche und nachhaltige Materialien, darunter beispielsweise Pendelleuchten aus recycelten PET-Flaschen und Teppiche aus Webresten. Die Verbindung zwischen Rezeption und Bar ist eine Theke aus wiederverwertetem Altholz. Eine warme Atmosphäre entsteht durch die Verwendung von Erdtönen und Pflanzen. Das Motel One Bonn-Hauptbahnhof verfolgt eine umfassende Nachhaltigkeitsstrategie, die nicht nur das Design, sondern auch andere Aspekte des Hotels wie den Einsatz von grünem Strom und die Zusammenarbeit mit lokalen Lieferanten umfasst. All das ist Ergebnis des zunehmenden Nachhaltigkeitsengagements der Motel One Gruppe.

(www.motelone.com/fileadmin/dam/Website/Corporate/Presse/PM_DE/PM_Motel_One_eroeffnet_neues_Hotel_am_Bonner_Hauptbahnhof.pdf, Einsehdatum 20.03.2024) ◂

In der Lobby-Bar des Münchner Rocco Forte The Charles hängen Originale des Künstlers Franz von Lenbach aus dem 19. Jahrhundert. Möbelstücke wie die Sofas sind von den geschwungenen Linien des Hotels inspiriert und wurden wie die Fassade von dem Architekten Christian Sattler entworfen. Die Vorhänge des Hotels tragen Hopfenmotive, und die Fliesen in den Bädern stammen aus der Nymphenburger Porzellanmanufaktur und gewährleisten damit einen hohen Bezug zum Standort.

Das Motto Rhönerlebnis PUR! ist im Rhönschaf-Hotel „Krone", Ehrenberg-Seiferts und der angrenzenden „Schau-Kelterei" Programm. Kulinarisch setzt das Küchenteam auf die Rhön, und dies zeigt sich nicht nur in dem in verschiedenen Variationen zubereiteten Rhönschaf. Vor 30 Jahren wurde dieses seltene Tier durch das Angebot auf der „Krone-Speisekarte" vor dem Aussterben gerettet, da sich Schäfer wieder vermehrt der Zucht dieser Rasse samt Verkauf des Fleisches an gastgewerbliche Betriebe verschrieben haben. Wer das Schäferleben „live" nachvollziehen will, der kann eine Nacht in einem der original Schäferwagen verbringen. Wer es gemütlicher liebt, der ist in den mit Rhöner Hölzern erbauten Rhönschaf-, Apfel- oder Kuschelschaf-Zimmern bestens aufgehoben. Das Radler heißt hier Apfelbier, und es werden 15 verschiedene Sorten Apfelwein angeboten. In der kleinen Apfelkelterei kann man nicht nur im Herbst zur Apfelzeit Wissenswertes zur Rhöner Paradiesfrucht erfahren und verkosten. (www.rhoenerlebnis.de, Einsehdatum 15.01.2024)

Grundsätzlich bestehen zwischen Gastgewerbe und Standort diverse Abhängigkeiten. Auch Hotels oder Gastronomiebetriebe, die selbst eine Destination darstellen, wie Wellnesshotels oder Resorts, können nur erfolgreich sein, wenn Gäste zusätzlich zu der Übernachtung ein vielfältiges regionales Angebot vorfinden. Aus diesem Grund sollten Gastgeber ein natürliches Interesse haben, dass sich die Region der Nachhaltigkeit verschreibt. Dies bezieht sich sowohl auf die ökologische als auch auf die wirtschaftliche und soziale Entwicklung der Umgebung.

Eine starke Abhängigkeit von der Region findet sich auch bei Stadthotels. Sowohl Geschäfts- als auch Freizeitreisende buchen bestimmte Beherbergungsbetriebe, da sie eine gewisse Atmosphäre spüren möchten. Während der Gast in München das bayerische Lebensgefühl sucht, atmet er in Hamburg Seeluft ein und wird im umtriebigen Berlin mit der deutschen Geschichte konfrontiert. Ein austauschbares Hotelkonzept, welches lokale Einflüsse nicht berücksichtigt, ist in der Regel weniger erfolgreich. Je höher die Zufriedenheit der Gäste, desto höher die Rücklaufquote für die Region.

4.1 Die Region sind wir

Die Frage nach der Zielgruppe ist sowohl bei wirtschaftlichen als auch sozialen Maßnahmen unentbehrlich. Daher sollte sich zu Beginn jeder gastgewerbliche Betrieb darüber bewusst sein, wer hinter dem Begriff Region steht. Am Anfang vieler Nachhaltigkeitsworkshops erarbeiten Mitarbeiter zumeist eine „Stakeholder Map", die helfen kann, ein breites Bild über die Interessenvertreter zu geben. Wenn die Teilnehmer der Workshops aus verschiedenen Bereichen und Hierarchiestufen kommen, ist es möglich, die große Bandbreite von Interessengruppen aufzudecken, da oft nur bestimmte Mitarbeitergruppen Kontakt zu speziellen Lieferanten oder Dienstleistern haben, die bei einseitiger Betrachtung vergessen werden. Das Resultat ist eine komplette Liste mit direkten Kontakten wie Kunden und Lieferanten, wie auch mit indirekten Kontakten wie Passanten und benachbarten Unternehmen. Die Ergebnisse werden anhand eines Kreisdiagramms nach deren Relevanz für den gastgewerblichen Betrieb geordnet. Das Diagramm „Die Interessenvertreter" (siehe Abb. 4.1) hilft dabei, das Konzept in konkrete Interessengruppen aufzubrechen. Es zeigt alle Parteien, die ein Interesse an dem nachhaltigen Wirtschaften des Hotels oder gastronomischen Betriebes haben. Zugleich sind es auch die Parteien, die der Gastgeber beeinflussen kann.

Am Ende des Brainstorming-Workshops sind erfahrungsgemäß viele Teilnehmer hinsichtlich der Ergebnisvielfalt überrascht, da die einzelnen Mitarbeiter sonst oft mit nur wenigen Gruppen in Kontakt stehen und selten Einblicke in andere Bereiche erhalten. Durch die bestehenden Beziehungen mit diesen Interessengruppen hat der Betrieb eine größere Chance, sich für eine nachhaltige Entwicklung in der Region einzusetzen. Wenn sich Hoteliers und Gastronomen der Interessengruppen bewusst sind, können sie mit gezielten Maßnahmen auf die Partner Einfluss nehmen und eine langfristige Kooperation in Bezug auf nachhaltige Maßnahmen einleiten.

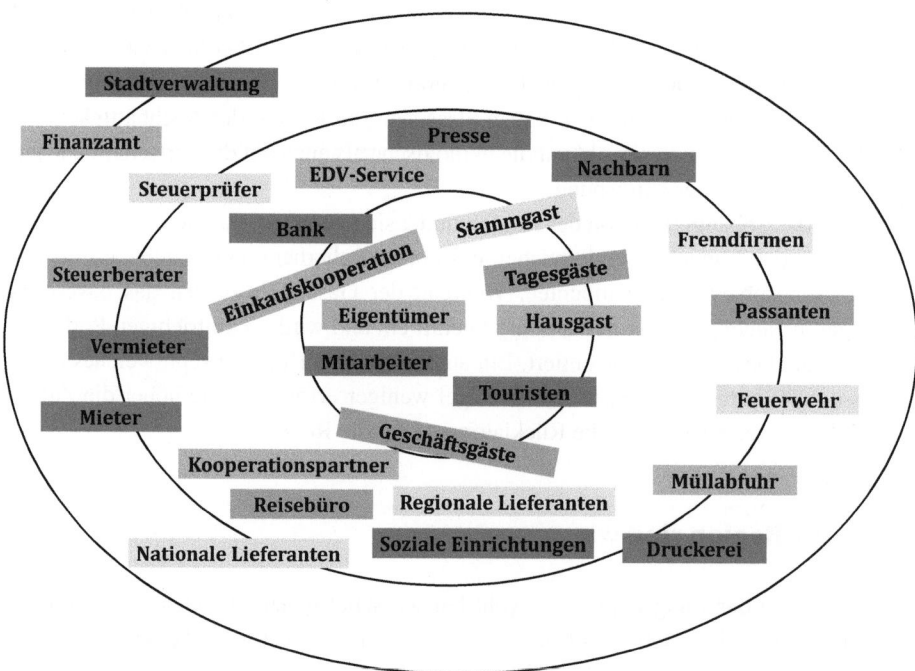

Abb. 4.1 Die Interessenvertreter. (Quelle: Eigene Abbildung)

4.2 Einbezug der Interessenvertreter, wie geht das?

Nachdem der Gastgeber die Interessenvertreter identifiziert hat, muss er sich darüber Gedanken machen, wie die einzelnen Unternehmensentscheidungen die Parteien in der Region beeinflussen werden, da jede Entscheidung direkte und indirekte Auswirkungen auf die Gesellschaft hat. Dies ist auf der einen Seite wichtig bei großen Unternehmensentscheidungen, wie der Ausweitung des Hotelangebotes oder dem Ausbau des Hotelgebäudes, auf der anderen Seite bei Entscheidungen in einzelnen Abteilungen (Auswahl der Reinigungsprodukte etc.). Selbst positive Unternehmensentscheidungen können negative Auswirkungen in der Region haben. Ein Beispiel hierfür wäre eine Gastwirtschaft, die aufgrund von schönem Sommerwetter den Getränkeservice im Außenbereich verlängert. So mag diese Maßnahme für den Gastronomiebetrieb zusätzliche Gäste bringen, die Anwohner jedoch müssen abends mit mehr Lärm rechnen (MKULNV, 2012). Deshalb sollten gesellschaftliche Auswirkungen bei jeder Unternehmensentscheidung berücksichtigt werden.

Die offensichtlichste, jedoch zugleich schwierigste Maßnahme hierfür ist der Einbezug der Interessenvertreter bei Unternehmensentscheidungen. Gespräche mit Vertretern der Region helfen dem Gastgeber, sich über die Auswirkungen der geplanten Maßnahmen bewusst zu werden. Diese Gespräche können bei guter Partnerschaft individuell geführt werden oder auch bei Gemeindetreffen zustande kommen.

Der Dialog trägt dazu bei, dass die Vertreter über zukünftige Entscheidungen informiert sind und sich bei Veränderungen der Region darauf einstellen können. Sollte es Vorbehalte geben, können diese entweder im Gespräch gelöst oder Verbesserungsvorschläge eingebracht werden. Oftmals sind es Details, die dazu beitragen, dass das Projekt für alle Parteien erfolgreich ist und zur nachhaltigen Entwicklung der Region beiträgt.

4.3 Das Gebäude und die Umgebung – eine wichtige Symbiose

Wenn Gastgeber über den Einbezug der Interessenvertreter nachdenken, kommen ihnen als Erstes die mühsamen Verhandlungen bei Neu- oder Umbauarbeiten der vorherigen Projekte in den Sinn. Zu oft kommen Hoteliers erst im Rahmen von Genehmigungsverfahren mit den örtlichen Behörden oder den Nachbarn in Kontakt. Da die meisten lokalen Gesetze eine Mitbestimmung der Gemeinde oder Stadt bei Umbauten voraussetzen, bleibt den Gastgebern nichts anderes übrig, als sich der Herausforderung zu stellen.

Das Hotelgebäude an die örtlichen Gegebenheiten anzupassen, kann bei innovativen Bauplänen schnell eine große Herausforderung für den Architekten bedeuten. Jedoch sollte dies als Chance gesehen werden, das Hotel stärker in die Region einzubinden. Intuitiv suchen Hotel- und Restaurantgäste nach Betrieben, die den Charakter der Region widerspiegeln. Dass sich bestehende traditionelle Bauweisen mit modernen Elementen gut verbinden lassen, ist ebenfalls kein Geheimnis. Ein durchdachtes, regional beeinflusstes Baukonzept kann dazu führen, dass Hotels zu Merkmalen bestimmter Gegenden und Landschaften werden. Dies wäre ein Erfolg sowohl für die Region als auch für das Hotel (sto, o. J.).

Zwei wichtige Schritte sind bei einem regional angepassten Bauplan zu beachten. Die erste Herausforderung besteht darin, die regionalen Gegebenheiten und besonderen Stile herauszuarbeiten. Jede Region hat verschiedene kulturelle Einflüsse, die es zu entdecken und in das Baukonzept einzubauen gilt. Der zweite Schritt liegt darin, die Bevölkerung regelmäßig über Pläne zu informieren und zu befragen. Es geht hierbei nicht um Schadensvermeidung, sondern um den Einbezug der Interessenvertreter. Oft ergeben sich durch den Einbezug neue Ideen oder es werden zukünftige Schwierigkeiten frühzeitig erkannt und aus dem Weg geschafft.

4.4 Regionale Partnerschaften

So können sich die Vertreter der Region nicht nur bei Veränderungen gegenseitig informieren oder auf die Einflüsse der anderen Partei Rücksicht nehmen, sondern es ergeben sich idealerweise regionale Partnerschaften. Dies ist für die Region ein weiterer Schritt in Richtung nachhaltiger Entwicklung.

Der Drumlerhof und das Gemeinwohl

Die Küchenphilosophie im Südtiroler Drumlerhof ist stark regional verwurzelt. Im Mittelpunkt stehen lokale Produkte von herausragender Güte. Diese werden vom eigenen Hof in Signat am Ritten, vom Gemeinschaftsacker Taufrisch – einer Gemeinschaftsinitiative verschiedener benachbarter Betriebe und dem Tourismusverein Sand in Taufers – und von weiteren Produzenten aus dem direkten Umfeld bezogen. Dieser Fokus zahlt positiv auf die Gemeinwohlbilanz ein, die das Hotel jährlich überprüft. Leitlinie ist hier die verfolgte Gemeinwohl-Ökonomie, in der der Unternehmenserfolg nicht nur am Profit gemessen wird, sondern an Indikatoren, die den Beitrag des Unternehmens zum Allgemeinwohl anzeigen: etwa ökologische Nachhaltigkeit, Mitbestimmung, Geschlechterdemokratie und Verteilungsgerechtigkeit.

(www.drumlerhof.com/de/das-drumlerhof-konzept/die-gemeinwohlbilanz/, Einsehdatum 19.03.2024) ◄

Nachhaltige Kulinarik auf Gut Sonnenhausen

Das Gut Sonnenhausen in Glonn setzt auf nachhaltige Gastronomie und Landwirtschaft, beides gemäß den Bio-Richtlinien (DE-ÖKO-006) zertifiziert. Gastgeber Georg Schweisfurth, ein Ökopionier und erfahrener Metzgermeister, vermittelt Kochlehrlingen die umsichtige Verwertung von Tieren „from nose to tail". Gemüse und Kräuter werden vom eigenen Garten und aus unmittelbarer Umgebung bezogen, auch sonstige

Lebensmittel haben aufgrund der familiär verbundenen Herrmannsdorfer Landwerkstätten einen hohen regionalen und saisonalen Bezug. Tierwohl steht an höchster Stelle, u. a. wird versucht, Tagungsverpflegung ausschließlich vegetarisch zu gestalten. (www.sonnenhausen.de, Einsehdatum 20.01.2024) ◄

Viele Wirte sind sich zwar der großen Abhängigkeit bewusst, sehen ihre Funktion selbst aber mehr als Thermometer denn als Thermostat. Veränderungen, geschweige denn Verbesserungen, seien nicht in der Hand des Hoteliers („Thermometer"). Es geht aber vielmehr darum, sich an die Veränderungen in der Region anzupassen („Thermostat").

In der Theorie klingt es natürlich einfacher, als dies in der Praxis der Fall ist. Jede Region hat verschiedene Bedürfnisse und Partnerschaften, die gegenseitiges Vertrauen bedingen. Der Appell hierzu ist, dass sich die Gastgeber der Funktion als Vermittler bewusst werden und die Aufgabe wahrnehmen, regionale Partnerschaften zu initiieren (Laux & Stomporowski, 2019).

Es ist wichtig, hierbei die verschiedenen Formen der Kooperationen zu beachten. Viele der Partnerschaften gehören zum täglichen Geschäft und werden oftmals gar nicht mehr als solche erkannt. Beispielsweise vertraut das Hotel bei langjährigen Kooperationen mit regionalen Lieferanten auf die Qualität und den Preis der Lieferware, der Lieferant vertraut im Gegenzug auf die entsprechende Bezahlung. Je besser das Vertrauen und die Kommunikation sind, desto wichtiger ist die Partnerschaft für beide Parteien. Dabei unterstützen sich die Parteien in vielen Fällen sogar bei Engpässen oder Zahlungsschwierigkeiten.

Eine stark wachsende Form der regionalen Partnerschaft ist die gemeinsame Vermarktung. Am Anfang schließen sich oft Hotels mit anderen Hotels in der Region zusammen und werben gemeinsam für eine ähnliche Zielgruppe. Der zweite Schritt besteht darin, verschiedene Leistungsträger im Tourismus in die Kooperation einzubeziehen und ein einheitliches Destinationsmarketing aufzubauen. Die Partnerschaft sollte unter anderem aus Vertretern von Hotels, Gastronomiebetrieben und Attraktionen (Freizeitparks, Seilbahnen, Schifffahrt etc.) bestehen. Zudem können die Gemeindeverwaltung sowie lokale Wirtschaftsvereine die Arbeit in unterschiedlicher Art und Weise unterstützen. Eines der bekanntesten Beispiele für regionale Vermarktungskooperationen ist die Tirol Werbung GmbH, die aus vielen verschiedenen Mitgliedern im Tourismus und im Freizeitwirtschaftssektor besteht. Die Region Tirol steht heute für einen qualitativ hochwertigen Urlaub in den Bergen mit einer Reihe von Freizeitaktivitäten. Das Tiroler Logo sehen Gäste vermehrt als Qualitätssiegel und trendiges Markenzeichen, das die Hotelbetriebe der Region mit Auslastungszuwächsen bereichert. Zudem führt die Tourismusorganisation eine interne Qualitätskontrolle durch, um die Betriebe kontinuierlich auf einem hohen Qualitätsstandard zu halten und den Gästen eine einheitliche, hohe Erlebnisqualität zu bieten.

Eine weitere Art der Partnerschaft mit Unternehmen in der Region ist ein Mitarbeiter-Benefits-Programm. So können Hotels mit Einzelhändlern aus der Umgebung eine Partnerschaft eingehen, um Mitarbeiter mit speziellen Einkaufsrabatten an die Umgebung zu binden. Die meisten Hotelmitarbeiter wohnen nicht in der Umgebung und nutzen daher nur bedingt den Einzelhandel vor Ort. Durch spezielle Konditionen können Geschäfte

Einkaufsvorteile für die Mitarbeiter in der Region anbieten. Die Geschäfte profitieren von neuen Kunden, ohne die Preise für bestehende Kunden zu verringern. Erfolgreiche Benefits-Programme zeigen, wie Hotelbetriebe Partner in der Region gewinnen konnten und Mitarbeitern mit Mitarbeiterkarten bei Unternehmen in der Umgebung Rabatte bis zu 30 % verschafften. Die Teilnehmer der Partnerschaft profitieren durch neue Kunden, das Hotel davon, dass das Programm als Teil des Mitarbeiterprogramms geschätzt wird. Persönlich kennengelernte Geschäfte werden zudem gerne von den Mitarbeitern an Gäste weiterempfohlen.

Eine neue Art der regionalen Kooperation im Bereich Einkauf und Personal zeigt sich seit ein paar Jahren in verschiedenen Formen bei Privathoteliers, da sie erkennen mussten, dass sich die Konzernhotellerie durch die Bündelung von Ressourcen, vor allem im Bereich Einkauf und Personal, große Vorteile erarbeitet hat. So können Konzernhotels durch Bündelung der Einkaufsmengen wesentlich günstigere Einkaufskonditionen im Vergleich zu Privathotels generieren. Zudem zieht es immer mehr junge Talente aufgrund der Aufstiegs- und Weiterbildungsmöglichkeiten zu Hotels mit Konzernstrukturen. Diese Vorteile haben Hoteliers wie die Gründer der Kooperation „die Privathoteliers" erkannt und sich in der Region Südbayern zusammengeschlossen. Über die vergangenen zehn Jahre konnte die Kooperation durch strategische Bündelung Einsparungen im Einkauf von durchschnittlich 20 % erzielen, bei gleichbleibender Qualität und verstärkter Zusammenarbeit mit regionalen Lieferanten. Auch im Bereich Personalaustausch konnten mehrere Mitarbeiter die Aufstiegschancen durch den Wechsel zu einem Kooperationspartner wahrnehmen. Ein regelmäßiges Treffen der Hoteliers ermöglicht den Erfahrungsaustausch zu verschiedenen administrativen Themen wie Versicherungen und neuen gesetzlichen Rahmenbedingungen. Die in der Kooperation behandelten Gesprächspunkte können sich den jeweiligen Interessen der Partner anpassen, da standortähnliche Betriebe mit ähnlichen Herausforderungen konfrontiert sind. Ein Vorteil dieser Kooperation liegt darin, dass bei der Auswahl der Kooperationspartner bewusst darauf geachtet wird, nur Betriebe mit ähnlichem Qualitätsverständnis aufzunehmen. Dies hilft bei der Verständigung auf bestimmte Produkte und verbessert die Bündelung in verschiedenen Bereichen. Unter anderem werden beispielsweise die Reinigungsmittel von demselben Unternehmen bezogen, was zu großen Preisersparnissen geführt hat. Dies ist natürlich nur möglich, wenn bei allen Partnern Kompromissbereitschaft vorhanden ist.

4.5 Hotellerie als Katalysator für gute Arbeitsplätze in der Region

„Ohne Mitarbeiter kein Hotel" betitelt die Fachzeitschrift Tophotel einen Beitrag zu dem Thema Fachkräftemangel in der deutschen Hotellerie (Bierwirth, 2012). Dieser treffende Satz beschreibt, dass das wichtigste Kapital jedes Hotels die Mitarbeiter sind. Selbst durch Automatisierung verschiedener Bereiche tragen die Kontakte mit den Mitarbeitern eines Hotels grundlegend zum Wohlbefinden der Gäste bei. Um einen guten Servicestandard zu bieten, benötigt jedes Hotel gut ausgebildete und motivierte Mitarbeiter aus der Region.

4.5 Hotellerie als Katalysator für gute Arbeitsplätze in der Region

Gastgewerbliche Betriebe benötigen für das tägliche Geschäft eine große Anzahl an unterschiedlichen Fachkräften. In Bezug auf Regionalität besteht die Chance, dass die meisten Positionen durch Mitarbeiter aus der Region gefüllt werden können. Hotels bieten hierzu zwei Vorteile. Erstens werden viele verschiedene Positionen benötigt, die verschiedene Funktionen abdecken. Die Bereiche Reinigungspersonal, Servicepersonal, Küchenpersonal sowie Administration erfordern Mitarbeiter mit unterschiedlichen Fähigkeiten. Jedoch besteht in einigen Bereichen der Vorteil, dass die Arbeitskenntnisse schnell erlernt werden können, und diese Bereiche daher für Quereinsteiger gut geeignet sind. Insbesondere in den Arbeitsfeldern Reinigung und Service kann eine hohe Anzahl an Arbeitskräften eingesetzt werden, die keine oder wenig Berufserfahrung mitbringen. Dies ist ein Vorteil für die Region, den wenige Branchen vorweisen können. Der Bereich Ausbildung ist sehr wichtig für die Hotellerie sowie die nachhaltige Entwicklung der Region. Das Hotel erhält motivierte junge Mitarbeiter, die mehrere Abteilungen durchlaufen und daher an Weitsicht im Unternehmen gewinnen. Die Erfolgsgeschichten von Auszubildenden, die sich nach der Ausbildung im Unternehmen profilieren, zeigen, wie wichtig ein Ausbildungssystem für ein nachhaltiges Hotel ist. Zudem bieten Ausbildungsprogramme wichtige Wachstumsimpulse für die Region. Auszubildende können in der Hotellerie eine Reihe von praktischen sowie theoretischen Fähigkeiten erlangen, die in vielen Branchen geschätzt werden. Mitarbeiter mit abgeschlossener Ausbildung haben eine wesentlich größere Chance, eine Arbeitsstelle zu finden, selbst außerhalb der Hotellerie. Vor allem beim Thema Jugendarbeitslosigkeit können Ausbildungsprogramme helfen, junge Erwachsene weiterzubilden und ihre Jobaussichten zu verbessern. Daher ist es nicht nur für Hotels von Bedeutung, ein gutes Ausbildungsprogramm anzubieten, sondern es ist ein Gewinn für die gesamte Region. Zu wenige Hotels erkennen, dass sie schon durch das Angebot eines Ausbildungsprogramms zu einer nachhaltigen regionalen Entwicklung beitragen.

Das Thema Personalmanagement ist für Hotels, genauso wie für die Region, von hoher Bedeutung. Gerade aufgrund der großen Anzahl an Mitarbeitern in unterschiedlichen Funktionen fällt es vielen Hoteliers sehr schwer, ein nachhaltiges Personalmanagement einzuführen. Selbst die Förderung oder Weiterbildung wird oft nur für die obere Managementebene angeboten. Die Basis, die den überwiegenden Teil der Mitarbeiter im Hotel darstellt, wird selten gefördert. Dadurch bestärken viele Hotels den schlechten Ruf, den sich die Hotellerie in Bezug auf Arbeitsplätze über die Jahre angeeignet hat. Dass sich jedoch die Zufriedenheit der Mitarbeiter direkt auf die Gästezufriedenheit auswirkt, sollte eigentlich jedem Gastgeber bewusst sein. Auch für die Region hat die Qualität der Arbeitsplätze Auswirkungen. Bei einem attraktiven Stellenangebot (mit Weiterbildungsmöglichkeiten etc.) ist die Wahrscheinlichkeit größer, dass qualifizierte Mitarbeiter in die Region kommen und alle offenen Stellen besetzt werden können. Des Weiteren können vorbildliche Führungsmethoden und Mitarbeiterprogramme andere Betriebe in der Umgebung ermutigen, sich für das Mitarbeiterwohl einzusetzen, und dadurch einen Multiplikator-Effekt erzeugen.

Als Katalysator für mehr soziale Integration und Nachhaltigkeit in der Region sehen sich die Embrace-Hotels Deutschland. Der Verbund unterstützt nahezu 50 Hotels in

Europa, die sich als integrative Hotelbetriebe für Chancengleichheit einsetzen, mit dem Ziel, dass jeder Mensch gleichbedeutend für die Gesellschaft ist, wenn er sich mit seinen Möglichkeiten und Fähigkeiten einbringen und entwickeln kann. Dies zeigt sich unter anderem darin, dass mehr als die Hälfte der ca. 1000 Mitarbeiter in den „Embrace"-Betrieben Menschen mit Handicap sind, die einen dauerhaften Arbeitsplatz haben und in manchen Hotels nach einem Ausbildungsprogramm in andere Hotels vermittelt werden. In den professionell geführten Hotels arbeiten Mitarbeiter mit Behinderungen in allen Abteilungen der Hotels und haben direkten Gästekontakt. Durch den Erfolg der Betriebe sind die Hotels auch für andere Kollegen in der Region ein Vorbild, vor allem, da soziales Denken in der Hotellerie von den Gästen anerkannt und honoriert wird. Der Satz „es ist normal, verschieden zu sein" von Richard von Weizäcker wird in den Embrace-Hotels gelebt und als Botschaft in die Region getragen. (www.reisen-fuer-alle.de/embrace_hotelverbund_448.html, Einsehdatum 27.12.2023)

Upstalsboom macht Schule

„Friesenherz grenzenlos – Moin Moin to Ruanda" lautet das Motto, unter dem Upstalsboom Hotels und Ferienwohnungen die Stiftung FLY & HELP beim Bau einer Schule in Ruanda unterstützt.

Für einen guten Zweck mit dem Kleinflugzeug um die Welt: Im Januar 2010 startete Reiner Meutsch mit einem Kleinflugzeug zur Weltumrundung, bei der er zugleich Hilfsprojekte in Ghana, Ruanda, Indien, Indonesien sowie Brasilien besuchte und unterstützte.

Schulbildung ist die Grundlage für ein selbstbestimmtes Leben. Wer Lesen und Schreiben gelernt hat, kann sich seine eigene Meinung bilden und bestehende Ungerechtigkeiten hinterfragen. In vielen Regionen der Welt gehört eine angemessene Schulbildung aber immer noch nicht zu den Grundrechten. „Mit meiner Stiftung FLY & HELP möchte ich auf die Problematik aufmerksam machen und den Kindern eine Chance geben, damit sie das Leben selbst in die Hand nehmen können", so Reiner Meutsch, Initiator der Stiftung FLY & HELP.

Mithilfe der Spenden errichtet die Stiftung neue Schulen, Kindergärten und Waisenhäuser in Entwicklungsländern. Bis 2025 sollen insgesamt 100 Projekte rund um den Globus mit Spendengeldern initiiert, gefördert und betreut werden.

(www.der-upstalsboom-weg.de/herzensangelegenheiten/friesenherz-grenzenlos-moin-moin-to-ruanda/, Einsehdatum 19.03.2024) ◄

4.6 Checkliste zur Umsetzungsunterstützung eines richtigen Umgangs mit Regionalität

Hinterfragen Sie sich! Die folgende Checkliste dient als Umsetzungsunterstützung zum richtigen Umgang mit Regionalität. Sie enthält zentrale Fragen für eine erfolgreiche Umsetzung. Überlegen Sie bei jeder Frage, wie der Status quo in Ihrem Unternehmen ist:

- Ist die Frage für Ihren Betrieb **nicht relevant** und wird der Gedanke deshalb **nicht weiterverfolgt**?
- Ist die Frage für Ihren Betrieb **relevant** und wurde ihr **bereits nachgegangen**?
- Ist die Frage für Ihren Betrieb **relevant** und wird ihr **gerade nachgegangen**?
- Ist die Frage für Ihren Betrieb **relevant,** aber ihr wurde **bislang nicht nachgegangen**?

> **Checkliste: Umsetzungsunterstützung zum richtigen Umgang mit Regionalität**
> - Haben Sie ein Diagramm erstellt, welches die Interessenvertreter und ihre möglichen Anknüpfungspunkte zum Hotel enthält?
> - Kooperieren Sie mit regionalen Anbietern wie Schreinereien für die Möblierung, die Hölzer aus der Umgebung verarbeiten, oder lokalen Brauereien, Metzgereien, Landwirten etc.?
> - Vermarkten Sie sich zusammen mit Anbietern aus der Region und zahlen Sie in ein gemeinsames Marketingbudget ein?
> - Unterstützen Sie durch Ihr Unternehmen soziale Einrichtungen der Region?
> - Stellen Sie sich bei jeder Beschaffung die Frage, wie ein Anbieter aus der Region als Partner gewonnen werden könnte?
> - Integrieren und fördern Sie minderqualifizierte Arbeitskräfte?

Literatur

Bierwirth, P. (2012). Ohne Mitarbeiter kein Hotel. www.tophotel.de/management/human-resources/479-ohne-mitarbeiter-kein-hotel.html. Zugegriffen am 10.04.2014.

Laux, B., & Stomporowski, S. (2019). *Nachhaltig handeln im Hotel- und Gastgewerbe*. UVK.

Ministerium für Klimaschutz, Umwelt, Landwirtschaft, Naturschutz- und Verbraucherschutz des Landes Nordrhein-Westfalen (MKULNV). (2012). Merkblatt Lärmschutz bei Gaststätten und Biergärten. www.umwelt.nrw.de/fileadmin/redaktion/PDFs/umwelt/merkblatt_gaststaetten_biergaerten.pdf. Zugegriffen am 12.01.2024.

sto. (o.J.). Hotels und Tourismus – Planungshilfe und Leistungsspektrum. https://stoprod.e-spirit.cloud/cepcom/at/documents/broschueren/A_Fokus_Hotels_Tourismus_1220.pdf. Zugegriffen am 20.01.2024.

Nachhaltiges Personalmanagement 5

> **Zusammenfassung**
>
> Dieses Kapitel gibt einen Überblick über verschiedene Perspektiven auf nachhaltiges Personalmanagement (HRM) und thematisiert die Rolle und Bedeutung eines nachhaltigen Personalmanagements für die Umsetzung von Nachhaltigkeitszielen in Unternehmen. Dabei werden Voraussetzungen und Handlungsansätze skizziert, wie dies gelingen kann. Zudem wird diskutiert, wie das Personalmanagement selbst nachhaltiger werden kann. Dafür muss das Personalmanagement ganzheitlich und systematisch aufgesetzt werden und Nachhaltigkeit in allen HRM-Bereichen und -Maßnahmen verankert werden. Anhand von drei Handlungsfeldern werden exemplarisch aktuelle Entwicklungen im nachhaltigen Personalmanagement aufgezeigt.

5.1 Nachhaltiges Personalmanagement – Status quo und Entwicklungen

Sobald es um die Umsetzung von Nachhaltigkeitszielen in Unternehmen geht, stellt sich die Frage nach der Rolle und Bedeutung des Personalmanagements (Human Resources Management/HRM) für diese Umsetzung. Nachhaltigkeitsziele können nur dann in die Praxis umgesetzt werden, wenn die Mitarbeiter diesen Ansatz „leben" und in ihren Entscheidungen sowie ihrem Handeln berücksichtigen. Das verlangt Strukturen und Prozesse im Personalmanagement, welche die Umsetzung unterstützen. Zudem muss das Personalmanagement selbst dabei nachhaltig ausgerichtet sein. Dieses Kapitel fokussiert auf diese

---

Gastbeitrag von Prof. Dr. Celine Chang.

zwei verschiedenen Perspektiven. Hier hat sich gerade in den letzten Jahren bei den Unternehmen viel getan, jedoch gibt es noch großen Handlungsbedarf.

Zunächst sollen ein paar Schlaglichter zur Konzeption von nachhaltigem Personalmanagement gegeben werden:

1. Es gibt viele Definitionen und Sichtweisen zu nachhaltigem Personalmanagement. Vielen ist gemeinsam, dass sie Personalmanagement als zentral zur Umsetzung einer nachhaltigen Organisation sehen – mit positiven Auswirkungen auf die Mitarbeiter. Zudem soll nach einigen Definitionen nachhaltiges Personalmanagement auch dazu beitragen, dass das Unternehmen erfolgreicher wird (Kramar, 2014). Grundsätzlich ist es Aufgabe der Unternehmensführung, im Unternehmen zu definieren, was unter Nachhaltigkeit verstanden und welche Ziele erreicht werden sollen, damit sich das Personalmanagement danach ausrichten kann.
2. Konzeptionell ist dabei der sogenannte „**Triple Bottom Line**"-Ansatz (siehe Abb. 5.1) hilfreich, der Nachhaltigkeit als Kombination zwischen ökonomischer, ökologischer und sozialer Nachhaltigkeit definiert. Hier wird unterschieden, ob die Dimensionen zwar als miteinander in Beziehung stehende, jedoch als eigenständige Dimensionen gesehen werden („schwache Nachhaltigkeit") oder ob sie nicht als eigenständig gesehen werden („starke Nachhaltigkeit"). Die Entscheidung für die schwache Nachhaltigkeitskonzeption könnte dazu führen, dass die Ökonomie auf Kosten der Ökologie und der sozialen Dimension in den Vordergrund gestellt wird. Bei der starken Nachhaltigkeit wird jedoch die Ökonomie als Teil der Ökologie und sozialen Dimension gesehen, weshalb Ökonomie ohne Ökologie und die soziale Dimension weder existiert noch erfolgreich sein kann (Fischer et al., 2019). Für das Personalmanagement hat das gewählte Verständnis entscheidende Implikationen. So zeigte z. B. der Hays HR-Report von 2023, dass Aktivitäten auf allen Nachhaltigkeitsdimensionen, insbesondere Fairness, das Leben der Werte nach innen, nachhaltiges Agieren im Unternehmen und regionales Engagement auf die Mitarbeiterbindung einzahlen, und dass gerade für Dienstleistungsunternehmen Fairness im Umgang mit Kunden an erster Stelle stand (Hays, 2023).

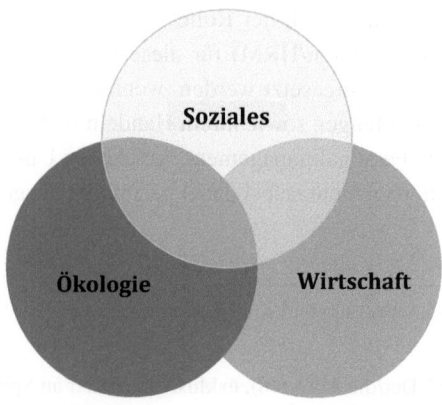

Abb. 5.1 Triple-Bottom-Line-Ansatz. (Quelle: u. a. Fischer et al., 2019, S. 10)

3. Im Kontext von nachhaltigem Personalmanagement ist insbesondere **Corporate Social Responsibility (CSR)** relevant, welche eher eine Leitidee als ein Management-Konzept darstellt (Fischer et al., 2019). Sie beschreibt, wie das Unternehmen seine ökonomischen Interessen mit den gesellschaftlichen Interessen (englisch „social") zusammenbringt.[1] Es geht darum, die Interessen der verschiedenen Stakeholder (von Kunden, Mitarbeitern, Lieferanten, Partnern etc.) in ein ausgewogenes Verhältnis zu bringen und dabei fair vorzugehen. CSR ist somit von der Begrifflichkeit enger gefasst als der Nachhaltigkeitsbegriff und stärker auf das Unternehmen ausgerichtet. Dabei ist die Verantwortung gegenüber den Mitarbeitern ein zentrales und breites Handlungsfeld (Doyé, 2016). CSR ist nur dann glaubwürdig, wenn sich das Unternehmen nicht nur nach außen sozial engagiert, sondern gegenüber den Mitarbeitern sozial verantwortlich handelt. CSR wird im Personalmanagement bislang noch wenig ernsthaft aufgegriffen und in das Personalmanagement integriert (Doyé, 2016). Dass sich das jedoch lohnt, zeigen verschiedene Analysen der bisherigen Forschung (sog. Metaanalysen). Diese konnten einen mittleren bis hohen positiven Zusammenhang zwischen CSR und personalwirtschaftlichen Einflussgrößen wie Engagement, Arbeitszufriedenheit und Arbeitgeberattraktivität nachweisen (Biemann & Weckmüller, 2023).

4. Das Konzept von **Green HRM** wurde ursprünglich als Teil des Umweltmanagements gesehen, als der Einfluss auf ein umweltbewussteres und verantwortungsvolleres Verhalten der Beschäftigten. Heute wird Green HRM weiter gefasst als das Bewusstsein für die Anpassung und Implementierung von HR-Maßnahmen, welche Nachhaltigkeit fördern (Benevene & Buonomo, 2020). Der Ansatz verdeutlicht die Bedeutung des HRM bei der Umsetzung von Nachhaltigkeit, da diese stark davon abhängig ist, wie sich die Mitarbeiter für diese Maßnahmen einsetzen. Die Forschung zu Green HRM analysiert, in welchen Handlungsfeldern im Personalmanagement welche Maßnahmen greifen. Hier wird vor allem die Bedeutung des Recruitings und der Personalentwicklung betont, aber auch monetäre und nicht-monetäre Anreizsysteme (Benevene & Buonomo, 2020). Die positive Wirkung von Green HRM konnte in verschiedenen Studien nachgewiesen werden. So zeigte beispielsweise eine Studie von Mitarbeitern in der Hotellerie, dass Green HRM sowohl mit proaktivem Umweltmanagement als auch mit der intrinsischen sowie extrinsischen Motivation in positivem Zusammenhang steht, sich für Nachhaltigkeit zu engagieren (Ahmed et al., 2021).

Zusammenfassend lässt sich feststellen, dass der Personalabteilung (HR) und dem Personalmanagement eine zentrale Rolle bei der Umsetzung von Nachhaltigkeit im Unter-

---

[1] Seit 2017 wird die EU-CSR-Richtlinie (als Teil der ESG-Verordnungen) in Deutschland im CSR-Richtlinie-Umsetzungsgesetz (RUG) umgesetzt, welches große Unternehmen verpflichtet, über ihre CSR-Aktivitäten Auskunft zu geben. 2022 wurde die EU-Richtlinie überarbeitet und heißt jetzt „Corporate Sustainability Reporting Directive – CSRD". Hier ist bis Mitte 2024 eine Umsetzung in nationales Recht der Mitgliedstaaten zu erwarten (Umweltbundesamt, 2024). Die meisten Unternehmen in der Hotellerie sind aufgrund ihrer Größe nicht betroffen, jedoch können solche Reporting-Richtlinien dazu führen, sich ausführlich mit dem Thema auseinanderzusetzen.

nehmen zukommt. HR sollte die CSR-Aktivitäten im Unternehmen koordinieren und vorantreiben (Doyé, 2016). Auch wenn sich in den letzten zehn Jahren hier Einiges getan hat, besteht nach wie vor großer Handlungsbedarf. So zeigt eine aktuelle Studie von Mercer, dass in vielen Personalabteilungen zwar das Pflichtprogramm wie das Einhalten von Gesetzen und sich verändernder Regulatorien absolviert wird, jedoch HR weder der Rolle als strategischer Treiber gerecht wird noch eine systematische und ganzheitliche Umsetzung von nachhaltigem Personalmanagement häufig zu finden ist (Anderson et al., 2022). Auch in der Hospitalitybranche ist das Thema Nachhaltigkeit im Personalmanagement bei vielen Arbeitgebern nicht explizit Thema, eher implizit in der Art und Weise, wie Personalmanagement umgesetzt wird. So fällt beispielsweise bei der Analyse der HR-Konzepte der Preisträger des Hospitality HR Award (Chang & Werther, 2021) auf, dass es viele Ansätze in Bezug auf soziales Engagement im Kontext von CSR gibt und Nachhaltigkeit bei einigen einen Unternehmenswert darstellt, aber die HR-Konzepte nicht explizit unter der Nachhaltigkeitsperspektive entwickelt werden. Betrachtet man jedoch die HR-Konzepte nach Nachhaltigkeitsthemen wie z. B. Corporate Volunteering, Diversity Management, faire Arbeitsbedingungen und Gehälter, so fällt auf, dass bei vielen Preisträgern diese Themen im Personalmanagement verankert wurden.

Das Thema Nachhaltigkeit wird auch in Zukunft wichtig bleiben, und der Handlungsdruck wird weiter steigen, nicht nur im Kontext von Green HRM und CSR, sondern auch in Hinblick auf das Thema Arbeitgeberattraktivität. Hier lässt sich global bei Arbeitnehmenden eine zunehmende Präferenz für Arbeitgeber feststellen, die ökologisch und gesellschaftlich Verantwortung übernehmen (Anderson et al., 2022). Dies ist ein Aspekt, der vor dem Hintergrund des Arbeitskräftemangels in der Branche durchaus zu beachten ist.

Insgesamt bleiben für HR und Personalverantwortliche folgende zwei Betrachtungsperspektiven relevant, auf die in diesem Beitrag der Fokus gelegt wird:

1. Wie kann das Personalmanagement zur Umsetzung von Nachhaltigkeitszielen und -systemen im Rahmen einer nachhaltigen Unternehmenskultur beitragen?
2. Wie kann das Personalmanagement insgesamt nachhaltiger werden?

5.2 Beitrag des Personalmanagements bei der Umsetzung von Nachhaltigkeit im Unternehmen

Bei der Umsetzung von Nachhaltigkeitszielen in Unternehmen (z. B. Senkung des Energieverbrauchs im Betrieb) reichen häufig Verhaltensvorgaben an die Mitarbeiter nicht aus. Sie erfordert eine Veränderung der Unternehmenskultur. Kultur lässt sich verstehen als die von einer Gruppe geteilten Normen, Werte und Verhaltenspräferenzen. Kultur ist somit ein Orientierungssystem, welches das Erleben und Handeln der Mitglieder einer Kultur beeinflusst (Thomas, 2005). Wird beispielsweise CSR Teil der Unternehmenskultur, muss sich dies im Unternehmensleitbild und in den Unternehmenswerten

5.2 Beitrag des Personalmanagements bei der Umsetzung von Nachhaltigkeit im ...

widerspiegeln. Zudem müssen die Mitarbeiter für CSR sensibilisiert und geschult werden. Insbesondere kommt hier den Führungskräften eine wichtige Rolle zu – als Vorbilder und bei der Sicherstellung der Umsetzung. Damit Nachhaltigkeit sich auch im Denken und Handeln der Führungskräfte und Mitarbeiter widerspiegelt, müssen Nachhaltigkeitsziele mit den Personalmanagementprozessen und -instrumenten verzahnt werden. Hier sollte die Personalabteilung, insbesondere die Personalentwicklung, eng mit den CSR-Verantwortlichen zusammenarbeiten. Gibt es keine eigene Personalabteilung, dann sollten CSR und Personalmanagement gemeinsam gedacht werden. Tab. 5.1 gibt

Tab. 5.1 Umsetzung von Nachhaltigkeitszielen mit Hilfe von Personalmanagementinstrumenten am Beispiel von CSR

Personalmanagement-Instrumente	Empfehlungen für eine nachhaltige Umsetzung von CSR	Ergebnisse
Kulturarbeit	Integration von CSR im Rahmen der Unternehmenswerte, CSR als Perspektive für kulturbildende Maßnahmen (z. B. Mitarbeiterevents)	CSR wird Teil der Unternehmenskultur, d. h. Teil der geteilten und gelebten Realität
Führungsleitlinien	Integration einer Leitlinie, die CSR als Führungsaufgabe bezeichnet	Vorbildliches Handeln durch Umsetzung von CSR wird Teil der Führungskultur
Zielvereinbarung & Leistungsbeurteilung (jährliches Mitarbeitergespräch)	Aufnahme von CSR-Zielen in die Zielvereinbarung; Beurteilung dieser Ziele im Rahmen der Leistungsbeurteilung	Die Umsetzung von CSR-Zielen wird bewertungsrelevant
Monetäre Anreizsysteme	Verknüpfung der Leistungsbeurteilung mit variabler Vergütung Prämien für nachhaltiges Management Ausschreibungen/Wettbewerbe zwischen Abteilungen für CSR-Projekte mit Prämien	Förderung der Umsetzungsmotivation für CSR (Fokus auf extrinsischer Motivation: die Umsetzung von CSR wird gefördert durch Prämien und offizielle Anerkennung)
Nicht-monetäre Anreizsysteme	Freistellung von Mitarbeitern für CSR-Projekte Übergabe von Verantwortung an Mitarbeitende für die Entwicklung von CSR-Aktivitäten	Förderung der Umsetzungsmotivation für CSR (Fokus auf intrinsischer Motivation: CSR wird umgesetzt aufgrund des Interesses an dem Thema; dies ist nachhaltiger zu bewerten als monetäre Anreizsysteme)
Ideenmanagement	Ausschreibung und Kommunikation zu CSR-Ideen im Unternehmen	Mitarbeitende gestalten CSR aktiv mit

(Fortsetzung)

Tab. 5.1 (Fortsetzung)

Personalmanagement-Instrumente	Empfehlungen für eine nachhaltige Umsetzung von CSR	Ergebnisse
Personal- und Führungskräfteentwicklung	Sensibilisierungs- und Kompetenztrainings Durchführung von CSR-Projekten im Rahmen von Programmen zur Führungskräfteentwicklung	Mitarbeitende haben das notwendige Wissen und die notwendigen Fähigkeiten und Fertigkeiten zur Umsetzung von CSR
Personalcontrolling	Einführung von CSR-Kennzahlen (z. B. Anzahl durchgeführter CSR-Projekte pro Mitarbeiter, durchschnittliche Zielerreichung bei CSR-Zielen nach Abteilungen)	Quantitative Übersichten und Erkennung von Steuerungsbedarf
Personalmarketing	Erwähnung der CSR-Strategie, Zertifizierungen etc. im Rahmen der Vermarktung der Arbeitgebermarke Einbindung des Themas in Unternehmenspräsentationen, Rekrutierungskanäle	Erhöhung der Bewerberanzahl bei Interessenten, denen CSR wichtig ist
Personalauswahl	Verankerung von Fragen zum Verständnis von Nachhaltigkeit und der Bewertung von CSR in Unternehmen in Einstellungsinterviews (Fragen nach Werten, Motivstruktur)	Überprüfung der Passung von Bewerbenden zu einer Unternehmenskultur, in der CSR ein zentraler Bestandteil ist

Empfehlungen, wie dies in der Praxis am Beispiel CSR umgesetzt werden kann. Eine Möglichkeit ist auch das Herunterbrechen der Sustainable Development Goals (SDGs) der Vereinten Nationen in das HR-Konzept, wie es das Alpenresort Schwarz durchgeführt hat (s. das Beispiel in Abschn. 5.3.1).

Zusammenfassend lässt sich sagen, dass die Umsetzung einer Nachhaltigkeitsstrategie im Unternehmen nur in Zusammenarbeit mit der Personalabteilung bzw. in der Verknüpfung mit den Instrumenten des Personalmanagements nachhaltig gestaltet werden kann (Fischer et al., 2019). Ansonsten besteht die Gefahr, dass zwar marketingwirksame Projekte durchgeführt werden, die jedoch nicht die Unternehmenskultur verändern und sich im Denken und Handeln der Mitarbeiter auch nicht nachhaltig verankern.

5.3 Das Personalmanagement nachhaltig gestalten

Personalmanagement ist nach Weißenrieder und Kosel (2005, S. 12) dann nachhaltig, wenn es zu Veränderungen in Einstellungen und Verhalten der Mitarbeiter führt, wenn es sich an sich verändernde Anforderungen anpasst sowie „langfristig wirksam zum Erfolg führt und die Zukunftsfähigkeit des Unternehmens sichert". Nachhaltiges Personalmanagement ist nach dieser Definition somit langfristig angelegt und strategisch an den Unternehmenszielen ausgerichtet. In diesen sollten alle Nachhaltigkeitsdimensionen (Tripple Bottom Line) abgebildet sein. Somit unterscheidet sich nachhaltiges HRM auch vom traditionell-strategischen HRM, bei dem es klassisch um rein unternehmensbezogene und betriebswirtschaftliche Ziele geht (Chams & Garcia-Blandon, 2019). Daraus ergeben sich neue Handlungsfelder für das HRM wie Mitarbeitergesundheit, Diversity Management und soziales Engagement („Corporate Volunteering") (Maurer & Müller-Carmen, 2016). HR hat hier eine Doppelfunktion, zum einen die Personalverantwortung für den eigenen Bereich und zum anderen eine Gestaltungs- und Steuerungsfunktion für alle Mitarbeiter im Unternehmen (Doyé, 2016).

Nachhaltiges Personalmanagement wird teilweise als Paradigmenwechsel im HR gesehen, weil nicht nur andere Themen dazukommen, sondern auch neue Stakeholder, wie z. B. die lokale Gesellschaft, NGOs oder Regulierungsbehörden, welche das Personalmanagement beeinflussen bzw. auf die nachhaltiges Personalmanagement einen Einfluss hat. Personalmanagement-Themen gehen über die Unternehmensgrenzen hinaus, z. B. bei Menschenrechtsfragen in Lieferketten (Maurer & Müller-Carmen, 2016).

Bei nachhaltigem Personalmanagement liegt zudem der Fokus auf der Schaffung eines innovativen Arbeitsumfelds, der Förderung des Involvements (Einbeziehung) und Empowerments (Verantwortungsübergabe) der Mitarbeiter innerhalb und außerhalb der Organisation, der Bewusstseinsentwicklung für Nachhaltigkeitsthemen und einem ausbalancierten Ressourcenmanagement (Chams & Garcia-Blandon, 2019). Auch die Mitarbeiter werden als Ressourcen gesehen, die es dauerhaft zu erhalten gilt; d. h., es sollte eine Balance zwischen Ressourcen-Beanspruchung und Ressourcen-Regeneration geben (Ehnert & Harry, 2012).

Dies wird beispielsweise im Rahmen von Personalmanagement-Feldern wie Gesundheitsmanagement, Work-Life-Balance, Arbeitszeitregelungen und Personalentwicklung gefördert. Eine Investition in nachhaltiges Personalmanagement lohnt sich: Auch die Forschung hat gezeigt, dass Unternehmen dadurch erfolgreicher sind, eine höhere Produktivität haben und mehr Innovationskraft zeigen (Weißenrieder & Kosel, 2005), dass Mitarbeiterengagement und die Einstellungen zu Nachhaltigkeit positiv beeinflusst werden (Biemann & Weckmüller, 2023) und die Arbeitgeberattraktivität und die Passung von Bewerbenden zur Organisationskultur erhöht werden (Chams & Garcia-Blandon, 2019).

Wie lässt sich Personalmanagement nun nachhaltig gestalten? Im Folgenden werden die Anforderungen in Hinblick auf Voraussetzungen und Verantwortlichkeiten auf den Personalmanagement-Ansatz diskutiert sowie Ansatzpunkte und exemplarisch Handlungsfelder für nachhaltiges Personalmanagement diskutiert.

5.3.1 Voraussetzungen und Verantwortlichkeiten

Nachhaltiges Personalmanagement kann nur unter folgenden Bedingungen gelingen:

a. **Hoher Stellenwert des Themas bei Geschäftsführung, Führungskräften und Personalverantwortlichen**: Die Geschäftsführung engagiert sich aktiv für nachhaltiges Personalmanagement und ist zusammen mit den Führungskräften als Botschafter, Akteure und Umsetzende aktiv involviert. Ein Wandel im Personalmanagement wird nicht gelingen, wenn sich die Geschäftsführung und die Führungskräfte aus dem Thema heraushalten und nur HR und die Mitarbeiter die Umsetzung machen lassen. Dazu gehört gerade in der Branche auch, dass die Eigentümerfamilien nachhaltiges Personalmanagement unterstützen und bereit sind, hier zu investieren.
b. **Vorhandensein von Fachkompetenz im Unternehmen**: Wie bei anderen Themen auch, bedarf es Fachkompetenz zu den Methoden und Instrumenten des nachhaltigen Personalmanagements. Ist diese im Unternehmen nicht ausreichend vorhanden, muss sie erworben oder sich Unterstützung geholt werden. Hier empfiehlt sich eine Zusammenarbeit mit Beratern, anderen Arbeitgebern, Bildungsträgern und anderen Arbeitsmarktakteuren. Nicht immer muss dies viel kosten. Gerade für kleine und mittlere Unternehmen (KMU) gibt es vielfältige Förderprogramme von Bund, Ländern und der EU, welche die Entwicklung eines nachhaltigen Personalmanagements unterstützen. Hier erhalten Unternehmen kostenlos Informationen, Beratungsleistungen, Instrumente und Selbstchecks (z. B. Initiative Neue Qualität der Arbeit – INQA, Kompetenzzentrum Fachkräftesicherung oder das neue Beratungsprogramm INQA-Coaching für passgenaue Lösungen im Personalmanagement).
c. **Personelle, zeitliche und finanzielle Ressourcen**: Im Unternehmen muss es jemanden geben, der für nachhaltiges Personalmanagement „den Hut aufhat". Auch wenn es in vielen kleinen und mittleren Betrieben keine Personalfachkräfte gibt, muss sich jemand langfristig und systematisch darum kümmern, sei es die Geschäftsführung oder eine ausgewählte Führungs- oder Fachkraft. Für diese Themen braucht es auch zeitlichen Freiraum – sie lassen sich nicht „nebenbei" oder „on top" gestalten. Zudem sind finanzielle Budgets und Investitionsbereitschaft notwendig.

> **Best Practice: Alpenresort Schwarz**
>
> Für das Alpenresort Schwarz, ein 5-Sterne-Wellness-Hotel in Tirol, ist Nachhaltigkeit ein zentraler Bestandteil der Vision – „Wir gestalten nachhaltig Raum für herzliche Begegnung, Wohlbefinden und Weiterentwicklung" – und in allen Unternehmensbereichen verankert. So sind die Sustainable Development Goals (SDGs) auch handlungsleitend für die Personalarbeit. Jede Woche gibt es einen SDG-Tag für die Mitarbeiter mit unterschiedlichen Themen zu den 17 SDs. Zu drei unterschiedlichen Zeitpunkten werden jeweils für 15 min kurze Inputs gegeben, damit jede Abteilung daran teilnehmen kann. Insgesamt investiert das Alpenresort Schwarz viel in die Weiterbildung und individuelle Entwicklung der Mitarbeiter. Jeder Mitarbeiter/jede Mitarbeiterin erhält jährlich

ein Budget von 600 €, welches für eine fachliche oder persönliche Weiterentwicklung verwendet werden kann. Monatlich werden Mitarbeiterumfragen durchgeführt und es wird kontinuierlich an der Kultur gearbeitet. So wurden auch die Benefits an den Ergebnissen der Mitarbeiterumfrage ausgerichtet.

Die Unternehmerfamilie baute zudem vor einigen Jahren ein eigenes Mitarbeiterhaus als Passivhaus in der damals höchsten Energieeffizienzklasse. Nachhaltigkeit ist ein fester Bestandteil der Corporate Culture. So gibt es eine Projektgruppe, die verschiedene Aktivitäten wie Besuche im Seniorenheim, Müll-Sammel-Aktionen organisiert mit dem Ziel, kulturelle Vielfalt, die Verbindung der Generationen, den Ausgleich sozialer Unterschiede sowie die Schonung natürlicher Ressourcen zu fördern. Ein Beispiel für soziale Nachhaltigkeit ist der „Schwarz hilft"-Fond, bei dem im Rahmen von Veranstaltungen (z. B. Charity-Flohmärkte) das ganze Jahr über Geld gesammelt wird. Der Zweck des Fonds ist, Menschen aus der Region zu helfen, die in Not sind – anonym und unbürokratisch.

(https://www.schwarz.at/de/das-alpenresort/jobs/, Einsehdatum 12.01.2024) ◄

5.3.2 Nachhaltiges Personalmanagement ist ganzheitlich und systematisch

Nachhaltiges Personalmanagement bedeutet nicht, verschiedene Maßnahmen und Instrumente „aneinanderzureihen" oder mit dem Gießkannenprinzip auszuschütten. Es geht vielmehr darum, ein ganzheitliches Konzept zu entwickeln und dieses in einen systematischen Zusammenhang zu bringen (Fischer et al., 2019; Weißenrieder & Kosel, 2005).

Einen guten Orientierungsrahmen dafür gibt die AMO-Theorie (Appelbaum et al., 2000), die im Rahmen von nachhaltigem Personalmanagement bzw. Green HRM oft verwendet wird. Sie geht davon aus, dass Leistung aus dem Zusammenhang zwischen Mitarbeiterfähigkeiten (Abilities), Mitarbeitermotivation (Motivation) und Mitarbeiterpartizipation (Opportunity) entsteht. Die verschiedenen HR-Bereiche und -Maßnahmen können hier kategorisiert werden (siehe. Tab. 5.2).

Die verschiedenen HR-Bereiche und Aktivitäten im Rahmen des AMO-Modells lassen sich anhand eines Kompetenzmodells miteinander verzahnen. Kompetenzen sind Bündel

Tab. 5.2 Orientierungsrahmen für nachhaltiges Personalmanagement anhand der AMO-Theorie

AMO-Theorie	Definition	HR-Bereiche
Ability	Erfassung und Definition von Fähigkeiten, die für ein nachhaltiges Handeln notwendig sind	Kompetenz- und Stellenprofile, Recruiting, Personalentwicklung
Motivation	Schaffung von Feedback- und Anreizsystemen für nachhaltiges Handeln	Leistungsmanagement, Leistungsbewertung, Vergütung, monetäre und nicht-monetäre Anreize
Opportunity	Partizipationsangebote machen, sich für Nachhaltigkeit zu engagieren und nachhaltiges Handeln umzusetzen	Involvement und Empowerment, Leadership

an Wissen, Fertigkeiten und Fähigkeiten, die auf einen Bereich angewendet werden. Üblicherweise wird in Unternehmen ein Kompetenzmodell erarbeitet, welches die Kompetenzen spezifiziert, die alle Mitarbeitende in dem Betrieb haben müssen (z. B. Serviceorientierung). Dann wird pro Rolle und Position im Unternehmen definiert, auf welchem Ausprägungslevel diese vorhanden sein müssen. Die so entstandenen Kompetenzprofile lassen sich dann für alle Personalprozesse nutzen, von der Stellenausschreibung über die Personalauswahl und Potenzialbeurteilung bis zur Personalentwicklung. Die Kompetenzprofile sind die Basis für ein systematisches Personalmanagement. So dienen sie beispielsweise als Grundlage für die Erfassung von Schulungsbedarf. Durch die Erfassung von Soll- und Ist-Ausprägungen kann der Schulungsbedarf für einzelne Mitarbeitende, für Teams oder für das gesamte Unternehmen bestimmt werden. Zudem kann nach einer Schulungsmaßnahme überprüft werden, ob sich die Ist-Ausprägungen verbessert haben. So kann sichergestellt werden, dass die Schulung direkt auf den Bedarf ausgerichtet und nicht am Qualifizierungsbedarf vorbei geschult wird. Nur so werden Mitarbeitende auch wirklich etwas lernen, was sie in ihrer Tätigkeit umsetzen können.

Auf einem kompetenzbasierten Personalmanagement-Ansatz lassen sich nun diverse Personalmanagement-Instrumente aufsetzen, die über die Kompetenzen miteinander in Zusammenhang stehen. Ist beispielsweise „Serviceorientierung" Teil des Kompetenzmodells, dann lässt sich im Einstellungsinterview prüfen, inwieweit Bewerbende Serviceorientierung mitbringen, oder im Beurteilungsgespräch bewerten, inwieweit ein/e Mitarbeitende/r dies entsprechend seines/ihres Kompetenzprofils auch umgesetzt hat.

Neben der Kompetenzbasierung ist für ein systematisches Personalmanagement auch eine strukturierte Herangehensweise wichtig. Wenn man beispielsweise die HR-Konzepte der Preisträger des Hospitality HR Awards anschaut, so zeigt sich, dass die meisten ein ganzheitliches, an den strategischen Zielen ausgerichtetes Personalmanagement in allen Handlungsbereichen implementiert und parallel an ihrer Unternehmens- und Führungskultur gearbeitet haben (Chang & Werther, 2021). Viele stützen sich auch auf wissenschaftliche Konzepte, nahmen Beratung in Anspruch und suchten sich Impulse außerhalb der Branche.

Best-Practice-Beispiel: Upstalsboom Hotel + Freizeit GmbH & Co. KG

Die Ferienhotellerie-Gruppe Upstalsboom steht seit vielen Jahren für eine nachhaltige Personalarbeit und wertschätzende Mitarbeiterführung. „Wertschöpfung durch Wertschätzung" ist ihr Claim und zentral für die Unternehmenskultur. So schuf Upstalsboom viele Möglichkeiten für die Persönlichkeitsentwicklung der Mitarbeiter. Wenn Mitarbeitende sich frei entfalten können, so der Grundgedanke, dann erleben sie auch ihre Arbeit als sinnstiftend und bringen sich gerne in das Unternehmen ein. Ein Beispiel sind die Klosterseminare, bei denen Führungskräfte und Mitarbeitende einen Rückzugsraum haben, um über sich, das Unternehmen und die eigenen Werte und Ziele reflektieren zu können und die Selbstführung weiterentwickeln. Auszubildende können im Rahmen einer „Tour des Lebens" gemeinsam Selbst-Erfahrungen machen, welche

Persönlichkeitsdimensionen wie Selbstvertrauen und Offenheit stärken und den Teamzusammenhalt fördern. Eine Tour des Lebens war beispielsweise die Möglichkeit, mit anderen Auszubildenden und Geschäftsführer Bodo Janssen den Kilimandscharo zu besteigen. Im Rahmen der CSR-Aktivitäten kooperiert Upstalboom seit 2013 mit Fly & Help und baut Schulen in Ruanda. Mitarbeitende können sich im Rahmen ihrer Arbeitszeit in das Projekt aktiv einbringen, ebenso bei der Initiative „Der Norden tut Gutes", bei der seit 2010 an allen Standorten soziale, karitative sowie ökologische Projekte und Einrichtungen unterstützt werden.

Die positiven Auswirkungen dieses Weges zeigten sich in einer hohen Mitarbeiterzufriedenheit, einem Rückgang der Fluktuation und der Krankheitstage sowie einer steigenden Bewerberzahl. Upstalsboom lässt andere Unternehmen sowie Individuen an den Erfahrungswerten teilhaben und bietet Beratung und Austausch zu diesen Themen an.

(https://www.der-upstalsboom-weg.de, Einsehdatum 11.01.2024) ◄

5.3.3 Instrumente für nachhaltiges Personalmanagement

Mit nachhaltigem Personalmanagement sollen nicht nur die (Nachhaltigkeits-)Ziele des Unternehmens besser erreicht werden, sondern dabei soll auch der Fokus auf die Regeneration der Ressourcen gesetzt werden. Die Regeneration erhält die Leistungsfähigkeit der Mitarbeiter. Gleichzeitig werden die Mitarbeiter mit ihren Bedürfnissen ernst genommen, was sich mit einer erhöhten Loyalität dem Arbeitgeber gegenüber sowie in einem größeren Engagement am Arbeitsplatz zeigt. Hinzu kommt, dass die veränderten Anforderungen und der Anpassungsbedarf im Personalmanagement nicht nur über das Thema Nachhaltigkeit kommen, sondern auch über die Veränderungen der Arbeitswelt an sich, welche unter dem Begriff „New Work" gefasst werden. Damit sind die verschiedenen Auswirkungen der Digitalisierung und des Wertewandels gemeint, welche mit einer Individualisierung und Flexibilisierung von Arbeit (zeitlich, räumlich und inhaltlich) sowie Werten wie Mitbestimmung, Wertschätzung und Sinnhaftigkeit verbunden sind (Werther & Brenning, 2024). Die Gestaltung von New Work ist HR-Aufgabe und auch hier ist ein auf Nachhaltigkeit ausgerichtetes Vorgehen zielführend.

Im Folgenden wird exemplarisch auf drei typische Handlungsfelder eingegangen, welche im Kontext von nachhaltigem Personalmanagement häufig diskutiert werden. Diese Auswahl ist natürlich nicht erschöpfend; sie soll vielmehr einen Einblick vermitteln, was nachhaltiges Personalmanagement in diesen Handlungsfeldern bedeuten kann.

Aktives Einbeziehen der Mitarbeiter
Mit den Veränderungen der Arbeitswelt ist das Thema Mitbestimmung, Partizipationsmöglichkeiten und das Einbeziehen der Mitarbeiter ein wichtiges Leadership- und Kulturthema in Unternehmen. Mitarbeitende werden in Entscheidungen eingebunden (Involvement) und ihnen wird mehr Verantwortung übertragen (Empowerment). Partizipation ist

ein wichtiges Prinzip für eine neue Art von Mitarbeiterführung, bei der Mitarbeitende durch das Verhalten der Führungskraft bestärkt werden und die sich konzeptionell unter dem Begriff „Positive Leadership" zusammenfassen lässt (Blanch et al., 2016). Dabei geht es auch um eine andere Haltung den Mitarbeitern gegenüber, bei der der Fokus auf Wertschätzung und Ressourcenorientierung liegt. Zudem geht es darum, Sinnerleben zu fördern, auch, indem mit den Mitarbeitern die Vision und die Unternehmenszahlen geteilt werden und sie sich aktiv in die Strategieentwicklung einbringen können (Seliger, 2014).

Wenn Mitarbeiter sich einbezogen fühlen, tragen sie auch Veränderungen mit. Unternehmen müssen sich aufgrund der schnellen technologischen und gesellschaftlichen Veränderungen sowie des zunehmenden globalen Wettbewerbs immer wieder verändern, um wettbewerbsfähig zu bleiben. Viele Veränderungsprojekte scheitern, weil Mitarbeitende nicht „auf die Reise" mitgenommen werden. Auch hier ist es ein zentraler Erfolgsfaktor, Mitarbeitende zu Beteiligten zu machen und ihre verschiedenen Interessen und Kompetenzen einbringen zu lassen. Ein betriebsinternes Ideenmanagement ist zudem ein geeignetes Instrument, Veränderungen direkt von den Mitarbeitern anstoßen zu lassen.

Arbeitsbedingungen
Mit dem Blickwinkel eines nachhaltigen Personalmanagements stellt sich die Frage nach fairen Arbeitsbedingungen, die eine Regeneration und eine gute Work-Life-Balance der Mitarbeiter zulassen. Dabei geht es nicht um die Einhaltung gesetzlicher oder tariflicher Regelungen, die Voraussetzung sein sollten. Vielmehr geht es um die Schaffung von Arbeitsbedingungen, die den Interessen der Mitarbeiter entgegenkommen und die für die Work-Life-Balance der Mitarbeiter positiv sind. Dies bedeutet beispielsweise eine frühzeitige Erstellung und Kommunikation von Dienstplänen, eine mitarbeiterfreundliche Personalplanung, die Abschaffung von Teildiensten und die Möglichkeit, Überstunden zu erfassen und in Freizeit auszugleichen. Best-Practice-Beispiele gibt es mittlerweile einige: So war die Zusicherung von fairen Arbeitsbedingungen und Entwicklungsmöglichkeiten eine Gründungsmotivation der Fair Job Hotels (s. das folgende Beispiel). Viele Preisträger des Hospitality HR Awards bieten unbefristete oder ganzjährige Verträge, garantieren mindestens zwei zusammenhängende freie Tage und bieten Ausgleich für Überstunden bzw. bemühen sich, diese vollständig zu vermeiden. Zudem planen sie Schichten bis zu einem Monat im Voraus, um Mitarbeitern eine verlässliche Lebensplanung zu ermöglichen. Untersuchungen wie die des Fraunhofer IAO zum Thema „Zukünftige Arbeitswelten im Gastgewerbe" zeigen, dass Beschäftigte der Branche eine größere zeitliche Flexibilität und eine frühe sowie verlässliche Planung ihrer Arbeitszeiten bevorzugen (Borkmann et al., 2020). Der Wunsch nach einer besseren Balance zwischen Beruf und Privatleben führt zu einer Nachfrage nach anderen Arbeitszeitmodellen, beispielsweise nach der aktuell in der Branche viel eingeführten Vier-Tage-Woche.

Zum Verstehen der Work-Life-Balance hat das Fünf-Säulen-Modell der Identität von Petzold (zitiert in Collatz & Gudat, 2011) einen wichtigen Beitrag geleistet. Angewandt

5.3 Das Personalmanagement nachhaltig gestalten

auf die Work-Life-Balance sollten nach dem Modell folgende fünf Säulen im Blick behalten werden:

1. Der Körper und damit verbunden Gesundheit und Wohlbefinden,
2. soziale Beziehungen,
3. Arbeit und Leistung,
4. materielle Sicherheit und
5. Werte.

Im Sinne eines nachhaltigen Personalmanagements sollten daher Arbeitsbedingungen geschaffen werden, die

1. die Gesundheit der Mitarbeiter fördern (z. B. Yogakurse, Lauftreffs, Beteiligung an Mitgliedschaft im Fitnessstudio),
2. das Gefühl der sozialen Gemeinschaft am Arbeitsplatz fördern (z. B. schöner Pausenraum, Betriebsausflug, Familienvergünstigungen im Restaurant/Hotel),
3. Arbeit und Leistung eines jeden individuell wertschätzen,
4. eine angemessene Vergütung garantieren und
5. eine Arbeitskultur schaffen, in der die Unternehmenswerte gelebt werden und die Mitarbeiter diese mit ihren individuellen Werten in Einklang bringen können.

Nach dem Modell ist es wichtig, eine Balance zwischen den Säulen herzustellen, wobei die einzelnen Ausprägungen unterschiedlich sein können.

Nicht zuletzt beinhaltet der Nachhaltigkeitsansatz auch, dass nicht weggesehen wird, wenn es um die Arbeitsbedingungen von temporären Aushilfen, Zeitarbeitskräften, Mitarbeitern von Outsourcing-Anbietern und Mitarbeitern entlang der Lieferketten geht. Gerade im Hinblick auf Servicefirmen, an die Hotels die Zimmerreinigung outsourcen, gab es in der Vergangenheit in der Presse immer wieder Negativschlagzeilen über Schwarzarbeit, Betrug und Missachtung des Mindestlohngesetzes (Jonas, 2019).

Best Practice: Die Initiative Fair Job Hotels

Die Initiative Fair Job Hotels wurde 2016 von führenden Hoteliers und Industriepartnern gegründet mit dem Ziel, gemeinsame Werte und Standards für den Umgang miteinander und eine verbindliche Zusicherung fairer Arbeitsbedingungen und Entwicklungsmöglichkeiten für die Mitarbeiter in der Branche zu etablieren. Mittlerweile hat der Verein mehr als 105 Partnerbetriebe, die um die 16.000 Mitarbeiter repräsentieren. Um aufgenommen zu werden, müssen interessierte Unternehmen ein Qualifikationsverfahren durchlaufen, bei dem anhand umfassender Kriterien in den verschiedenen Personalmanagement-Prozessen eine Eignung überprüft wird. Eine Mitgliedschaft ermöglicht vielfältige Austauschmöglichkeiten sowohl auf Leitungs- als auch auf Mitarbeiterebene, gemeinsame Weiterbildungsmöglichkeiten, gemeinsames

Recruiting, auch im Ausland, sowie Fachveranstaltungen wie z. B. HR Connect für Personalverantwortliche, das Innovation Camp für junge Mitarbeiter und das Partnertreffen für die Direktionsebene. Die verschiedenen Veranstaltungsformate zeigen den Partnerbetrieben Wege auf, wie sie die Mitarbeiterzufriedenheit und dadurch deren Bindung erhöhen, ihre Arbeitgeberidentität definieren und besser nach innen und außen kommunizieren, die Herausforderungen im HR gemeinsam meistern und so letztendlich die Branche stetig von innen heraus verbessern.

(https://www.fair-job-hotels.de/, Einsehdatum 15.01.2024) ◄

Gesundheitsmanagement
Betrachtet man die Sicherstellung einer Balance von Ressourcennutzung und Ressourcenregeneration (Ehnert & Harry, 2012) als Kernthema nachhaltigen Personalmanagements, dann ist das betriebliche Gesundheitsmanagement ein zentrales Handlungsfeld. Betriebliches Gesundheitsmanagement hat das Ziel, gesundheitlichen Einschränkungen und Krankheiten vorzubeugen und eine langfristige Leistungsfähigkeit der Mitarbeiter zu fördern (Neuner, 2016). Dass dies wichtig ist, haben viele Unternehmen der Branche erkannt.

Eine Beschäftigung im Gastgewerbe ist mit Schichtarbeit, ständigem Kundenkontakt, Saisonspitzen, Termindruck, körperlicher Belastung und häufiger personeller Unterbesetzung verbunden. Dies stellt für viele Beschäftigte eine Belastungssituation verbunden mit Stressempfinden dar. Können sich Mitarbeitende nicht ausreichend erholen und sind sie einer dauernden Stresssituation ausgesetzt, dann ist ein geschwächtes Immunsystem die Folge und die Krankheitsanfälligkeit steigt. Kommen ein Overcommitment und eine unangemessene Kompensation hinzu, ist die Anfälligkeit für psychische Erkrankungen erhöht (Nosek et al., 2017). Gerade Belastungen, die durch die Arbeitsorganisation und die Arbeitszeit entstehen, führen zudem zu einer hohen Wechselbereitschaft (Schlote-Sautter & Hemke-Smith, 2017).

Anhand welcher Maßnahmen können Unternehmen nun die Gesundheit der Mitarbeiter fördern? Die zu wählenden Maßnahmen sind zunächst abhängig von Betrieb, Budget und der verfügbaren Infrastruktur. Zu unterscheiden sind individuelle Maßnahmen (z. B. Zuschuss zur Mitgliedschaft in Fitnessstudios oder Förderung von Präventionskursen) von betrieblichen Maßnahmen, an denen mehrere Mitarbeiter teilnehmen und die im Betrieb stattfinden (z. B. Rückenschulungen, Lauftreffs). Hotels können auch Mitarbeiter zu bestimmten Zeiten die Nutzung hauseigener Fitness-Räume oder des Wellness-Bereichs ermöglichen. Zusätzlich zur Bewegung geht es auch um die Sensibilisierung für gesundheitsförderliches Verhalten und den Umgang mit Belastungssituationen im Sinne der Prävention und Salutogenese, die Unternehmen in Form von Gesundheitstagen in Zusammenarbeit mit den örtlichen Krankenkassen oder anderen Netzwerkpartnern sowie Verbänden wie dem DEHOGA umsetzen. KMU können sich mit anderen lokalen Betrieben zusammenschließen und im Verbund Maßnahmen im Gesundheitsmanagement realisieren.

Aus der Perspektive eines nachhaltigen Personalmanagements sollte das Gesundheitsmanagement ganzheitlich und systematisch aufgesetzt sein und nicht aus Einzelmaßnahmen bestehen. Ein systematisches betriebliches Gesundheitsmanagement steht bei vielen Betrieben erst am Anfang. Häufig werden Einzelmaßnahmen durchgeführt.

5.4 Fazit und Ausblick

Generell wird das Personalmanagement in der Hospitality-Branche wie im Tourismus insgesamt seit langem als wenig professionell und erheblich ausbaufähig bezeichnet (Gardini, 2014; Baum, 2015, 2019). Jedoch hat sich gerade in den letzten Jahren sehr viel getan, teilweise auch aus der Not heraus, weder genügend noch die passenden Mitarbeiter auf dem Arbeitnehmermarkt zu finden (Eberhardt & Chang, 2024). Zudem hat die Covid-19-Pandemie als Gesundheitskrise die Bedeutung von nachhaltigem Personalmanagement und die Rolle von HR für das Krisenmanagement gestärkt. Hier hat sich gezeigt, dass die Unternehmen im Tourismus besser durch die Pandemie gekommen sind, die schon vorher ein nachhaltiges Personalmanagement praktizierten und als faire Arbeitgeber wahrgenommen wurden. Diese Arbeitgeber haben während und nach der Pandemie ihre Beschäftigten halten können und durch eine nachhaltige Krisenkommunikation und Leadership die Mitarbeiterbindung erhöht (vgl. Eberhardt et al., 2023).

Somit ist gerade jetzt in der post-pandemischen Zeit, die geprägt ist von weiteren Krisen, nachhaltiges Wirtschaften und damit auch nachhaltiges Personalmanagement wichtiger denn je. Gerade in der Hospitality-Branche stellt nachhaltiges Personalmanagement noch einen Differenzierungsfaktor mit großem Potenzial für Arbeitgeber dar, insbesondere in Hinblick auf Mitarbeitergewinnung und -bindung. Vor dem Hintergrund des bestehenden Arbeitskräftemangels und des zunehmenden Handlungsdrucks, Unternehmen nachhaltiger zu gestalten, wird nachhaltiges Personalmanagement nicht mehr nur eine Option, sondern entscheidend sein für den Erhalt der Wettbewerbsfähigkeit des Unternehmens.

5.5 Checkliste zur Umsetzungsunterstützung von nachhaltigem Personalmanagement

Hinterfragen Sie sich! Die folgende Checkliste dient als Umsetzungsunterstützung zum richtigen Umgang mit Regionalität. Sie enthält zentrale Fragen für eine erfolgreiche Umsetzung. Überlegen Sie bei jeder Frage, wie der Status quo in Ihrem Unternehmen ist:

- Ist die Frage für Ihren Betrieb **nicht relevant** und wird der Gedanke deshalb **nicht weiterverfolgt**?
- Ist die Frage für Ihren Betrieb **relevant** und wurde ihr **bereits nachgegangen**?
- Ist die Frage für Ihren Betrieb **relevant** und wird ihr **gerade nachgegangen**?
- Ist die Frage für Ihren Betrieb **relevant,** aber ihr wurde **bislang nicht nachgegangen**?

Checkliste: Umsetzungsunterstützung von nachhaltigem Personalmanagement
- Wie kann HR die Entwicklung einer Nachhaltigkeitsstrategie im Unternehmen unterstützen?
- Wie kann HR zur Umsetzung von Nachhaltigkeitszielen beitragen? Was sind dabei die Kernaufgaben?
- Welche Rahmenbedingungen, Ressourcen und Unterstützung sind notwendig, damit HR Treiber für Nachhaltigkeit bei den Mitarbeitern sein kann?
- Gibt es ein Konzept für nachhaltiges Personalmanagement? Was verstehen Sie in Ihrem Unternehmen unter nachhaltigem Personalmanagement?
- Wie müssen die vorhandenen Personalmanagementinstrumente im Sinne eines nachhaltigen Personalmanagements angepasst werden?
- Ist im Haus ausreichend Know-how für nachhaltiges Personalmanagement vorhanden? Wenn nein, wer könnte Sie unterstützen?
- Auf welche HR-Handlungsfelder wollen Sie sich im Kontext von nachhaltigem Personalmanagement fokussieren?
- Wie fördern Sie Nachhaltigkeitskompetenzen, Nachhaltigkeitsmotivation sowie Nachhaltigkeitsengagement der Mitarbeiter?
- Wie fördern Sie nachhaltiges Leadership der Führungskräfte? Wie gestalten Sie Nachhaltigkeitskommunikation?
- Wie stellen Sie faire Arbeitsbedingungen sicher? Was tun Sie, damit alle Beschäftigten eine gute Work-Life-Balance haben können? Haben Sie die Beschäftigungssituation von Dienstleistern, Zulieferern und anderen Partnern im Blick?
- Was tun Sie, um die Leistungsfähigkeit Ihrer Mitarbeiter zu erhalten? Wie könnten Sie Ihr Gesundheitsmanagement nachhaltig ausrichten?
- Wie differenzieren Sie sich mit Ihren Nachhaltigkeitsaktivitäten als Arbeitgeber? Wie kommunizieren Sie diese Aktivitäten im Rahmen Ihres Employer Brandings innerhalb und außerhalb des Unternehmens?
- Mit welchen Stakeholdern innerhalb und außerhalb des Unternehmens ist eine Zusammenarbeit mit Rahmen des nachhaltigen Personalmanagements wichtig oder sogar erfolgsentscheidend?

Literatur

Ahmed, M., Guo, Q., Qureshi, M. A., Raza, S. A., Khan, K. A., & Salam, J. (2021). Do green HR practices enhance green motivation and proactive environmental management maturity in the hotel industry? *International Journal of Hospitality Management, 94*(1). https://doi.org/10.1016/j.ijhm.2020.102852

Anderson, K., Sommer, C., & Fassino, G. (2022). *Kann HR Nachhaltigkeit? People Sustainability in Unternehmen – eine Studie.* Mercer Deutschland GmbH.

Literatur

Appelbaum, E., Bailey, T., Berg, P., & Kalleberg, A. (2000). *Manufacturing advantage: Why high-performance work systems pay off*. Cornell University Press.

Baum, T. (2015). Human resources in tourism: Still waiting for change? – A 2015 reprise. *Tourism Management, 50*, 204–212.

Baum, T. (2019). Does the hospitality industry need or deserve talent? *International Journal of Contemporary Hospitality Management, 31*(10), 3823–3837.

Benevene, P., & Buonomo, I. (2020). Green human resource management: An evidence-based systematic literature review. *Sustainability, 12*(15), 5974, 1–25. https://doi.org/10.3390/su12155974

Biemann, T., & Weckmüller, H. (2023). Corporate Social Responsibility: Wie wirken CSR-Maßnahmen auf die Beschäftigten? *PERSONALQuaterly, 1*(23), 44–47.

Blanch, J., Gil, F., Antino, M., & Rodríguez-Muñoz, A. (2016). Positive Leadership models: theoretical framework and research. *Papeles del Psicólogo /Psychologist Papers, 37*(3), 170–176.

Borkmann, V., Bauer, W., Brecheisen, M., Endress, M., Piele, C., Strunck, C., & Rief, S. (Hrsg.). (2020). *FutureHotel: Zukunftsfähige Arbeitswelten im Gastgewerbe: Ergebnisse einer Umfrage in der Hotellerie und Gastronomie: ein Bericht aus dem Forschungsprojekt FutureHotel*. Fraunhofer.

Chams, N., & Garcia-Blandon, J. (2019). On the importance of sustainable human resource management adoption of sustainable development goals. *Resources, Conservation & Recycling, 141*, 109–122.

Chang, C., & Werther, S. (2021). Talent management innovations in the hospitality industry: Insights from the winners of the hospitality HR award. In S. Jooss, R. Burbach, & H. Ruël (Hrsg.), *Talent management innovations in the international hospitality industry* (S. 125–150). Emerald Publishing. https://doi.org/10.1108/978-1-80071-306-220211007

Collatz, A., & Gudat, K. (2011). *Work-life-balance*. Hogrefe.

Doyé, T. (2016). CSR als Leitprinzip für Human Resource Management. In T. Doyé (Hrsg.), *CSR und Human Resources Management. Die Relevanz von CSR für modernes Personalmanagement* (S. 3–16). Springer Gabler.

Eberhardt, K., & Chang, C. (2024). Arbeitsmarktsituation und Arbeitsmarktentwicklung. In J. Schmude, M. Bandi-Tanner, & T. Freytag (Hrsg.), *Handbuch Tourismuswissenschaft (in Druck)*. Nomos.

Eberhardt, K., Chang, C., & Pillmayer, M. (2023). Covid-19 und die bayerische Tourismusbranche. Krisenmanagement, Resilienzfaktoren und Handlungsempfehlungen. Projektbericht. https://mediapool.hm.edu/media/baukasten/img_2/coretour_1/dokumente_140/CoReTour~1.pdf. Zugegriffen am 19.01.2024.

Ehnert, I., & Harry, W. (2012). Recent developments and future prospects on sustainable HRM. *Management revue, 23*(2), 221–238.

Fischer, S., Eireiner, C., & Weber, S. (2019). *Nachhaltiges HR-Management. Konzepte – Rollen – Handlungsempfehlungen*. Schäffer-Poeschel.

Gardini, M. A. (2014). Personalmanagement im Tourismus zwischen theoretischen Anforderungen und betrieblicher Realität: Eine kritische Bestandsaufnahme. *Zeitschrift für Tourismuswissenschaft, 6*(1), 57–74.

Hays. (2023). HR-report 2023. Mitarbeiterbindung. www.hays.de/lp/hr-report. Zugegriffen am 15.01.2024.

Jonas, U. (2019). 177 Hotels im Fairness Check. Hinz&Kunzt, das Hamburger Straßenmagazin, 19–29. www.hinzundkunzt.de/heft/177-hotels-im-fairness-check/. Zugegriffen am 19.01.2024.

Kramar, R. (2014). Beyond strategic human resource management: Is sustainable human resource management the next approach. *The International Journal of Human Resource Management, 25*(8), 1069–1089.

Maurer, I., & Müller-Carmen, M. (2016). Nachhaltiges Personalmanagement. In T. Doyé (Hrsg.), *CSR und Human Resources Management. Die Relevanz von CSR für modernes Personalmanagement* (S. 17–30). Springer Gabler.

Neuner, R. (2016). *Psychische Gesundheit bei der Arbeit.* Springer Gabler.

Nosek, M., Hunger, B., Rudolf, M., & Seibt, R. (2017). Psychosoziale Arbeitsbelastung und Gesundheit bei Beschäftigten im Hotel und Gastgewerbe (HuG). In Gesellschaft für Arbeitswissenschaft e.V. (Hrsg.), Frühjahrskongress 2017: Soziotechnische Gestaltung des digitalen Wandels – kreativ, innovativ, sinnhaft. https://gfa2017.gesellschaft-fuer-arbeitswissenschaft.de/inhalt/H.1.3.pdf. Zugegriffen am 19.01.2024.

Schlote-Sautter, B., & Hemke-Smith, R. (2017). Branchenwechsel von Beschäftigten im Gastgewerbe. In E. Beerheide, A. Georg, A. Goedicke, C. Nordbrock, & K. Seiler (Hrsg.), *Gesundheitsgerechte Dienstleistungsarbeit. Dortmunder Beiträge zur Sozialforschung* (S. 219–249). Springer VS. https://doi.org/10.1007/978-3-658-15055-6_9

Seliger, R. (2014). *Positive Leadership: Die Revolution in der Führung.* Schäffer-Poeschel.

Thomas, A. (2005). Kultur und Kulturstandards. In A. Thomas, E.-U. Kinast, & S. Schroll-Machl (Hrsg.), *Handbuch Interkulturelle Kommunikation und Kooperation. Band 1: Grundlagen und Praxisfelder* (2. Aufl., S. 19–31). Göttingen.

Umweltbundesamt. (2024). CSR-Richtlinie. www.umweltbundesamt.de/umweltberichterstattung-csr-richtlinie. Zugegriffen am 16.01.2024.

Weißenrieder, J., & Kosel, M. (2005). *Nachhaltiges Personalmanagement: Acht Instrumente zur systematischen Umsetzung.* Springer Gabler.

Werther, S., & Brenning, S. (2024). New Work – ein konzeptioneller Überblick. In C. Chang, M. Gardini, & S. Werther (Hrsg.), *New Work, Leadership und Human Resources Management im Tourismus. Konzepte und Instrumente für sich verändernde Arbeitswelten (in Druck).* Springer Gabler.

Zertifizierungen und nachhaltige Systeme

6

> **Zusammenfassung**
>
> In diesem Kapitel werden die Gründe für die Implementierung nachhaltiger Systeme beleuchtet. Der Fokus liegt auf dem Verständnis von Umweltzertifizierungen, wobei sowohl ökologische als auch nachhaltige Zertifizierungen im Detail betrachtet werden. Das Kapitel bietet Einblicke in die verschiedenen Aspekte dieser Zertifizierungen und schließt mit einer praxisorientierten Checkliste zur Umsetzungsunterstützung. Hierbei steht im Mittelpunkt, wie Unternehmen nachhaltige Systeme und Zertifizierungen effektiv in ihre betrieblichen Abläufe integrieren können.

Umweltzertifizierung, Öko-Siegel oder zertifiziertes grünes Hotel sind Themen, die in der Hotelbranche in den letzten Jahren viel diskutiert wurden.

Hoteliers und Gastronomen fühlen sich allerdings bei Zertifizierungen vielfach überfordert. Sie bevorzugen individuelle Umweltmaßnahmen, die sofort umsetzbar und sichtbar sind. Zertifizierungen sind meist mit einer Vielzahl an Prozessschritten verbunden, die aufwendig sind und primär auf langfristige Erfolge abzielen. Auch fragen sich viele Gastgeber nach der Relevanz von Zertifizierungen, da ihre Gäste diesen selten Aufmerksamkeit schenkten.

Das Konzept eines umweltfreundlichen Betriebs wird im Gastgewerbe sehr unterschiedlich interpretiert. Vom einfachen Handtuchwechselhinweis in Hotelbädern bis zum Null-Emissions-Haus ist die Spannbreite in der Umsetzung in Deutschland groß. Zertifizierungen fördern und visualisieren einen einheitlichen Mindeststandard. Auszeichnungen bzw. Zertifikate ermöglichen nachhaltig eingestellten Gästen, ein umweltfreundliches Haus zu erkennen und dieses dann einem weniger umweltfreundlichen vorzuziehen. Dies wird bei Konsumprodukten schon länger geschätzt; am stärksten vertreten ist das bekannte Bio-Siegel bei Früchten. Jedoch unterscheidet sich die Hotellerie und Gastronomie bei Zertifizierungen im Vergleich zu anderen Industrien darin, dass eine überproportional viele Zertifizierungen angeboten werden. Über 100 unterschiedliche gastgewerbebezogene Umweltzeichen existieren weltweit, mit der stärksten Dichte in Europa. Bei dieser Auswahl, die oftmals keine geografischen oder thematischen Grenzen aufweist, ist eine Entscheidung für das für einen Betrieb passende nicht einfach.

Aus diesem Grund soll dieses Kapitel die Transparenz hinsichtlich der Umweltzeichen fördern und helfen, die Prozesse und Akteure der Umweltzeichenbranche für gastgewerbliche Betriebe zugänglich zu machen, sodass die Möglichkeit einer fundierten Auswahl besteht. Gastgeber sollen die Vorteile von Zertifizierungen erkennen und Stärken und Schwächen der einzelnen Systeme identifizieren können.

6.1 Zertifizierungen

Die Gründe für Zertifizierungen
Hoteliers und Gastronomen sind Unternehmer, die sich bei Entscheidungen die Kosten-Nutzen-Frage stellen. Wie hoch ist der Return on Investment? Weshalb benötige ich jetzt eine Zertifizierung, wenn ich mich auch ohne Auszeichnung nachhaltig entwickeln kann? Um dies zu beantworten, ist es zielführend, in einem ersten Schritt die Erwartung und das Verhalten der Gäste bezüglich zertifizierter Angebote zu untersuchen.

Kundenerwartung und Verhalten
Bedingt durch eine Vielzahl von nachhaltigen Aktivitäten unterschiedlichster Anbieter zeigen sich Gäste zunehmend misstrauisch gegenüber ökologischen Marketingversprechen. Vor allem „Greenwashing-Kampagnen" – Umweltaktionen, die nur einen kleinen Beitrag zur Verminderung der Umwelteinflüsse beitragen, jedoch überproportional von den jeweiligen Gastgebern beworben werden – sind diesbezüglich ein Problem. Der Verweis in Hotelbädern, dass Handtücher nur gewechselt werden, wenn sie auf dem Boden liegen, wird oft als Nachweis von Betrieben gesehen und vermarktet, dass sie umweltfreundlich sind. Bemerken Gäste aber dann während ihres Aufenthalts, dass es keine Mülltrennung gibt oder beim Frühstück Einweg-Packungen verwendet werden, steigt die Skepsis.

Als Reaktion auf oberflächliche Maßnahmen und deren Kommunikation tendieren Gäste mittlerweile vermehrt dazu, seriöse Zertifizierungen als Vertrauen stiftende Entscheidungskriterien heranzuziehen.

Sie belohnen zertifizierte Gastgeber mit einer verstärkten Nachfrage oder der Bereitschaft, mehr für die Dienstleistung zu bezahlen.

Eine Studie der Scandic Hotels Group belegt, dass Umweltzertifikate noch nicht in der Breite ein Buchungsgrund und selten der einzige Grund für die Entscheidung für ein konkretes Hotel oder Restaurant sind (Scandic Hotels Group, 2018). Lage, Preis und Qualität des Betriebs sind nach wie vor die wichtigsten Kriterien. Eine Transparenz der zertifizierten „grünen" Aktionen bzw. Maßnahmen entlang der sogenannten Customer Journey seitens des Betriebs trägt dazu bei, dass die gelebte Nachhaltigkeit verstärkt ins Bewusstsein kommt und sich als Buchungsgrund manifestiert.

Funktion von Umweltzertifizierungen
Die Anfänge der Umweltzeichen gehen auf die Jahre 1987 und 1988 zurück, als das erste Strand-Umweltzeichen, die Französische Blaue Flagge, und das erste Hotel-Umweltzeichen, das Umweltsiegel Kleinwalsertal (Silberdistel), vergeben wurden. Ziel der Initiatoren war es, den Kunden eine verlässliche Informationsquelle vor Besichtigung des Strandes und des Hotels zu bieten, sodass sich Urlauber im Voraus ein Bild von den ökologischen Gegebenheiten machen können. In den vergangenen 35 Jahren wurden verschiedene Formen von Zertifizierungen und Systemen etabliert. Im Kern steht die folgende Definition:

▶ **Umweltzeichen** sind als Symbol dargestellte, vereinfachte Informationen über die bessere Umweltverträglichkeit von Produkten und Dienstleistungen, die im Vergleich zu anderen, dem gleichen Zweck dienenden Angeboten, ermittelt wurde (Landmann, 1997, S. 17).

Obwohl sich Umweltzeichen anfänglich von Umweltmanagement, Umwelt-Audit oder unternehmensinternem ökologischem Marketing abgegrenzt haben, ist dies gegenwärtig nicht mehr möglich. Viele Unternehmen und Organisationen vermarkten ihre eigenen Umweltaktionen und -programme mit Symbolen, welche unter die eben beschriebene Definition fallen (z. B. Hilton LightStay™, TUI Umwelt Champions).

Umweltzertifizierungen in ihren verschiedenen Formen haben zwei primäre Funktionen: Sie sind eine Grundlage zur Förderung des Umweltschutzes und zugleich Marketinginstrument.

Umweltzertifizierungen als Grundlage zur Förderung des Umweltschutzes
Die erste Funktion basiert auf dem Problem, dass der Begriff Nachhaltigkeit sehr unterschiedlich von Gastgebern interpretiert wird und daher viele Formen von umweltfreundlichen Betrieben existieren. Zertifizierungen bieten daher einen universellen Standard, an dem sich die Beherbergungs- und Bewirtungsbetriebe messen lassen müssen. Dies fördert, dass sich Unternehmer nicht nur um die Bereiche kümmern, in denen finanzieller Erfolg zu erwarten ist, sondern dass alle Bereiche auf Nachhaltigkeit ausgerichtet werden.

Ähnlich wie Auszeichnungen in anderen Bereichen sollen Umweltzeichen Betriebe dazu ermutigen, Nachhaltigkeit in die Unternehmensziele aufzunehmen. Gastgewerbliche Einrichtungen, die mit anspruchsvollen Zertifizierungen arbeiten, müssen sehr schnell erkennen, dass ohne Erweiterung der Unternehmensphilosophie mit nachhaltigen Aspekten die Auszeichnung schwer erreichbar ist.

Betriebe mit Zertifizierungen berichten zudem, dass Umweltmaßnahmen mit Hilfe von externen Kriterien einfacher an Mitarbeiter kommuniziert und von ihnen durchgesetzt werden können als mit intern erstellten Kriterien. Jedoch reicht die Einführung neuer Regeln allein nicht, denn eine Veränderung bedingt kontinuierliche Anpassungen. Daher fordern die meisten Zertifizierungen, dass Prüfer alle zwei bis drei Jahre das Unternehmen besuchen. Dieser kontinuierliche Systemcheck ist wichtig und hilft dem Betrieb, kontinuierlich an spezifischen Nachhaltigkeitsmaßnahmen zu arbeiten.

Der Zertifizierungsprozess bietet außerdem ein hohes Maß an Transparenz, da viele Zertifizierungsgesellschaften anonyme Benchmarks anbieten. Hotels beispielsweise können ihre Leistung mit der von anderen Hotels vergleichen, um Rückschlüsse auf Effizienz und Ertrag der eigenen Nachhaltigkeitsbemühungen zu ziehen. Aufgrund unterschiedlicher Gegebenheiten werden Hotels in Untergruppen, z. B. Stadthotels oder Ferienhotels, eingeteilt. Der Vergleich kann helfen, den Anreiz für mehr Nachhaltigkeit zu stärken. Auch können Best-Practice-Beispiele von Kollegen dazu animieren, neue Lösungen bei bestehenden Problemen zu finden. Umweltzeichen ersetzen keinen Umweltmanager, aber sie bieten eine Chance, effektive und effiziente Umweltschutzmaßnahmen zu fördern und diese mit einer Zertifizierung zu bestätigen.

Umweltzertifizierungen als Marketinginstrument
Darüber hinaus fungieren Umweltzertifizierungen als Marketinginstrument. Die Definition zu Beginn des Kapitels weist darauf hin, dass Umweltzeichen helfen, existierende Umweltmaßnahmen öffentlich bekannt zu machen. Ganz im Sinne von „Green sells" dient ein Umweltzeichen dazu, Konsumenten für ein umweltverträglicheres Produkt oder Service zu gewinnen. „Das übergeordnete Ziel ist, dass das Zeichen von Verbrauchern oder Vertriebskanälen erkannt wird und als Mehrwert im Markt angesehen wird, um die Vermarktung der Unternehmen zu unterstützen, welche die Auszeichnung erstellt haben" (Font, 2004, S. 987). Diese Funktion wird jedoch oft kritisiert, da manche Betriebe sich dies zu Nutze machen und mehr Engagement in die Werbung als in die Umsetzung des Umweltstandards stecken. Trotz dieses Umstands ist die Funktion wichtig, um Anreize für weitere Zertifizierungen zu bieten.

Das Umweltzeichen dient als Beweis, dass ein gastgewerblicher Betrieb einen bestimmten objektiven Standard („Benchmark") erreicht hat.

Chancen von Umweltzertifizierungen
Es ist schon länger bekannt, dass Ökologie und Ökonomie keine konkurrierenden Ziele sein müssen, sondern sich in dem Konzept Nachhaltigkeit ergänzen und sogar unterstützen. Der größte ökonomische Effekt bei Umweltmaßnahmen zeigt sich bei der Verbesserung der Energieeffizienz, da der Verbrauch von teuren fossilen Ressourcen gesenkt wird.

Es sind keine Studien notwendig, um zu erkennen, dass sich allein bei einer Verringerung des Wasser- und Energieverbrauchs pro Jahr Ersparnisse im vier- bis fünfstelligen

Bereich ergeben. Die schwierige Frage lautet, wie weit sich die Investitionsaufwendungen durch diesen Ertrag auszahlen.

Zusätzlich helfen Umweltzeichen, als Marketinginstrumente mehr Nachfrage zu generieren, da allein schon die Umweltzeichenvergabe Aufmerksamkeit auf den gastgewerblichen Betrieb zieht. Das Scandic Hotel in Berlin wurde vielfach in der Presse erwähnt, weil es als erstes deutsches Hotel mit dem EU-Ecolabel ausgezeichnet wurde. Dies hat zu einer guten Nachfrage bereits kurze Zeit nach Eröffnung beigetragen. Des Weiteren zeigen Studien, dass Hotels nach der Einführung von Umweltzertifizierungen eine höhere Auslastung erfahren haben oder positiver bewertet wurden. So wurde beispielsweise die Wirkung von Hotels mit einer ISO 14001 EMS-Umweltzertifizierung aus Gästesicht untersucht. Hier zeigte sich, dass diese die Hotels mit ISO-Zertifizierung hoch bewerteten, während Hotels ohne ISO-Zertifizierung eine niedrige Bewertung erhielten (Qubbaj & Signes, 2022).

Weitere Studien belegen, dass Zertifizierungen auch internen Nutzen aufweisen, der zwar schwer quantitativ erfassbar ist, aber dennoch für die Einführung von nachhaltigen Systemen spricht. „Zu den positiven Auswirkungen [von Zertifizierungen] gehören erhöhte Einhaltung der vielen und komplizierten nationalen Vorschriften, höhere Mitarbeitermotivation, transparentere und effektivere Führung, geringeres Risiko von Verbindlichkeiten sowie die Zuweisung von Verantwortung und den Informationsfluss zu allen ökologischen Themen" (Ankele & Steger, 2000, S. 27). Viele Zertifizierungen fordern einen System-Check, der die reinen ökologischen Maßnahmen übertrifft. Dieser System-Check bietet die Chance, wichtige Themen durchzuarbeiten, die im Tagesgeschäft oft in den Hintergrund geraten.

Zu wissen, dass das eigene Unternehmen einen positiven Beitrag zur Umwelt leistet, ist für Mitarbeiter befriedigend und stärkt die Arbeitsmoral. Zertifizierungen helfen dabei, die internen Bemühungen an diese zu kommunizieren und greifbar zu machen.

Selbst bei dem Thema Fachkräftemangel, das die Hotelbranche in den letzten drei Jahren sehr beschäftigt hat, können nachhaltige Zertifizierungen unterstützen.

Risiken von Umweltzertifizierungen
Die größte Gefahr für den Erfolg von Umweltzertifizierungen ist deren geringe Marktakzeptanz. Ähnlich wie beim Gestalten von öffentlichen Grünanlagen haben Umweltzeichen das Problem, dass der Käufer – in diesem Fall der Gast, der einen gastgewerblichen Betrieb mit Umweltzeichen auswählt – keinen direkten Nutzen aus der Entscheidung zieht, sondern die Verbesserung der Umwelt allen zugutekommt. Gäste, die kein Hotel mit Umweltzeichen wählen, bekommen jedoch den gleichen Nutzen – Verbesserung der Umwelt – wie Gäste, die einen Aufpreis für Hotels mit Umweltzeichen bezahlen. Der direkte Nutzen von Hotels mit Umweltzeichen wird daher verwässert, zumal die meisten Umweltaktivitäten im Hintergrund ablaufen. Der ökonomisch rational denkende Mensch würde deshalb kein Hotel mit Umweltzeichen bevorzugen und lieber als „Trittbrettfahrer" den Nutzen ohne Kosten in Anspruch nehmen. Die Schlussfolgerung wäre, dass kein Mensch für Umweltzeichen einen Aufpreis bezahlen würde und Umweltzeichen ihren Wert verlie-

ren. Manche Hotels könnten Umweltzertifizierungen daher als einen unnötigen Zeit- und Kostenaufwand betrachten. Die schrittweise Veränderung der Gesellschaft in Richtung nachhaltiges Denken und Wirtschaften zeigt jedoch, dass sich der Trend zu Gunsten von Umweltzertifizierungen entwickelt.

Eine weitere Gefahr liegt in der großen Vielfalt der Systeme. Seit 1994 ist die Zahl der Umweltzeichen im Tourismus weltweit rapide angestiegen. So gab es 1988 nur drei Umweltzertifizierungen, aber vier Jahre später schon 22 weitere. Dieser Aufschwung setzte sich in den folgenden Jahren kontinuierlich fort, und bis 2023 verzeichnete das Informationsportal DestiNet bereits über 200 Labels, die ein breites Spektrum an Tourismusangeboten auszeichnen (DestiNet, 2013, S. 3). Da in den vergangenen drei Jahrzehnten nicht nur Neuzugänge, sondern auch Abgänge die Statistik beeinflussten, gab UNWTO eine Studie heraus, in der eine durchschnittliche Lebensdauer von Umweltzertifizierungen von vier Jahren errechnet wurde. Die große Auswahl an Zertifizierungen und Systemen führt bei vielen Gästen zu Verunsicherung und erschwert es ihnen, Vertrauen in die einzelnen Systeme zu setzen.

Je mehr Umweltzertifizierungen auf dem Tourismusmarkt vertreten sind, desto eher denken Kunden, dass die Kriterien und der Prozess subjektiv und daher nicht wirklich von Bedeutung sind. Die Gefahr besteht, dass, je mehr Umweltzeichen existieren, sie umso weniger wahrgenommen und geschätzt werden. Dies führt auch dazu, dass Umweltzeichen ihre Versprechen als Marketinginstrument nicht erfüllen können.

Viele Verbraucher fragen sich, warum es so viele Umweltzertifizierungen gibt. Zum einen mag das daran liegen, dass sich bisher keine der Umweltzertifizierungen wirklich durchgesetzt hat, wie beispielsweise die ISO 9000 Norm bei Qualitätsmanagementsystemen. Es gibt zwar eine ISO-Norm für Umweltmanagement, ISO 14001, jedoch wurde diese in der Fachpresse oft in Verbindung mit „Greenwashing" genannt, da sie kein Garant für Umweltmaßnahmen ist, sondern nur ein Umweltmanagementsystem einführt. Ein weiterer Grund sind die regionalen Unterschiede und notwendigen Standards, die bei den Umweltkriterien beachtet werden müssen. Es muss daher nicht negativ sein, dass es viele regionale Umweltzertifizierungen gibt, da sich diese besser an die lokalen Gegebenheiten anpassen können.

Der Begriff Umweltzertifizierung ist nicht geschützt, und es wird immer wieder schwarze Schafe geben. Aus diesem Grund ist es wichtig, dass sich die Systeme durch eine anspruchsvolle Zertifizierung von der Masse abheben und das Vertrauen der Kunden gewinnen. Beispiele wie Stiftung Warentest oder Öko-Test haben gezeigt, dass sich ein hoher Anspruch auszahlen kann.

6.1.1 Umweltzertifizierungen verstehen

Für das Verständnis und die effektive Anwendung von Umweltzeichen ist es essenziell, alle Akteure und Prozesse zu identifizieren und deren Funktion für den erfolgreichen Ein-

6.1 Zertifizierungen

satz von Umweltzertifizierungen aufzuzeigen. Gastgeber bekommen hierdurch Einblicke in die Formen der Zertifizierungssysteme und können selbst entscheiden, welche Ansprüche sie an die Zertifizierung stellen, mit der ihr Betrieb ausgezeichnet wird.

Die Akteure bei der Zertifizierung: Wer mischt mit?
Die Initiatoren für die Gründung von Umweltzeichen sind Institutionen, die aus Unternehmen, staatlichen Organen oder gemeinnützigen Interessengruppen bestehen und entweder die Aufgabe der Gründung, Leitung oder der Finanzierung übernehmen (siehe Abb. 6.1). Zusätzlich bleiben die Institutionen mit der neuen Zertifizierungsgesellschaft über mehrere Jahre verbunden, um die Ziele und die Kriterien der Umweltzertifizierung beeinflussen zu können. Dies wird in den meisten Fällen positiv bewertet, da Institutionen wie z. B. die Europäische Union ein natürliches Interesse an einem anspruchsvollen und effektiven Zertifizierungsprozess haben. Es ist von Vorteil, wenn viele Gründerinstitutionen vereint sind, da dies den Anspruch an die Qualität des Prozesses erhöht und die Vermarktung verbessert.

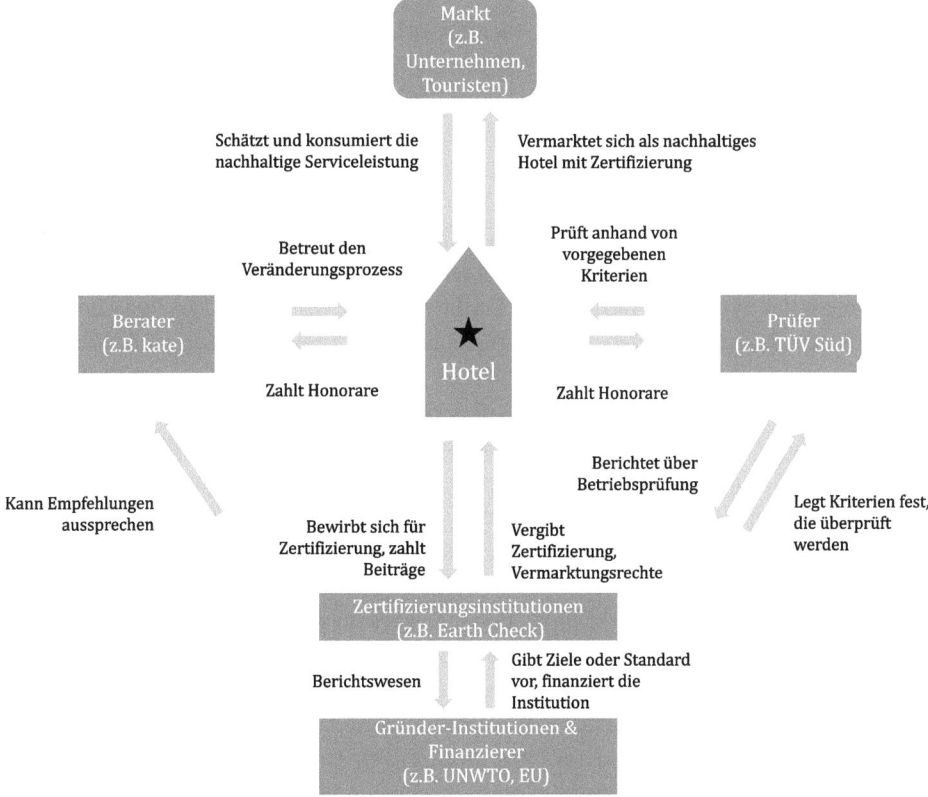

Abb. 6.1 Akteure bei der Zertifizierung eines Hotels. (Quelle: Eigene Abbildung)

Aufgaben der Zertifizierungsorganisation sind die Erstellung des Kriterienkataloges, die Koordination des Zertifizierungsprozesses und die Vermarktung des Umweltzeichens. Zudem übernehmen verschiedene Organisationen die Beratungsaufgabe, um die Gastgeber bei der Umsetzung der Standards zu unterstützen. Die ausgearbeiteten Kriterien werden an den Prüfungsausschuss – z. B. TÜV Süd – übermittelt, der den Betrieb in Bezug auf die Kriterien untersucht. Beim Erreichen der prozentualen Mindestkriterien vergibt die Organisation eine Urkunde mit den Vermarktungsrechten des Umweltzeichens. Der gastgewerbliche Betrieb darf nun das Symbol auf Broschüren und auf der Internetpräsenz verwenden, um sich bei Gästen als ein nachhaltiges Unternehmen zu präsentieren. Diese belohnen das nachhaltige Wirtschaften damit, dass sie einen höheren Preis für die nachhaltigen Leistungen akzeptieren oder das Produkt im Vergleich mit den Wettbewerbern ohne Umweltzeichen bevorzugen.

Regionale oder internationale Umweltzertifizierungen: Welche sollen es sein?
Bei Umweltzertifizierungen lassen sich regionale, überregionale und internationale Systeme unterscheiden.

Experten glauben, dass regionale Zertifizierungen besondere lokale Gegebenheiten und Bedürfnisse in den Kriterien einbauen oder hervorheben können. Eine Studie von UNEP zeigt, dass regionale Umweltzertifizierungen anspruchsvollere Kriterien verlangen als überregionale (UNEP, 2014). Des Weiteren ist die Wahrscheinlichkeit größer, dass regionale Zertifizierungen mit lokalen Interessenvertretern (Umweltorganisationen, Bund, Ländern) kooperieren und finanziell gefördert werden.

Obwohl die meisten Umweltzeichen einen regionalen Fokus haben, liegt der Trend heute bei Internationalisierung und Konsolidierung. Die Gründe hierfür liegen in der Globalisierung des Gastgewerbes. Internationale Gäste kennen regionale Umweltzeichen nicht, sodass das Symbol an Wert verliert. Da dies nicht die Minderheit, sondern oftmals die Mehrheit der Gäste betrifft, haben international bekannte Umweltzeichen große Vorteile.

Was bedeutet GSTC-akkreditierte Zertifizierung?
Um den Dialog zwischen den verschiedenen Umweltzertifizierungen im Tourismus zu fördern, wurde mit Unterstützung der wichtigsten Organisationen im Bereich Tourismus und Nachhaltigkeit im Jahr 2003 das Sustainable Tourism Stewardship Council (STSC) gegründet. Das Ziel war es, alle Beteiligten an einem Tisch zu versammeln und konstruktive Möglichkeiten zu suchen, Nachhaltigkeit im Tourismus zu stärken. Zusammen mit allen führenden Wissenschaftlern in diesem Bereich, Vertretern von Umweltzertifizierungen, der Wirtschaft und staatlichen Organen wurde vier Jahre später der weltweit erste Standardkatalog für nachhaltigen Tourismus definiert. Die Unterstützung war sehr groß, da sich alle Vertreter einig waren, dass das Fehlen eines klaren und universellen Standardkataloges eines der größten Probleme für Umweltzertifizierungen darstellt. STSC schloss sich 2009 mit dem Global Sustainable Tourism Criteria zusammen, was zu der Namensänderung zu Global Sustainable Tourism Council (GSTC) führte.

Nach verschiedenen Beratungsrunden mit über 50 Organisationen weltweit wurde im Oktober 2008 die erste Version des Standardkataloges mit 37 Kriterien erstellt. Die Verfasser haben nicht versucht, neue Kriterien hervorzubringen, sondern bestehende Kriterien aufgegriffen und Mindestkriterien herausgearbeitet, die nun weltweit Anwendung finden. Die Resonanz war beeindruckend, nicht zuletzt, da das Global Sustainable Tourism Council zum ersten Mal alle Akteure versammelt und einen guten Konsens zustande gebracht hat. Die Kriterien, die alle zwei Jahre überarbeitet werden, wurden bisher von über 170 Städten und Ländern unterzeichnet und werden von den meisten Umweltorganisationen als internationaler Standard für nachhaltigen Tourismus gesehen.

Zertifizierungsorganisationen werden in der Regel von kleinen gemeinnützigen Organisationen unterstützt, die sowohl die Kriterien als auch den Zertifizierungsprozess entwickeln. Dies hat jedoch zu einem Mangel an Transparenz bei den Kriterien und Prozessen, einem Mangel an Anerkennung zwischen Institutionen und gelegentlicher Greenwashing-Manipulation geführt. Da es die Kunden noch mehr verunsichert und sie daran hindert, Vertrauen in Umweltsiegel zu setzen, gibt es seit einigen Jahren Forderungen nach einer Überprüfungsinstanz auf höherer Ebene, die die Zertifizierung der Zertifizierungsstellen durchführt. Insbesondere kleine regionale Zertifizierungsstellen mit begrenzten finanziellen Ressourcen könnten erheblich von einer Akkreditierung und der damit verbundenen internationalen Anerkennung profitieren.

Im Jahr 2016 veröffentlichte das Global Sustainable Tourism Council (GSTC) die Industry Criteria (GSTC-I), die die dritte Version der GSTC Criteria von 2008 ist (GSTC, 2022a). Die GSTC Industry Criteria dienen als Leitprinzipien für nachhaltigen Tourismus für alle Untersektoren des Reise- und Tourismussektors, einschließlich Hotels/Unterkünfte. Jedes Kriterium wurde mit Leistungskennzahlen entwickelt, um den Zertifizierungsprozess oder andere Formen der Überprüfung wie Auszeichnungen zu unterstützen. Es gibt 43 Hotelkriterien und 160 Indikatoren, die sich um vier Hauptthemen gruppieren: effektive Nachhaltigkeitsplanung, Maximierung sozialer und wirtschaftlicher Vorteile für die lokale Gemeinschaft, Förderung des kulturellen Erbes und Reduzierung negativer Auswirkungen auf die Umwelt (GSTC, 2016).

Zertifizierungsprogramme (z. B. Green Key, Green Globe, GreenSign) sind entscheidend für die Weiterentwicklung der Branche in Richtung Nachhaltigkeit, aber nicht alle Programme sind gleich. Probleme entstehen, wenn Zertifizierungsprogramme greenwashen, schwache Kriterienbeschreibungen haben oder parteiische und nicht überprüfte Behauptungen verwenden. Alle globalen Nachhaltigkeitszertifizierungen im Tourismus haben die Möglichkeit, ihren Zertifizierungsprozess über das GSTC-Assurance-Programm überprüfen und anerkennen oder akkreditieren zu lassen, und zwar auf zwei Wegen: GSTC-akkreditierte Zertifizierungsstellen oder GSTC-erkannte Standards (GSTC, 2022b).

Um einen fairen Wettbewerb zwischen den vielen Zertifizierungsstellen zu erreichen, hat sich die GSTC als Akkreditierungsstelle etabliert. Die Akkreditierung bietet Sicherheit über den Prüfprozess, die Kompetenz der Prüfer und die Unparteilichkeit. GSTC-akkreditierte Zertifizierungsstellen für Hotels und Unterkünfte sind unter anderem Bureau Veritas, Control Union, UCSL United Certification Systems Limited und Vireo Srl (GSTC, 2022a).

Auch ist die Anerkennung von GSTC-Standards eine Zusicherung, dass teilnehmende nachhaltige Tourismusstandards und -systeme vollständige Nachweise für die Gleichwertigkeit mit den GSTC-Kriterien erbracht haben. Diese Anerkennung bezieht sich jedoch nur auf die Anforderungen, die in den Standards selbst festgelegt sind, und nicht auf den Prozess der Überprüfung oder die Unparteilichkeit der Prüfung. Zertifizierungsprogramme, die eine Anerkennung als GSTC-Standards anstreben, werden von technischen Experten der GSTC und einem GSTC Assurance Panel überprüft, um die Übereinstimmung zwischen dem Kriteriensatz der Zertifizierungsstelle und den GSTC-Kriterien sicherzustellen. GSTC-anerkannte Standards für Hotels umfassen unter anderem den Green Globe Standard, die Green Key Criteria, GreenSign, Green Key Eco-Rating und den Travelife Standard für Hotels & Unterkünfte (GSTC, 2022c).

6.1.2 Einblicke in die Umweltzertifizierungen

Aktuell hat ein deutsches Hotel die Wahl zwischen über 33 möglichen Umweltzertifizierungen, darunter regionale sowie internationale Anbieter. Da es für ein Hotel mit einer derart großen Auswahl unmöglich ist, eine fundierte Entscheidung zu treffen, werden in diesem Abschnitt die Umweltzertifizierungen kurz vorgestellt sowie deren Stärken und Schwächen herausgearbeitet. Die Bewertung der Verbraucher Initiative e.V. auf www.label-online.de (Einsehdatum 15.03.2024) sowie die Akkreditierung durch GSTC geben einen Einblick in die hohen Anforderungen der Zertifizierung. Hoteliers können sich dadurch ein besseres Bild von dem Zertifizierungsprozess machen. Jedoch muss jedes Hotel individuell entscheiden, was der Schwerpunkt der Zertifizierung sein soll und welche Zertifizierung am besten zu dem jeweiligen Haus passt.

6.1.3 Zertifizierungen ökologischer Produkte

Ökologische Zertifizierungen beschränken sich auf die Umweltfaktoren im Hotel, darunter primär Wasser, Energie und Müll. Bei einigen werden zudem der CO_2-Ausstoß sowie die CO_2-Kompensierung berechnet. Zu dem Thema Nachhaltigkeit bieten die meisten ökologischen Zertifizierungen einen guten Anfang im Bereich Ökologie, jedoch werden die sozialen Themen ausgeblendet.

Umweltpakt Bayern
Als einzige regionale Umweltzertifizierung wurde das Bayerische Umweltsiegel von der Bayerischen Staatsregierung in Kooperation mit dem Bayerischen Hotel- und Gaststättenverband DEHOGA Bayern e.V. und der Bayern Tourismus Marketing GmbH im Jahr 1997 ins Leben gerufen, um Beherbergungs- und Gaststättenbetriebe auszuzeichnen, die umweltorientiert wirtschaften. Das Bayerische Umweltsiegel für das Gastgewerbe wurde nicht mehr fortgeführt, sondern 2016 in den Umweltpakt Bayern (Abb. 6.2) integriert.

6.1 Zertifizierungen

Abb. 6.2 Logo Umwelt- und Klimapakt Bayern. (Quelle: © Bayerisches Staatsministerium für Umwelt und Gesundheit)

Hotel- und Gastronomiebetriebe können jetzt nach einem branchenspezifischen Kriterienkatalog am Umwelt- und Klimapakt Bayern teilnehmen und das aktuelle Umwelt- und Klimapakt-Logo nutzen.

- Webseite: www.umweltpakt.bayern.de
- Hauptstandort: München, Deutschland
- Stärken: Günstiger Zertifizierungsprozess, angepasst an regionale Gegebenheiten
- Schwächen: Nur für bayerische Betriebe; Kontrollen und Maßnahmen bei Verstößen sind nicht geregelt; wenig Marketingaktivitäten
- Online-Bewertung des Labels: Eingeschränkt empfehlenswert
- GSTC-akkreditiert: Nein

(www.umweltpakt.bayern.de/management/fachwissen/211/bayerisches-umweltsiegel-gastgewerbe; www.umweltpakt.bayern.de/energie_klima/fachwissen/346/green-meetings-nachhaltiges-veranstaltungsmanagement, Einsehdatum 27.11.2023)

Blaue Schwalbe

Die fairkehr Verlags GmbH, die auch das jährliche Magazin *Anderswo* mit einer Auflage von 110.000 Exemplaren herausgibt, bietet seit 1989 die Zertifizierung *Blaue Schwalbe* (Abb. 6.3) für das Hotel- und Gastgewerbe an. Stand 2024 sind knapp 100 Unterkünfte in Deutschland, Österreich, der Schweiz, Frankreich, Italien, Spanien und Großbritannien zertifiziert, davon knapp 40 allein in Deutschland. Sowohl Hotels als auch Ferienwohnungen, Pensionen und Campingplätze sind vertreten. Die Kosten für die Zertifizierung richten sich nach der Größe der Anzeige in dem Magazin *Anderswo*. Als deutschsprachiges Magazin wird die Zeitschrift in Deutschland, Österreich sowie in Luxemburg vertrieben. Aufgrund von Zollbestimmungen können seit 2021 keine Magazinbestellungen mehr von Kunden außerhalb der EU und der Schweiz entgegengenommen werden.

Abb. 6.3 Logo Blaue Schwalbe. (Quelle: © fairkehr Verlags GmbH)

- Webseite: www.wirsindanderswo.de
- Hauptstandort: Bonn, Deutschland
- Stärken: Zertifizierte Hotels werden im Magazin hervorgehoben
- Schwächen: Keine externen Prüfer bzw. Überprüfung der Betriebe; nur 14 Kriterien, die nicht klar und nachprüfbar formuliert sind
- Online-Bewertung des Labels: Eingeschränkt empfehlenswert
- GSTC-akkreditiert: Nein

(www.wirsindanderswo.de/artikel/oekosiegel-im-tourismus-wofuer-sie-stehen, Einsehdatum 29.11.2023)

EMAS III (2010)
Das *Eco-Management and Audit Scheme*, auch *EU-Öko-Audit* genannt, ist eine Verordnung der Europäischen Union, die in der ersten Version 1993 verabschiedet wurde, dann 2001 als *EMAS II* weiterentwickelt wurde und zuletzt im Jahr 2010 als *EMAS III* (Abb. 6.4) in Kraft getreten ist. Die *Europäische Umweltmanagement-Verordnung* ist eines der zwei erwähnten reinen Umweltmanagementsysteme, die nur auf Managementkriterien basiert. *EMAS III* ist auf der ISO 14001 Norm aufgebaut, stellt jedoch zusätzliche Anforderungen an das Unternehmen, beispielsweise die Veröffentlichung einer verbindlichen Umwelterklärung. Die Verordnung wurde, anders als die weltweit gültige ISO-Norm, für europäische Unternehmen entwickelt. Jede Regierung in der EU besitzt eine lokale Zertifizierungsstelle wie den Umweltgutachterausschuss beim Deutschen Bundesministerium für Umwelt, Naturschutz und Reaktorsicherheit, der die Zertifizierung in Deutschland durchführt. Bisher haben sich über 4012 europäische Unternehmen aus allen Branchen validieren lassen, darunter auch ca. 227 Hotels. Obwohl es fast 1108 EMAS-registrierte Organisationen in Deutschland gibt, haben sich bisher nur 57 deutsche Organisationen aus dem Beherbergungssektor für die Zertifizierung entschieden. Seit 2012 wird die EMAS-Verordnung durch das Programm „EMAS goes global" auch in anderen Ländern eingesetzt.

- Webseite: www.emas.de
- Hauptstandort: Brüssel, Belgien
- Stärken: Vielzahl an Managementsystemverordnungen; Fokus liegt auf kontinuierlicher Verbesserung; wird durch die EU gefördert
- Schwächen: Keine Leistungskriterien, daher kein Garant für Nachhaltigkeit; unterschiedlich hohe Beratungskosten

Abb. 6.4 Logo EMAS. (Quelle: © Bundesministerium für Umwelt, Naturschutz und Reaktorsicherheit)

Abb. 6.5 Logo EU Ecolabel. (Quelle: www.europarl.europa.eu/, Einsehdatum 27.11.2024)

- Online-Bewertung des Labels: Keine Bewertung, nur Beschreibung: „Das EMAS-Logo bürgt für Glaubwürdigkeit und Seriosität"
- GSTC-akkreditiert: Nein

(www.emas.de/, Einsehdatum 27.11.2023)

EU Ecolabel (Europäisches Umweltzeichen)
Ähnlich wie EMAS ist auch das Europäische Umweltzeichen (Abb. 6.5) durch eine EU-Verordnung entstanden. In Abgrenzung zu EMAS ist das EU Ecolabel als Kennzeichnung von Verbraucherprodukten und Dienstleistungen gedacht, die spezielle Umweltauflagen – primär Leistungskriterien – erfüllen, die über die gesetzlichen Anforderungen hinausgehen. Bisher gibt es Kriterienkataloge für 24 verschiedene Produktgruppen und Dienstleistungen, darunter seit 2017 auch für Beherbergungsbetriebe. Die letzte Verord-

nung ist 2017 in Kraft getreten und wird 2025 verlängert oder durch eine neue ersetzt. In Europa gibt es bisher 608 zertifizierte Beherbergungsbetriebe, darunter etwa 410 Hotels. In Deutschland ist der Klosterhof in Bayerisch Gmain 2021 als erstes Hotel in Deutschland mit dem EU Ecolabel ausgezeichnet worden. Die Prüfung und Vergabe des Labels erfolgen durch unabhängige, von der EU-Kommission benannte nationale Stellen (Competent Bodies). In Deutschland sind die RAL gGmbH und das Umweltbundesamt zuständig.

- Webseite: https://eu-ecolabel.de/
- Hauptstandort: Brüssel, Belgien
- Stärken: Ausführliche und anspruchsvolle Kriterien; Bekanntheit durch andere Branchen
- Schwächen: Erneute Prüfung erst nach vier bis fünf Jahren
- Online-Bewertung des Labels: Empfehlenswert
- GSTC-akkreditiert: Nein

(https://eu-ecolabel.de/, Einsehdatum 27.11.2024)

ISO 14001:2015
Die Internationale Organisation für Normung (ISO) veröffentlichte im Jahr 1996 die erste internationale Umweltmanagementnorm, *ISO 14001*. Als Managementsystem bietet sie Unternehmen aus allen Branchen die Werkzeuge, um die eigenen Umwelteinflüsse zu identifizieren und zu verringern, sowie einen systematischen Prozess, Umweltziele umzusetzen. Die Norm ist, wie die *EMAS*-Verordnung, nicht auf eine spezielle Branche abgestimmt, sondern gibt Prozesskriterien vor, die ein branchenunabhängiges Umweltmanagement einführen. Wie bei den meisten ISO-Normen zertifiziert ISO die Norm nicht selbst, sondern vergibt die Aufgabe an akkreditierte Zertifizierungsstellen wie TÜV Süd oder die Deutsche Gesellschaft zur Zertifizierung von Managementsystemen (DQS). Anders als bei den anderen Zertifizierungen gibt es kein offizielles Logo, das an zertifizierte Unternehmen verliehen wird. Mit fast 300.000 zertifizierten Betrieben in 171 Ländern, davon viele aus der Industriebranche, ist *ISO 14001* (Abb. 6.6) die am weitesten verbreitete Umweltzertifizierung.

- Webseite: https://variso.de/
- Hauptstandort: Genf, Schweiz

Abb. 6.6 VarISO. (Quelle: https://variso.de/umweltmanagement-iso-14001, Einsehdatum 28.11.2023)

- Stärken: Stark international verbreitet; Fokus liegt auf kontinuierlicher Verbesserung
- Schwächen: Keine Leistungskriterien, daher kein Garant für Nachhaltigkeit; unterschiedlich hohe Beratungskosten
- Online-Bewertung des Labels: Keine Bewertung, nur Beschreibung
- GSTC-akkreditiert: Nein

(https://variso.de/umweltmanagement-iso-14001, Einsehdatum 28.11.2023)

The Green Key

Die gemeinnützige Foundation for Environmental Education (FEE), eine renommierte internationale Umweltschutzorganisation, bietet fünf verschiedene Programme zur Umwelterziehung und nachhaltigen Entwicklung an. Darunter befinden sich die bekannte Umweltzertifizierung *Blaue Flagge* für Strände sowie seit 1994 die Umweltzertifizierung *The Green Key* (Abb. 6.7) für Beherbergungsbetriebe. Die FEE-Zentrale in Dänemark arbeitet mit nationalen Organisationen in über 56 Ländern, die die FEE-Programme und -Zertifizierungen, darunter auch *The Green Key*, durchführen. In Deutschland wurde die Zertifizierungslizenz an die Deutsche Gesellschaft für Umwelterziehung e. V. vergeben, die 2013 die Pilotphase mit 42 Hotels aus Deutschland, Österreich und der Schweiz erfolgreich gestartet hat. Bisher haben 69 deutsche Hotels und Ferienparks die Zertifizierung erhalten. Insgesamt wurden über 2700 Hotels weltweit ausgezeichnet.

- Webseite: www.greenkey.global
- Hauptstandort: Kopenhagen, Dänemark
- Stärken: Anspruchsvoller Zertifizierungsprozess; hohe internationale Verbreitung (über 20 Länder)
- Schwächen: Geringe Vermarktung der Zertifizierung
- Online-Bewertung des Labels: Empfehlenswert
- GSTC-akkreditiert: Nur Mitglied bei GSTC

(www.greenkey.global/, Einsehdatum 27.11.2023)

Abb. 6.7 Logo The Green Key. (Quelle: © Foundation for Environmental Education)

Viabono

Bis zum Ende des 20. Jahrhunderts gab es keine anerkannte deutsche Umweltzertifizierung für Beherbergungsbetriebe. Daher haben Vertreter von Tourismusverbänden – unter anderem von DEHOGA – Verbraucherschutzorganisationen und Vertreter des Umweltministeriums viele Jahre an einem gemeinsamen Umweltprogramm gearbeitet. Im Jahr 2001 wurde die Dachmarke *Viabono* (Abb. 6.8) vorgestellt, die nachhaltige Beherbergungsbetriebe vertritt und „auf hochwertige Tourismusangebote in Deutschland [verweist], bei denen Komfort, Genuss und Entspannung in umweltfreundlicher Umgebung im Vordergrund stehen" (Gläser o. J., S. 9). Unter dem Motto „Reisen natürlich genießen" wirbt *Viabono*, dass die Ziele Umweltfreundlichkeit und Zufriedenheit der Gäste vereinbar sind. Zusätzlich zu den Umweltkriterien wird jedem *Viabono*-Hotel die Bio-Zertifizierung und die Berechnung des CO_2-Fußabdrucks empfohlen. Insgesamt gibt es mittlerweile neun Kriterienkataloge, welche Hotellerie, Gastronomie, Campingplätze, Ferienwohnungen/-häuser, Jugendherbergen, Touristeninformationen, Organisationen, Kindertagesstätten und Pflegeeinrichtungen betrachten. Trotz der starken Unterstützung von Vertretern aus deutschen Umweltschutzorganisationen, Tourismusvereinen und staatlichen Organen sind zurzeit ca. 300 Betriebe, darunter aber nur ca. 89 Hotels, primär aus ländlichen Regionen, zertifiziert. Zu dem Portfolio gehören inzwischen der CO_2-Fußabdruck, KLIMA NEUTRAL, Klima-Hotels, die Bio-Zertifizierung, DEHOGA Umweltcheck sowie QUICK CHECK UMWELT.

- Webseite: www.viabono.de
- Hauptstandort: Rösrath-Hoffnungsthal, Deutschland
- Stärken: Fokus liegt auf Vermarktungskooperation; Unterstützung durch Bundesministerien
- Schwächen: Keine Vor-Ort-Prüfung; keine internationale Vermarktung
- Online-Bewertung des Labels: Empfehlenswert
- GSTC-akkreditiert: Nein

(www.viabono.de/zertifizierung/viabono-zertifizierungen.html, Einsehdatum 28.11.2023)

Abb. 6.8 Logo Viabono. (Quelle: © Viabono)

6.1.4 Zertifizierungen nachhaltiger Produkte

Zusätzlich zu den ökologischen Kriterien hat eine Reihe von Zertifizierungsorganisationen in den letzten fünf Jahren soziale Punkte zu den Kriterienkatalogen hinzugefügt. Vereinzelt werden sogar neue Zertifizierungen ins Leben gerufen, die unter dem Begriff CSR alle möglichen Bereiche zum Thema Nachhaltigkeit (Ökologie, Wirtschaft, Soziales) abdecken. Der Grund für den Trend zu sozialen Faktoren steckt auch in der Natur des Gastgewerbes, da es einen starken Einfluss im Bereich Soziales ausüben kann. So werden in jedem Betrieb viele Mitarbeiter benötigt, die sich im Team ergänzen und unterstützen. Außerdem besteht eine Vielzahl an sozialen Kontakten durch direkten Kontakt mit Kunden und Lieferanten. Diese Situationen bieten viel Raum für Brennpunkte, aber auch Möglichkeiten für eine verstärkte nachhaltige Entwicklung.

Biosphere Responsible Tourism

Biosphere (Abb. 6.9) ist das internationale System zur kontinuierlichen Verbesserung und Nachhaltigkeitszertifizierung des Responsible Tourism Institute (RTI), einer Organisation, die 1995 mit Unterstützung der UNESCO durch eine Absichtserklärung (MoU) entstanden ist. Diese Zertifizierung ermöglicht die Anwendung in mehr als 27 verschiedenen Arten von Geschäftstätigkeiten. Der Prozess, das Fachwissen und die Werkzeuge stehen in mehr als acht verschiedenen Sprachen zur Verfügung, einschließlich Deutsch. Diese Zertifizierung erfüllt alle Kriterien internationaler Nachhaltigkeitsorganisationen und Gipfeltreffen, verbindet alle Bemühungen mit den 17 Zielen für nachhaltige Entwicklung (SDGs) und den 169 Zielen der Vereinten Nationen. Bisher wurden weltweit 896 Einrichtungen nur im Bereich der Unterkünfte zertifiziert, und international wurden bereits mehr als 1800 Unternehmen aller Art nach diesem System zertifiziert. Diese Zahl wächst jedoch in sehr schnellem Tempo. In Deutschland arbeiten derzeit (Stand Ende 2023) zwölf Unternehmen aktiv an ihrer Nachhaltigkeit mit Biosphere.

Abb. 6.9 Logo Biosphere Responsible Tourism. (Quelle: © Instituto de Turismo Responsable)

- Webseite: www.biospheretourism.com
- Hauptstandort: Madrid, Spanien
- Stärken: Ausführlicher und anspruchsvoller Kriterienkatalog; hohe Bekanntheit im spanischen Raum
- Schwächen: k. A.
- Bewertung des Labels: k. A.
- GSTC-akkreditiert: GSTC-Approved (2. Stufe)

(www.biospheretourism.com/en, Einsehdatum am 14.11.2023)

Certified Green Hotel

Das jüngste Umweltzeichen in der Auswahl wird seit Oktober 2011 von Certified (Abb. 6.10), einem unabhängigen Prüfinstitut für die Hotellerie, vergeben. Ursprünglich wurde das Beurteilungssystem vom Verband Deutsches Reisemanagement e.V. (VDR) eingeführt und im Jahr 2001 vollständig an Certified übergeben. Insgesamt sind 95 Prüfkriterien im Kriterienkatalog enthalten. Zur Erlangung des Zertifikats müssen alle elf Muss-Kriterien erfüllt und mindestens 50 % der Punkte erreicht werden.

- Webseite: www.certified.de
- Hauptstandort: Bad Kreuznach, Deutschland
- Stärken: Gute Vermarktung bei VDR-Mitgliedern
- Schwächen: Kein unabhängiger Prüfprozess; keine Vermarktung außerhalb von VDR (keine Endkunden) oder außerhalb von Deutschland
- Online-Bewertung des Labels: k. A.
- GSTC-akkreditiert: Nein

(www.certified.de/, Einsehdatum 27.11.2023)

CSR Tourism Certified

Die gemeinnützige Zertifizierungsgesellschaft TourCert aus Stuttgart wurde von kate e. V. Umwelt & Entwicklung, dem evangelischen Entwicklungsdienst Tourism Watch, der

Abb. 6.10 Logo Certified Green Hotel. (Quelle: © BTME Certified)

6.1 Zertifizierungen

Hochschule für nachhaltige Entwicklung Eberswalde und der Naturfreunde Internationale im Jahre 2009 gegründet, um Reiseveranstalter für Nachhaltigkeit und Unternehmensverantwortung gegenüber Umwelt und Gesellschaft auszuzeichnen. TourCert setzt bei der Auswahl des Zertifizierungsrates auf Vertreter von verschiedenen Universitäten (Eberswalde, Luzern und Wien) sowie Organisationen, Verbände und Unternehmen (WWF, Tourism-watch, Response & Ability, ECOTRANS, Deutscher Tourismusverband, ÖAR GmbH, ver.di, Schweizer Reiseverband SRV, ServiceQualität Deutschland e.V. und Forum anders reisen e.V.). Das Forum anders Reisen e.V., ein Zusammenschluss aus nachhaltigen Reiseveranstaltern, unterstützt die Entwicklung des CSR-Prozesses und fordert seit 2011 von allen Mitgliedern das TourCert CSR-Siegel (Abb. 6.11). Als erstes ganzheitliches CSR-Managementsystem im deutschen Tourismus zielt es darauf ab, die Bereiche Umwelt, Wirtschaft und Soziales als Verantwortungsbereiche im Unternehmen zu stärken. Aufgrund des Erfolgs der CSR-Zertifizierung für Reiseveranstalter hat TourCert, in Kooperation mit verschiedenen Partnern, ein CSR-Programm für Reisebüros sowie für Hotels gestartet. Die Pilotphase mit Reisebüros wurde im März 2012 abgeschlossen, die Pilotphase mit Hotels im März 2013. Seit 2017 gibt es für bestimmte Unternehmen je nach Mitarbeiterzahl und Umsatzerlösen (kapitalmarktorientierte Unternehmen, Kreditinstitute und Versicherungsunternehmen) eine CSR-Berichtspflicht.

- Webseite: https://tourcert.org/en/
- Hauptstandort: Stuttgart, Deutschland
- Stärken: Ausführlicher Zertifizierungsprozess; beinhaltet EMAS Umweltmanagementsystem; ganzheitlicher Ansatz (CSR)
- Schwächen: Junge Zertifizierung mit mäßiger Bekanntheit; Zertifizierung für Hotels noch nicht etabliert
- Online-Bewertung des Labels: Empfehlenswert
- GSTC-akkreditiert: GSTC-Recognized (1. Stufe)

(https://tourcert.org/en/, Einsehdatum 27.11.2023)

Abb. 6.11 Logo CSR Tourism. (Quelle: © TourCert)

Abb. 6.12 Logo Earth Check.
(Quelle: © EC3 Global)

EarthCheck
EarthCheck (Abb. 6.12), ein führendes Unternehmen im Umweltvergleich und in der Zertifizierung für den Reise- und Tourismussektor, setzt sich seit über 35 Jahren für Nachhaltigkeit ein. In Partnerschaft mit globalen Forschungseinrichtungen beschäftigt es sich damit, wie man Risiken im Zusammenhang mit dem Klimawandel plant und bewältigt und wie man nachhaltigere und verantwortungsvollere Tourismusergebnisse erzielt. Gegründet wurde EarthCheck im Jahr 1987 durch das National Centre for Studies in Travel and Tourism an der James Cook University. Später wurde die EarthCheck Benchmarking Methodology patentiert, die einen wegweisenden Ansatz bot, um zu zeigen, wie wissenschaftliche Erkenntnisse genutzt werden können, um leistungsorientierte Ergebnisse für Tourismusziele und Unternehmen zu unterstützen.

Im Jahr 2010 wurde im Zuge der Gründung der EarthCheck Pty Ltd – eines Unternehmens mit einem Zweckgewinn – das EarthCheck Research Institute (ERI) als dediziertes gemeinnütziges Forschungszentrum gegründet. Das Flaggschiff-Programm EarthCheck Certified ist in mehr als 70 Ländern aktiv und hat zu Einsparungen von über einer halben Milliarde US-Dollar auf Leistungsbasis geführt. Der Standard für Gebäudeplanung und -design wurde 2018 von der UNWTO für Forschung und technologische Innovation anerkannt.

Im Kern basiert die Nachhaltigkeitsphilosophie von EarthCheck auf drei Säulen:

- Unübertroffenes wissenschaftliches Wissen
- Kultur der Effizienz und Innovation
- Glaubwürdigkeit

Seit ihrer Gründung bleibt das Engagement von EarthCheck für Forschung ungebrochen. Die Programme, die auf dem Erbe des Cooperative Research Centre for Sustainable Tourism der australischen Regierung beruhen, bieten wirkungsvolle, marktfähige Lösungen, die Unternehmen, Gemeinden und der Umwelt zugutekommen.

6.1 Zertifizierungen   93

- Webseite: https://earthcheck.org/
- Hauptstandort: Queensland, Australien
- Stärken: Gute internationale Vermarktung; Mitglieder in vielen Tourismusbereichen; ausführliche Benchmark-Datenbank; beinhaltet Umweltmanagementsystem
- Schwächen: k. A.
- Online-Bewertung des Labels: k. A.
- GSTC-akkreditiert: GSTC-Recognized

(https://earthcheck.org/, Einsehdatum 27.11.2023)

Green Globe Certification

Der direkte Konkurrent von EarthCheck ist Green Globe, das seit 1992 von der Green Globe Certification (Abb. 6.13) an verschiedene Tourismusunternehmen verliehen wird. Die Green Globe Certification wurde vom World Travel and Tourism Council in Zusammenarbeit mit der International Hotel & Restaurant Association auf Basis der Agenda 21 entwickelt. Die Marke Green Globe wird unter der Lizenz von Green Globe Ltd. verwendet. Der Green-Globe-Standard (einschließlich aller Kriterien und Indikatoren), Domains, Schulungsmaterialien und alle anderen damit verbundenen geistigen Eigentumsrechte gehören vollständig Green Certifications Inc.

Die Green Globe Certification hat ein umfangreiches Netzwerk von spezialisierten Auditoren in über 80 Ländern entwickelt. Dieses qualifizierte Netzwerk bietet Green-Globe-Mitgliedern lokale Expertise und bringt ihre Initiativen mit den Nachhaltigkeitsrichtlinien und Aktivitäten von Gemeinden und regionalen Behörden in Einklang.

Bekannte Hotel- und Resortketten wie Club Med und Mövenpick nutzen dieses Netzwerk zu ihrem Vorteil und beauftragen Green Globe mit der Zertifizierung all ihrer Einrichtungen auf globaler Ebene.

- Webseite: www.greenglobe.com
- Hauptstandort: Los Angeles, USA

Abb. 6.13 Logo Green Globe. (Quelle: © Green Globe)

- Stärken: Bekannteste Zertifizierung für die Hotellerie; professionelle internationale Vermarktung; beinhaltet ein Umweltmanagementsystem
- Schwächen: Keine Mindeststandards oder Leistungskriterien, wird von Umweltverbänden kritisiert
- Online-Bewertung des Labels: k. A.
- GSTC-akkreditiert: GSTC-Recognized

(www.greenglobe.com/, Einsehdatum 27.11.2023)

Travelife
Seit 2007 wird die Zertifizierung vom Anbieter Travelife Ltd angeboten, der eine Tochtergesellschaft des führenden britischen Reiseverbands ABTA ist. UK- und europäische Reiseveranstalter wie TUI und DER Touristik nutzen Travelife (Abb. 6.14), um nachhaltige Unterkunftsoptionen in ihren Portfolios zu identifizieren und zu erhöhen. Die Zusammenarbeit mit den Reiseveranstaltern bedeutet, dass die Zertifizierung in den Reisekatalogen der Kooperationspartner aufgeführt ist und somit in ganz Europa präsent ist. Bisher wurden weltweit über 1000 Unterkünfte in über 50 Ländern zertifiziert, darunter Unterkünfte in einigen der bekanntesten globalen Ketten sowie kleine unabhängige Unterkunftsoptionen.
Website: www.travelifestaybetter.com

- Hauptstandort: London, England
- Stärken: Vermarktung durch bekannte Reiseveranstalter; ausführlicher Kriterienkatalog
- Schwächen: k. A.
- Online-Bewertung des Labels: Eingeschränkt empfehlenswert
- GSTC-akkreditiert: GSTC-Recognized (1. Stufe)

(https://travelifestaybetter.com, Einsehdatum 27.11.2023)

Zusammenfassung
Umweltzertifizierungen können eine wichtige Funktion in der freien Marktwirtschaft einnehmen, diese wird aber bisher im Tourismus und speziell im Gastgewerbe noch nicht ausreichend wahrgenommen. Gäste zeigen großes Interesse für Umweltschutz, sind aber

Abb. 6.14 Logos Travelife. (Quelle: © Travelife)

mit dem Thema Zertifizierungen zu wenig vertraut. Selbst das Verlangen der Gäste nach Kontrolle und Sicherheit wurde durch die vorhandenen Zertifizierungen in Deutschland bisher unzureichend bedient.

Umweltzertifizierungen sollten nicht als Allgemeinlösung gesehen werden. Stattdessen sind sie Managementwerkzeuge, um Nachhaltigkeit im Unternehmen zu fördern, sowie Marketinginstrumente, um Kunden auf die Bemühungen und Maßnahmen aufmerksam zu machen. Beide Funktionen müssen bei Zertifizierungen vorhanden sein, um einen Mehrwert für den Gast und den Gastgeber zu bieten.

Gastgewerbliche Betriebe sollten sich mit den betrachteten Themen und Differenzierungen befassen und dabei die Stärken sowie die Schwächen der einzelnen Zertifizierungen erkennen. So können sich die Verantwortlichen bewusst für ein geeignetes Umweltmanagementsystem oder eine Umweltzertifizierung entscheiden. Trotz der schlechten Ergebnisse der letzten 20 Jahre machen Kundenerwartungen und die GSTC-Bewegung Hoffnung auf eine bessere Zukunft. Der Trend ist vorgegeben, die Frage ist nur, wie lange es dauert, bis sich Gastgeber mit dem Konzept Umweltzertifizierung anfreunden und es als Unternehmenschance statt als zusätzlichen Kostenfaktor erkennen.

6.2 Nachhaltige Systeme

Was sind Umweltmanagementsysteme?
Ein Umweltmanagementsystem (auch UMS) kann ähnlich wie ein Qualitätsmanagementsystem in Bezug auf Umweltziele verstanden werden. In der Fachliteratur wird es als ein transparenter und systematischer Prozess definiert, der die Klärung und Implementierung umweltpolitischer Ziele, Richtlinien und Verantwortlichkeiten sowie die Durchführung regelmäßiger Überprüfungen der Elemente bezweckt (Ankele & Steger, 2000, S. 24). Ein solches Managementsystem verlangt von Unternehmen, ihre Umwelteinflüsse zu identifizieren und in einem kontinuierlichen Verbesserungsprozess zu reduzieren.

Ursprünglich stammen UMS aus einer Bewegung von innovativen europäischen Unternehmern, die eine proaktive Einstellung zu Umweltaspekten hatten. Statt als Belastung sollten sie als wirtschaftliche Möglichkeiten angesehen werden. Umweltaudits wurden als Werkzeuge für das interne Risiko-Management entworfen, sodass Unternehmen Umweltfaktoren in die Berechnung einfließen lassen konnten (Ankele & Steger, 2000, S. 23–24). Aus dieser Bewegung wurde im Jahre 1993 durch den Rat der Europäischen Union das erste Europäische Umweltmanagementsystem, das Eco-Management and Auditing Scheme (EMAS-Verordnung), eingeführt. Drei Jahre später entwarf die Internationale Organisation für Normung (ISO) eine internationale Norm für Umweltmanagementsysteme – die ISO 14001 Norm – die für alle Industrien weltweit gültig ist. Beide Systeme beinhalten eine Reihe an Managementkriterien mit den folgenden sechs Kernthemen (Chan & Hawkins, 2012, S. 13):

1. Umweltziele
2. Planung
3. Verfahren und Steuerung
4. Training und Bildung
5. Kommunikation
6. Revision und kontinuierliche Verbesserung.

Umweltmanagementsysteme weisen eine große Ähnlichkeit mit dem Total-Quality-Management-System (TQM) auf, da sie sich am Deming-Kreis mit den Funktionen Planen, Ausführen, Überprüfen und Optimieren orientieren.

UMS enthalten ausschließlich Prozesskriterien für den Aufbau eines internen Managementsystems mit Fokus auf kontinuierliche Verbesserung. Einerseits ermöglicht dies die Anwendung in allen Branchen weltweit, andererseits birgt es Raum für viel Kritik hinsichtlich der Effektivität von Umweltmaßnahmen. Für gastgewerbliche Betriebe kann ein UMS kompliziert sein und erfordert Engagement sowohl von Seiten der Unternehmensführung als auch von den operativen Teams. Es ist sehr techniklastig, wobei der Schwerpunkt mehr auf internen Betriebssystemen liegt, ohne zwangsläufig eine bessere Umweltleistung zu erzielen (Boiral et al., 2018). Das Audit überprüft lediglich die betrieblichen Abläufe eines Unternehmens, jedoch nicht zwangsläufig die tatsächlichen Handlungen oder Maßnahmen, die das Unternehmen unternimmt, um seine Umweltleistung zu verbessern. Eine umfassende 2022 veröffentlichte Literaturübersicht über die mit der Umsetzung der ISO 14001-Zertifizierung verbundenen Kosten und Nutzen bestätigt diese Kritikpunkte in mehreren Branchen (Camilleri, 2022). Verbesserungen durch aktualisierte Standards wie ISO 14001:2015 und EMAS III sind wichtig. Angesichts des schnellen Wandels in den meisten Nachhaltigkeitsthemen, einschließlich einer höheren Effizienz bei Geräten und Prozessen durch neue Technologien in Verbindung mit dem gestiegenen externen Druck, strenge Dekarbonisierungsziele und Kreislaufpraktiken zu übernehmen, sollte ein UMS vorhanden sein, um die Bedeutung der Leistungsverbesserung widerzuspiegeln und nicht nur der Prozessverbesserung.

Was sind Klimakompensationssysteme?
Seit über die globale Erderwärmung öffentlich diskutiert wird, werden verschiedene Klimakompensationssysteme als mögliche Lösungen im Tourismus präsentiert. CO_2-Rechner oder der CO_2-Fußabdruck sind neue Umweltwerkzeuge, die Konsumenten zum ersten Mal die Möglichkeit geben, den durchschnittlichen CO_2-Ausstoß beispielsweise einer Hotelübernachtung zu berechnen. Da der CO_2-Ausstoß weltweite Folgen hat, zeigen Gesellschaften wie atmosfair oder CO_2OL Wege auf, den errechneten CO_2-Wert mit Investitionen in Projekte (vor allem in Entwicklungsländern), die einen vergleichbaren CO_2-Wert einsparen, zu kompensieren. Der Grund für die Kompensation hat einen betriebswirtschaftlichen Hintergrund – es ist um ein Vielfaches günstiger, einen bestimmten CO_2-

Ausstoß in Entwicklungsländern zu verringern, z. B. durch neue Filter in Produktionsanlagen oder neue Baumpflanzungen, als eine Verringerung bei verwendeten Produkten zu fördern. Teilweise ist der Ausstoß auch unabdingbar, wenn der technische Fortschritt noch keine Verringerung erlaubt. Die CO_2-Kompensationsprojekte werden durch Klimaschutzzertifikate wie den CarbonFix-Standard ausgezeichnet, sodass der Kunde sicherstellen kann, dass sein Beitrag wirklich in die Verringerung des CO_2-Ausstoßes investiert wird.

Der Vorteil von Emissionsrechnern für Hotels und Gastronomiebetriebe liegt darin, dass der Gast selbst die Kosten für die Kompensationen tragen kann und daher keine Aufwendungen für das Unternehmen entstehen. Jedoch müssen Gäste bei der Buchung, dem Check-in oder dem Check-out darüber informiert bzw. dafür motiviert werden. atmosfair geht davon aus, dass in den letzten Jahren nur ca. ein Prozent aller Flüge oder Hotelübernachtungen kompensiert wurden.

Zusätzlich zu den Kompensationsrechnern gibt es einzelne Systeme, die den gesamten CO_2-Ausstoß eines gastgewerblichen Betriebs untersuchen, Strategien zur Verringerung bieten und die anfallende Menge kompensieren.

Die ISO 26000
Im November 2010 veröffentlichte die Internationale Organisation für Normung (ISO) das Ergebnis zum aufwendigsten Normungsprozess ihrer Geschichte, die ISO-Norm 26000: Guidance for Social Responsibility. 450 Experten und 210 Beobachter aus 99 Ländern haben zusammen mit 42 repräsentativen Organisationen und Interessenvertretern aus Industrie, Regierung, Gewerkschaften, Verbraucherverbänden, Dienstleistungsgewerbe und Wissenschaft in über fünf Jahren einen Leitfaden zur Implementierung von gesellschaftlicher Verantwortung für Unternehmen und Organisationen aus allen Branchen erarbeitet (Pojasek, 2011). Im Unterschied zu anderen ISO-Normen stellt die ISO 26000 keine Mindestanforderungen an das Unternehmen. Die ISO 26000 ist vielmehr eine Richtlinie, die Unternehmen dabei unterstützt, ethisch und gesellschaftlich verantwortlich zu handeln. Bei dieser Norm geht es stattdessen um einen weltweiten Konsens über die Definition von gesellschaftlicher Verantwortung von Unternehmen und Organisationen sowie über Richtlinien und Ratschläge, mit dem Ziel, die richtigen Maßnahmen hierfür erfolgreich zu implementieren. ISO 26000 versucht, die internationalen Erfahrungen in Bezug auf die soziale Verantwortung von Unternehmen zu bündeln: Womit muss sich eine Organisation befassen, um in einer sozial verantwortlichen Weise zu arbeiten, und was sind die besten Möglichkeiten bei der Umsetzung von sozialer Verantwortung? Die Leitlinie, zu der sich Unternehmen freiwillig verpflichten können, besteht aus sieben Kernthemen, die eine ganzheitliche Annäherung an das Thema Corporate Social Responsibility bieten (Abb. 6.15). Die Norm soll eine offene Leitlinie bleiben.

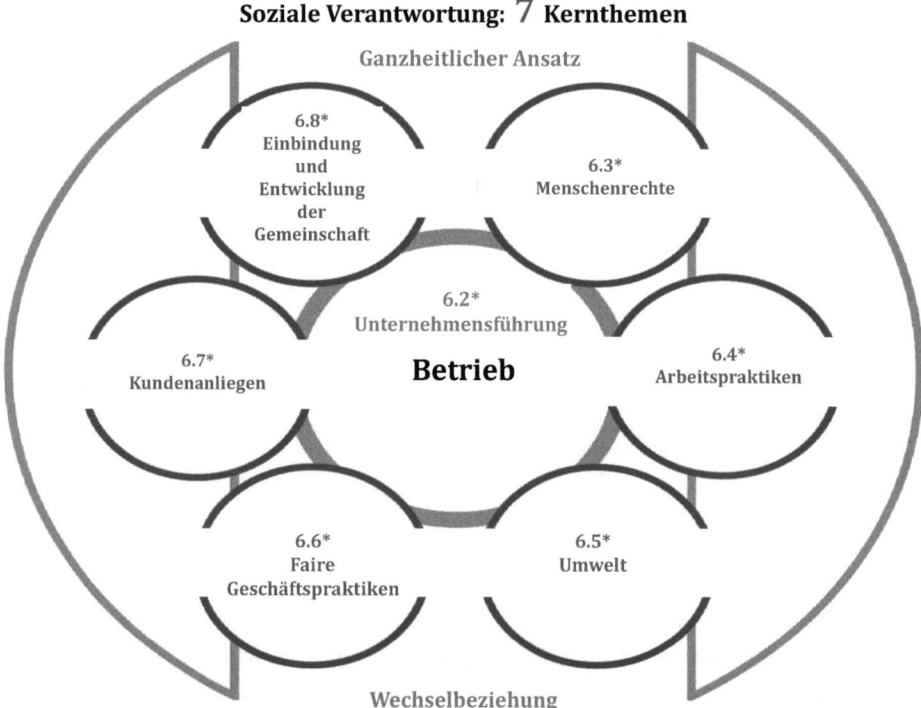

Abb. 6.15 Die sieben Themen der ISO 26000. (Quelle: Pojasek, 2011, S. 2)

6.3 Die Sustainable Hospitality Alliance

In der heutigen Welt ist Nachhaltigkeit ein entscheidender Erfolgsfaktor in der Hotel- und Gastronomiebranche. Die Sustainable Hospitality Alliance (nachfolgend Alliance) erkannte dies und brachte engagierte Unternehmen, Vertreter der Wertschöpfungskette und strategische Partner zusammen, um zentrale Herausforderungen anzugehen. Durch ihre Initiativen und ihr globales Netzwerk entwickelt die Alliance Programme und Instrumente für eine verantwortungsbewusste Hospitality-Industrie. Vertreter verpflichten sich, den Destinationen etwas zurückzugeben und sicherzustellen, dass ein positiver Einfluss über den eigenen Fußabdruck hinausgeht.

Die Alliance, mit zahlreichen Hotelgesellschaften und einem Netzwerk von Stakeholdern, darunter Eigentümer, Investoren, Lieferanten und über 40 Partner, verfügt über eine starke Basis, um nachhaltige Veränderungen in der Branche auszulösen.

Im Jahr 2023 entwickelte die Alliance eine Fünf-Jahres-Strategie, die darauf abzielt, eine Industrie zu schaffen, die mehr zurückgibt, als sie verbraucht. Die Strategie umfasst den „Net Positive Pathway", einen handlungsorientierten Plan, der bis 2030 private und öffentliche Führungskräfte überzeugen soll, Net-Positive-Praktiken zu integrieren. Der Weg definiert und fördert Net Positive durch branchengeführtes Benchmarking und bietet eine entscheidende Rolle für die Academy-Plattform, die Wissen, Werkzeuge und Schulungen teilt.

Der „Net Positive Pathway" führt zu wichtigen Ergebnissen in den Säulen Menschen, Planet, Ort und Wohlstand im Rahmen des Net Positive Hospitality Pathway. Eine Net Positive Hospitality Business Simulation ermöglicht Fachleuten, nachhaltige Praktiken in einer simulierten Umgebung zu verstehen und umzusetzen.

Die Alliance hat Schulungsmodule und Materialien für einen zertifizierten Lehrplan entwickelt, der über ein globales Netzwerk von akademischen und Schulungseinrichtungen unter der Plattform Net Positive Hospitality Academy angeboten wird.

Um den Fortschritt konsistent zu messen, arbeitet die Alliance an einem harmonisierten Branchenmetriken- und -standardrahmen sowie einem Benchmarking-System. Letztendlich wird dieses System den Weg für einen Net Positive Certification Framework für die Branche ebnen, das einen Maßstab für nachhaltige Exzellenz setzt (https://sustainablehospitalityalliance.org/, Einsehdatum 03.01.2024).

6.4 Checkliste zur Umsetzungsunterstützung von nachhaltigen Systemen und Zertifizierungen

Hinterfragen Sie sich! Die folgende Checkliste dient als Umsetzungsunterstützung zu nachhaltigen Systemen und Zertifizierungen. Sie enthält zentrale Fragen für eine erfolgreiche Umsetzung. Überlegen Sie bei jeder Frage, wie der Status quo in Ihrem Unternehmen ist:

- Ist die Frage für Ihren Betrieb **nicht relevant** und wird der Gedanke deshalb **nicht weiterverfolgt**?
- Ist die Frage für Ihren Betrieb **relevant** und wurde ihr **bereits nachgegangen**?
- Ist die Frage für Ihren Betrieb **relevant** und wird ihr **gerade nachgegangen**?
- Ist die Frage für Ihren Betrieb **relevant**, aber ihr wurde **bislang nicht nachgegangen**?

> **Checkliste: Umsetzungsunterstützung von nachhaltigen Systemen und Zertifizierungen**
> - Haben Sie sich mit dem Nutzen von Umweltzeichen beispielsweise als Marketinginstrument (für die Gewinnung von sowohl Gästen als auch Fachkräften) auseinandergesetzt?
> - Haben Sie sich die Frage gestellt, ob für Ihr Unternehmen eher eine regionale oder internationale Umweltzertifizierung in Betracht kommt?
> - Kommen drei der vorgestellten Zertifikate für Sie in Betracht? Haben Sie eine Stärken-Schwächen-Analyse diesbezüglich durchgeführt?
> - Haben Sie sich in Ihrem Unternehmen schon mit den sieben Themen der ISO 26000 auseinandergesetzt?
> - Können Sie aus den aufgeführten Praxisbeispiele Erkenntnisse gewinnen?

Literatur

Ankele, K., & Steger, U. (2000). Die Verknüpfung von betrieblichen und politischen Umweltzielen. In Bundesumweltministerium/Umweltbundesamt (Hrsg.), *Umweltmanagementsysteme – Fortschritt oder heiße Luft?* Bundesumweltministerium/Umweltbundesamt.

Boiral, O., Guillaumie, L., Heras-Saizarbitoria, I., & Tayo Tene, C. V. (2018). Adoption and outcomes of ISO 14001: A systematic review. *International Journal of Management Reviews, 20*(2), 411–432. https://doi.org/10.1111/ijmr.12139

Camilleri, M. A. (2022). The rationale for ISO 14001 certification: A systematic review and a cost-benefit analysis. *Corporate Social Responsibility and Environmental Management, 29*(4), 1067–1083. https://doi.org/10.1002/csr.2254

Chan, E. S. W., & Hawkins, R. (2012). Application of EMSs in a hotel context: A case study. *International Journal of Hospitality Management, 31*(2), 405–418. https://doi.org/10.1016/j.ijhm.2011.06.016

Destinet. (2013). Blaue Schwalbe. www.destinet.eu/resources/certificates/blaue-schwalbe. Zugegriffen am 06.06.2023.

Font, X. (2004). *Annals of Tourism Research, 31*(4), 986–1007. Pergamon.

Gläser, C. (o.J.). Das kleine ABC des sanften Tourismus. https://www.aube-tourismus.de/Dokumente/ReiseABC_End.pdf. Zugegriffen am 20.03.2024.

GSTC. (2016). GSTC industry criteria. www.gstcouncil.org/wp-content/uploads/GSTC-Industry-Criteria-for-Hotels-with-SDGs.pdf. Zugegriffen am 20.12.2023.

GSTC. (2022a). History of GSTC. www.gstcouncil.org/about/gstc-history/. Zugegriffen am 30.12.2023.

GSTC. (2022b). What is the difference between Certification, Accreditation, and Recognition? www.gstcouncil.org/certification/accreditation-certification-recognition/. Zugegriffen am 30.12.2023.

GSTC. (2022c). GSTC-recognized standards & systems for hotels. www.gstcouncil.org/gstc-criteria/gstc-recognized-standards-for-hotels/. Zugegriffen am 02.01.2024.

Landmann, U. (1997). *Umwelt- und Verpackungszeichen in Europa*. ecomed Verlagsges.

Pojasek, R. (2011). ISO 26000 guidance on social responsibility. www.academia.edu/4970843/Discovering_ISO_26000. Zugegriffen am 27.02.2024.

Qubbaj, A., & Signes, A. P. (2022). The importance of environmental certificates for green hotel: Bibliometric and network analysis. *Foundations of Management, 14*(1), 7–24.

Scandic Hotel Group. (2018). Wachstumstrends im deutschen Hotelmarkt. https://www.scandichotelsgroup.com/files/Main/22850/3862740/180926-scandic-bericht-bevoelkerungsbefragung-wachstumstrends-im-deutschen-hotelmarktpdf.pdf. Zugegriffen am 09.06.2024.

UNEP. (2014). Guidelines for conducting integrated environmental assessments. https://wedocs.unep.org/bitstream/handle/20.500.11822/33498/IEA_2017_02_17.pdf?sequence=1&isAllowed=y. Zugegriffen am 03.04.2024.

Einführung eines nachhaltigen Managements

7

> **Zusammenfassung**
>
> Dieses Kapitel führt durch die Schritte zur Einführung nachhaltiger Praktiken. Von externer Beratung über Vorbereitung bis hin zu Zielformulierung und -umsetzung werden Schlüsselaspekte beleuchtet. Die Bedeutung von Berichtswesen und internen/externen Audits wird hervorgehoben. Das Kapitel endet mit einer Checkliste zur praxisnahen Umsetzungsunterstützung von nachhaltigem Management.

Jeder gastgewerbliche Betrieb besitzt bewusst oder unbewusst ein mehr oder weniger ganzheitliches Managementsystem, um seine Ziele in unterschiedliche Richtungen (Mitarbeiter, Gäste, Prozesse, Finanzen etc.) zu erreichen. Ein nachhaltiges Managementsystem hilft, einen Nachhaltigkeitsprozess innerhalb des bestehenden Systems zu integrieren. Dieser Einführungsprozess muss professionell durchgeführt werden.

7.1 Externe Beratung

Wenn sich Gastgeber für die Einführung eines nachhaltigen Managementprozesses entschieden haben, stellt sich oft die Frage, ob auf externe Unterstützung zurückgegriffen werden soll oder der Prozess ohne Hilfe durchgeführt wird. Es gibt Erfolgsgeschichten von nachhaltigen Betrieben, die sowohl mit als auch ohne externe Berater den Einführungsprozess durchlaufen haben. Dennoch entscheiden sich die meisten Betriebe für einen externen Berater, und zwar aus guten Gründen. Gerade bei dem Abwägen der Vor- und Nachteile ist ersichtlich, dass die Wahrscheinlichkeit einer erfolgreichen Durchführung mit Hilfe eines externen Beraters viel größer ist (Haase, 2013).

Der offensichtlichste Grund für die Wahl eines externen Beraters ist der Wissenstransfer, der bei dem Prozess vor sich geht. Bei der Wahl eines geeigneten Beraters ist darauf zu achten, dass die Person den Veränderungsprozess bereits mit ähnlichen Betrieben durchgeführt hat. Berater können dadurch auf einen hohen Erfahrungswert setzen, der den gastgewerblichen Betrieben bei der Einführung zugutekommt. Wenn Berater Benchmarks mit anderen Betrieben einbringen können, hilft dies sowohl bei der Kommunikation mit Teilnehmern als auch bei Verbesserungsvorschlägen („Best Practices"). Berater haben in der Regel auch ein großes Wissen über Nachhaltigkeit, das bei dem Einführungsprozess sehr hilfreich sein kann. Schon bei dem Thema gesetzliche Standards im Bereich Mitarbeitersicherheit können externe Berater Gefahrenstellen schnell aufdecken und zur Lösung dieser beitragen.

Ein weiterer Grund für die Vorteile externer Unterstützung liegt in der Mitarbeitermotivation. Nachhaltige Prozesse bedingen Änderungen in verschiedenen Unternehmensbereichen. Ein externer Berater kann Mitarbeiter viel offener auf ihre notwendigen Verhaltensänderungen aufmerksam machen, da er sich nicht um sein Ansehen bei den Mitarbeitern kümmern muss, sondern sein Erfolg im Gelingen des Einführungsprozesses liegt und sein Wirken mit der Einführung im Betrieb endet.

Einer der am häufigsten vorgebrachten Gründe gegen externe Berater sind die hohen Kosten, die auf den Betrieb zukommen. Aufgrund verschiedener Voraussetzungen und Gegebenheiten fallen die Beratungskosten sehr unterschiedlich aus. Eine grobe Berechnung ist, dass beispielsweise ein Hotel mit 50 Betten für die Einführung nachhaltiger Prozesse ca. drei bis vier Beratertage benötigt und der Tagessatz mit Vorbereitung zwischen 600,– und 1450,– € liegt. Zudem können jährliche Mitgliedsgebühren für Systeme und Software hinzukommen.

Eine nicht zu unterschätzende Gefahr ist, dass vorgeschlagene Veränderungen oder Lösungen in dem bestehenden Managementsystem nicht umsetzbar sind. Berater haben wenig Insiderwissen und kennen die Unternehmensphilosophie nicht. Daher ist es wichtig, dass sich der Berater ausführlich mit der Organisation und den Entscheidungsträgern auseinandersetzt. Gastgeber können durch Vorgespräche und eine Präsentation über das Unternehmen helfen, den Berater über das Unternehmen und die Gegebenheiten zu informieren.

7.2 Vorbereitung – das A und O

Am Anfang jedes Projekts steht eine ausführliche Projektplanungsphase. Je größer die Veränderung für den gastgewerblichen Betrieb sein wird, desto länger wird der Einführungsprozess dauern. In der Regel wird vom externen Berater ein Zeitplan nach eingehender Studie des Betriebs vorgeschlagen und mit dem Management besprochen. Die Dauer der Einführungsphase liegt bei vielen Einführungsprojekten zwischen sechs und zwölf Monaten, da weniger als sechs Monate zu kurz sind, um den Prozess sorgfältig und nachhaltig durchzuführen; mehr als zwölf Monate können dazu führen, dass das Thema und die Aktivitäten schnell in den Hintergrund geraten oder nicht ernst genommen werden.

Neben dem Zeitplan ist es wichtig, sich genaue Ziele für den Einführungsprozess zu setzen. Ist nach der Einführung eine Zertifizierung angedacht? Soll der Einführungsprozess in der Folge an weiteren Standorten durchgeführt werden?

Die Umsetzung des Prozesses bedingt die aktive und passive Unterstützung des ganzen Betriebs. Um zu verhindern, dass das Thema im Laufe des Geschäftsjahres in Vergessenheit gerät, wird eine Person im Unternehmen zum Nachhaltigkeitsmanager ernannt. Diese Verantwortung sollte nicht weniger als 30 % Arbeitsaufwand einer Vollzeitstelle betragen, zudem sollte die Position entweder direkt im Management angesiedelt werden oder als Stabstelle direkt an das Management berichten.

Neben dem Nachhaltigkeitsmanager wird eine selektive Auswahl an Mitarbeitern benötigt, die die Kommunikator- und Motivatorrolle für ihre jeweilige Abteilung wahrnehmen. Es ist zu empfehlen, dass das Nachhaltigkeitsteam aus Mitarbeitern von verschiedenen Hierarchiestufen besteht (Melzig et al., 2021). Dies zeigt nicht nur die Wertschätzung für den ganzen Betrieb, sondern ermöglicht Mitarbeitern der ersten Stufen, ihre speziellen Sichtweisen und Erfahrungen einzubringen. Erfahrungen mit anderen Einführungsprozessen haben gezeigt, dass der Einführungsprozess besser und schneller durchgeführt werden kann, wenn eine gute Auswahl an beliebten Meinungsträgern im Betrieb den Prozess mitgestaltet und mitträgt.

7.3 Bestandsaufnahme – erkenne dich selbst

Die vielzitierte griechische Inschrift „Erkenne dich selbst!" weist darauf hin, dass am Anfang jeder Aktivität eine Selbsteinschätzung stehen sollte. Daher beginnt jeder Einführungsprozess mit der Bestandsaufnahme der bestehenden Räumlichkeiten, Verbrauchskennzahlen, Prozessen und Einschätzungen.

Ein gutes interaktives Werkzeug, um über die Leistungsbereiche eines gastgewerblichen Betriebs einen Überblick zu erhalten und Problemfelder aufzudecken, ist die Umweltbegehung („Ecomapping"). Das Nachhaltigkeitsteam wird in Gruppen mit jeweils sechs bis sieben Personen eingeteilt, und jeder Teilnehmer erhält Kopien von den Grundrissen der zu untersuchenden Räume. Zudem wird jedem Teilnehmer einer der sechs zu untersuchenden Umweltaspekte (Müll, Aufbewahrung, Energie, Emissionen, Arbeitssicherheit, Wasser/Abwasser) zugeteilt sowie eine Checkliste mit möglichen Gefahren ausgehändigt. Das Team begeht nun alle Räume anhand der Grundrisse und vermerkt in den Grundrissen Auffälligkeiten mit Symbolen und Kommentaren. Am Ende der Begehung werden die Auffälligkeiten in der Gruppe besprochen und in eine Datenbank aufgenommen. Sollten schwerwiegende Gefahrenbereiche zum Vorschein kommen, so sollten diese sofort gemeldet und behoben werden. Die restlichen Punkte werden mit einer Prioritätsskala bewertet und für den Verbesserungsplan gesichert. Die Umweltbegehung verfolgt zwei Ziele: Zum einen bekommt das Nachhaltigkeitsteam einen ausführlichen Überblick über alle Räume und Bereiche des Betriebs, zum anderen werden Aspekte untersucht, die bei den täglichen Begehungen selten zum Vorschein kommen oder nicht genügend nachgeprüft werden (Deutscher Tourismusverband e. V., 2016).

Der nächste Teil der Bestandsaufnahme ist die Sammlung und Auswertung von Verbrauchskennzahlen. In den Bereichen Energie, Materialeffizienz, Wasser, Müll, Emissionen und Biodiversität werden Kennzahlen ermittelt, mit denen die Effizienz des Hotels überwacht werden kann. Die Kennzahlen, z. B. der durchschnittliche Verbrauch von Restmüll pro Mitarbeiter, können mit denen anderer Betriebe verglichen werden, um einen Benchmark aufzustellen. Die Kennzahlen können zudem auf der Webseite oder in Broschüren an Gäste kommuniziert werden, um auf die Notwendigkeit von Sparmaßnahmen hinzuweisen. Neben den quantitativen Kennzahlen sollten auch qualitative Informationen anhand von Mitarbeiterbefragungen gesammelt werden, beispielsweise können die Abteilungsleiter ihre Abteilung in Bezug auf das Thema Nachhaltigkeit befragen. Zudem ist es von großer Bedeutung, dass eine unternehmensweite Mitarbeiterbefragung durchgeführt wird, die die Mitarbeiterzufriedenheit misst sowie Einschätzungen zu den bestehenden Nachhaltigkeitsbemühungen oder Verbesserungsvorschläge aufnimmt. Ähnlich wie bei den quantitativen Kennzahlen müssen die Befragungen regelmäßig durchgeführt werden, sodass Vergleichswerte geschaffen werden.

Die Datensammlung kann mit einem regulären Tabellenprogramm im Betrieb festgehalten werden. Online-Lösungen wie Avanti GreenSoftware bieten jedoch den Vorteil, dass die Daten online jederzeit zur Verfügung stehen und automatisch Statistiken und Graphiken erzeugt werden können, die vor allem bei der Berichterstattung sehr hilfreich sind. Zudem können verschiedene Lese- und Schreibzugänge eingerichtet werden, die eine dezentrale Datensammlung ermöglichen. Auch die Mitarbeiterbefragungen sowie ein Verbesserungsvorschlagswesen können direkt in dem Online-Tool abgebildet und eingespeist werden. Somit fungiert das Nachhaltigkeitsportal als „Cockpit" und bietet die Möglichkeit, alle Kernindikatoren zu überwachen.

Trotz unterschiedlicher Gegebenheiten können Vergleiche mit anderen Betrieben helfen, Stärken und Schwächen des eigenen Umweltmanagements aufzuzeigen. Ähnlich wie der Vergleich von Hotelraten dem Revenue Manager Weitsicht im Bereich Zimmerpreise gibt, ermöglicht ein Nachhaltigkeitsbenchmarking dem Nachhaltigkeitsmanager, die bestehenden Verbrauchskennzahlen besser einzuschätzen. Ein gutes Beispiel für ein ausführliches Benchmarkingsystem in der Hotellerie bietet die Zertifizierung *EarthCheck*. In der eigens entwickelten Online-Software steht jedem Mitglied ein interaktives Benchmarksystem zur Verfügung, das die bestehenden Verbrauchskennzahlen mit denen anderer zertifizierter Betriebe mit ähnlichen Gegebenheiten in Echtzeit vergleicht. Sollten die Werte über dem Durchschnitt liegen, werden Verbesserungsvorschläge, die in anderen Betrieben Erfolg gezeigt haben, empfohlen.

7.4 Ziele definieren – nur dann kommt man auch an

Nachdem der Ist-Zustand ausreichend dokumentiert und analysiert wurde, geht es im zweiten Teil darum, Ziele und Aktivitäten zu definieren, die helfen, den Betrieb in Richtung Nachhaltigkeit zu bewegen. Ein nachhaltiges Managementsystem strebt nicht nach einem bestimmten Standard, sondern versucht, einen kontinuierlichen Verbesserungsprozess zu initiieren. Es gibt durchaus offensichtliche Standards, die es zu erfüllen gilt, z. B. Mülltrennung, jedoch werden dem Betrieb keine konkreten Ziele vorab vorgegeben, die es zu erfüllen gilt. Dies sollte als Vorteil gewertet werden, da die örtlichen Rahmenbedingungen für jedes Hotel unterschiedlich sein können. Auch würden Betriebe, die die Ziele erfüllt haben, wenig Anreiz haben, sich weiter zu verbessern. Da jedes gastgewerbliche Unternehmen individuelle Voraussetzungen und Bedürfnisse hat, muss jedes einen individuellen Zielfindungsprozess durchlaufen. Es muss sichergestellt werden, dass die Ziele sowohl realistisch als auch anspruchsvoll für das jeweilige Haus sind. Der folgende Prozess wurde von verschiedenen Beratungsfirmen entworfen und hat sich durch viele Einführungsprozesse bewährt.

Im ersten Workshop mit dem Nachhaltigkeitsteam sowie Nachhaltigkeitsmanager werden alle Unternehmensprozesse auf einer Pinnwand zusammengetragen. Selten sind sich Mitarbeiter über alle Prozesse im Klaren, die zum Betrieb gehören. Offensichtliche Prozesse wie Housekeeping und Küche sowie weniger präsente Prozesse wie Einkauf, IT oder Buchhaltung werden visuell dargestellt. Als nächsten Schritt erarbeiten die Teilnehmer zu jedem Prozess bestehende Unternehmenstätigkeiten, die relevant für das Thema Nachhaltigkeit sind und auf einen Umweltaspekt Einfluss nehmen. Sowohl die Tätigkeiten als auch die Umweltaspekte werden in einer Tabelle aufgezeichnet. Ein Beispiel wäre die Verwendung von Reinigungsmitteln als Tätigkeit im Prozess „Housekeeping" mit dem Umweltaspekt „Schadstoffe". Ein weiteres Beispiel sind Geschäftsreisen als Aktivitäten im Prozess „Verkauf" mit dem Umweltaspekt „CO_2". Je effizienter und kreativer das Nachhaltigkeitsteam zusammenarbeitet, desto mehr Aktivitäten mit Umweltaspekten können in einer Tabelle notiert werden. Dieser Arbeitsabschnitt dauert in der Regel mehrere Stunden und kann, wenn notwendig, auf zwei Workshops verteilt werden.

Da jeder Betrieb eine begrenzte Anzahl an Ressourcen hat, müssen die Aktivitäten herausgefiltert werden, die den größten Effekt für das Nachhaltigkeitsmanagement bieten.

Als Nächstes werden in einer neuen Tabelle zu jeder gewählten Tätigkeit mehrere Vorschläge für Verbesserungen und Ziele gesammelt. Bei der Tätigkeit Verwendung von Reinigungsmitteln könnte unter anderem eines der Ziele lauten, dass die Verwendung von Reinigungsmitteln durch Streckung der Flüssigkeit um 10 % gesenkt wird. Ein weiteres mögliches Ziel wäre, die Reinigungsmittel auf ihre Inhaltsstoffe zu überprüfen und wenn möglich durch schadstoffärmere Mittel zu ersetzen. Die Ziele sollten spezifisch, messbar, realistisch und terminiert sein sowie einem Verantwortlichen zugewiesen werden (SMART-Kriterien). Sollte das Nachhaltigkeitsteam bei Workshops eine große Anzahl an Zielen und Aufgaben für die jeweiligen Tätigkeiten gesammelt haben, empfiehlt es sich, diese noch einmal anhand von Umsetzbarkeit, Kosten, Einfluss auf interne Prozesse, Mitarbeiterbefinden, öffentliches Interesse und Nutzen für die Umwelt zu priorisieren. Dies kann ähnlich wie bei der Wertung der Tätigkeiten anhand einer Punkteskala durchgeführt werden.

Am Ende des Zielfindungsprozesses werden die 10 bis 20 Top-Ziele von dem Nachhaltigkeitsteam in einer Liste zusammengefasst und mit Rücksprache der Firmenleitung offiziell verabschiedet. Es ist wichtig, dass die Ziele im Unternehmen transparent kommuniziert werden, sodass sich alle Abteilungen über deren Bedeutung bewusst sind.

7.5 Ziele umsetzen – die eigentliche Arbeit

Nachdem die Ziele und Verbesserungsvorschläge feststehen, geht es darum, das Programm umzusetzen. Wie bereits erwähnt, ist es wichtig, dass die Verantwortung für den Erfolg der Ziele und Verbesserungsmaßnahmen an verschiedene Mitarbeiter im Betrieb aufgeteilt wird. So sollen z. B. die Hausdamen für das Ziel verantwortlich sein, die Menge der verwendeten Reinigungsmittel im Hotel zu verringern. Wurde jedem Ziel zusätzlich eine Frist zugewiesen, kann sich der Nachhaltigkeitsmanager in regelmäßigen Abständen nach dem Stand der Dinge in den einzelnen Abteilungen erkundigen. Die Rolle des Nachhaltigkeitsmanagers sollte daher eher als Kontroll- und Koordinationsfunktion gesehen werden. Eine dezentrale Umsetzung der Ziele stellt sicher, dass die Verbesserungen im ganzen Haus eingeführt werden und der Veränderungsprozess organisch sowie langfristig ausgerichtet ist.

Die größte Aufgabe bei der Einführung eines Nachhaltigkeitsprozesses besteht darin, die Mitarbeiter für den Nachhaltigkeitsprozess zu motivieren. Es soll vermieden werden, dass die Nachhaltigkeitsziele als weitere lästige Vorschriften gesehen werden, die „von oben verabschiedet" wurden. Die Verbesserungsziele müssen von so vielen Mitarbeitern wie möglich getragen werden und als Chance für das Unternehmen, die Mitarbeiter, die Umwelt und die Gesellschaft gesehen werden.

Um den Umsetzungsprozess so dezentral wie möglich zu gestalten, bedarf es der Übertragung von Verantwortung auf verschiedene Unternehmensstufen. Das Thema „Empowerment" sollte vom Nachhaltigkeitsteam über das Management in alle Abteilungen getragen werden. Gerade wenn das Nachhaltigkeitsteam aus verschiedenen Hierarchiestufen und Abteilungen besteht und alle Teilnehmer wichtige Aufgaben im Nachhaltigkeitsmanagement erhalten, zeigt dies den Mitarbeitern im Betrieb, dass der Veränderungsprozess Teil „ihres" Unternehmens ist. Es ist daher jedoch umso wichtiger, dass sich alle Mitglieder im Nachhaltigkeitsteam mit dem Thema identifizieren und eine positive Einstellung zu dem Einführungsprozess entwickeln. Um diese Einstellung zu kultivieren, muss sichergestellt werden, dass sich alle Teilnehmer bei den Workshops einbezogen fühlen. Projekte wie die Umweltbegehungen, bei denen jeder Teilnehmer eine individuelle Aufgabe hat, helfen, dass sich alle Teilnehmer einbezogen fühlen und sich ihrer Aufgabe und Verantwortung bewusst sind. Diese Philosophie sollte sich dementsprechend bewusst durch die verschiedenen Workshops ziehen. Bedauerlicherweise fällt vielen Gastgebern die Bevollmächtigung von Unternehmensentscheidungen an Mitarbeiter schwer, da sehr oft noch ein starkes Hierarchiedenken vorherrscht. Wenn es gelingt, diese Denkweise zu überwinden und den Mitarbeitern bei diesem Thema ein Gefühl von Teilhabe und Verantwortung zu vermitteln, ist die Wahrscheinlichkeit viel größer, dass der Einführungsprozess erfolgreich verläuft.

Eine weitere Empfehlung für den Einführungsprozess kann durch dieses kurze Zitat zusammengefasst werden: „Wenn du ein Schiff bauen willst, dann trommle nicht Männer zusammen, um Holz zu beschaffen, Aufgaben zu vergeben und die Arbeit einzuteilen, sondern lehre die Männer die Sehnsucht nach dem weiten, endlosen Meer" (Antoine de Saint-Exupéry zugeschrieben). Die Botschaft, die bei den Einführungsworkshops nicht fehlen darf, ist, den Wert und das Ziel der Bemühungen an die Teilnehmer zu kommunizieren. Die Sehnsucht nach dem weiten, endlosen Meer für das Thema Nachhaltigkeit ist die Sehnsucht nach einer Welt und Gesellschaft, die für weitere Generationen besteht und das Leben lebenswert macht. Wenn es gelingt, bei den Teilnehmern diese Sehnsucht zu wecken, sind eine hohe Motivation und Eifer garantiert.

7.6 Das Berichtswesen als Informationsquelle

Das Berichtswesen innerhalb des Nachhaltigkeitsmanagements hat die Aufgabe, die internen sowie externen Interessenvertreter über die Ziele, Aktivitäten sowie Ergebnisse zu informieren. Je nach gewählter Form können verschiedene Zielgruppen regelmäßig angesprochen und zu dem Thema sensibilisiert oder sogar zur Mitarbeit motiviert werden. Zwei der am meisten verbreiteten Formen sind der Nachhaltigkeitsbericht und die Betriebszeitung.

Der Nachhaltigkeitsbericht ist ein übliches Mittel, um Mitarbeiter und Gäste über die Bemühungen zu informieren. Die meisten Nachhaltigkeitszertifizierungen sehen ihn sogar als Teil der Unternehmensprüfung. Ein ausführlicher Bericht sollte folgende Themen aufgreifen: Unternehmensporträt, Leitbild, Unternehmensdaten, Wirtschaftsdaten, Umweltdaten, Zufriedenheit der Gäste und Mitarbeiter, Beschäftigungsstruktur und Personalentwicklung, Beschaffungsrichtlinien, gesellschaftlicher Einfluss, Verbesserungsplan. Der Bericht ist eine Zusammenfassung der Unternehmensdaten, der Bestandsaufnahme sowie der Nachhaltigkeitsziele. Neben den Daten und Statistiken hat der Nachhaltigkeitsmanager die Möglichkeit, die Nachhaltigkeitsbemühungen zu kommentieren und für den Leser greifbar zu machen. Je nachdem, wie professionell und aufwendig der Bericht gestaltet wird, kann das Hotel den Bericht in den Zimmern auslegen sowie auf der Webseite einstellen.

Ein zweites weitverbreitetes Medium für die interne oder externe Berichterstattung sind Betriebszeitungen, E-Mail-Newsletter oder Gästezeitungen. Alle drei Medien haben den Vorteil, dass Mitarbeiter und Gäste regelmäßig zu dem Thema informiert und motiviert werden. Ein regelmäßiger Bericht über die laufenden Aktionen zeigt den Abteilungen, dass ihre Bemühungen gesehen und geschätzt werden. Gerade wenn unterschiedliche Abteilungen regelmäßig von ihren Erfolgen und Plänen berichten, kann dies andere Abteilungen zusätzlich ermutigen.

Eine zeitgemäße Erweiterung dieses Konzepts findet sich in der Schaffung von Data Dashboards durch Hotelgruppen und Einrichtungen. Diese Form der modernen Berichterstattung ermöglicht transparente Einblicke in ihre Umweltinitiativen und bietet eine zeitgemäße Möglichkeit, Informationen zu teilen (Sudau et al., 2021).

7.7 Interne und externe Audits

Der letzte Baustein bei der Einführung eines Nachhaltigkeitsmanagements ist das Audit, das die eingeführten Bemühungen untersucht, evaluiert und idealerweise befürwortet. Es gibt zwei grundsätzliche Formen von Audits: ein externes und ein internes Audit. Beide Formen haben ihre Vorteile und können abwechselnd im Betrieb eingesetzt werden.

Externe Audits erfordern einen externen Begutachter, der den Betrieb und das Nachhaltigkeitsmanagement ausführlich unter die Lupe nehmen kann. Zu beachten ist, dass ein externer Prüfer nicht von der Beratungsgesellschaft kommen sollte, die den Einführungsprozess geleitet hat. Dies stellt sicher, dass eine objektive Begutachtung durchgeführt werden kann. Der Umfang des Audits unterscheidet sich sehr danach, ob es die erste Unternehmensprüfung oder eine Nachprüfung ist. Die erste externe Unternehmensprüfung wird je nach Größe des Betriebs ein bis zwei Beratertage in Anspruch nehmen. Teilweise werden auch zwei Prüfer beauftragt, um die Objektivität der Einschätzung zu erhöhen.

Der Prüfer untersucht den kompletten Einführungsprozess und vergleicht ihn mit den vorgegebenen Kriterien des Managementsystems oder der Nachhaltigkeitszertifizierung. Anhand von bestehendem Berichtswesen, Begehungen sowie Gesprächen mit Mitarbeitern verschafft sich der Prüfer ein umfassendes Bild vom Betrieb. Stichprobenartig müssen Verbrauchskennzahlen nachgewiesen werden, um gewährleisten, dass sie wahrheitsgemäß angegeben wurden. Am Ende wird das Verbesserungsprogramm überprüft, um sicherzustellen, ob es sowohl anspruchsvoll als auch realistisch ist. Grobe Schwachstellen oder sogar Gefahren für Mitarbeiter und Gäste können entweder sofort gelöst werden oder als Bedingung für den Erhalt des Prüfsiegels genannt werden. Der Prüfer wird den Ist-Zustand in seinem Prüfbericht dokumentieren und notwendige Verbesserungen vorschlagen. Das Prüfsiegel wird bei Bestehen der Prüfung mit Verweis auf das Prüfungsdatum und den Prüfer verliehen.

Nachprüfungen halten sich generell an den Rahmen der ersten Prüfung, jedoch müssen nicht alle Bereiche untersucht werden, sondern können durch Stichproben abgedeckt werden. Der Schwerpunkt wird bei der Nachprüfung darauf gelegt, die Bereiche zu überprüfen, die im Verbesserungsprogramm erwähnt werden. Wurden die Ziele und Aktivitäten nicht ausreichend durchgeführt, kann das Prüfsiegel verweigert werden. In der Regel dauern Nachprüfungen einen Beratertag und sollten mindestens alle zwei Jahre durchgeführt werden.

Interne Audits werden von Mitarbeitern im Unternehmen durchgeführt, die mit dem Einführungsprozess vertraut sind. Normalerweise bestehen die Teilnehmer aus dem Nachhaltigkeitsteam sowie dem Nachhaltigkeitsmanager. Ähnlich wie bei der Umweltbegehung werden stichprobenartig Räumlichkeiten, Abteilungen und Prozesse bezüglich der bearbeiteten Nachhaltigkeitsschwerpunkte untersucht.

Der Vorteil von internen Audits liegt darin, dass die Prüfer als Mitarbeiter und Teilnehmer des Nachhaltigkeitsteams viel Erfahrung mit dem Unternehmen und dem Einführungsprozess haben. Zudem sind die Kosten bei bestehenden Mitarbeitern geringer. Die externe Prüfung hat im Gegenzug den Vorteil, dass der Prüfer eine objektive Sichtweise hat und bei schwerwiegenden Verstößen seine Erfahrungswerte einbringen kann. Auch hat sich gezeigt, dass vor und nach einer externen Prüfung mehr Motivation für die Umsetzung vom Verbesserungsprogramm besteht, da die Abteilungen die Begutachtung und den Prüfbericht ernster nehmen.

Da beide Varianten Vorteile für das Unternehmen haben, wird empfohlen, dass beide abwechselnd durchgeführt werden. Gerade regelmäßig durchgeführte Audits helfen, die Bemühungen weiterzuführen und eine klare Richtung vorzugeben. (www.imsm.com/de/news/externe-vs-interne-audits-wo-liegt-der-unterschied/, Einsehdatum 20.01.2024)

7.8 Checkliste zur Umsetzungsunterstützung bei der Einführung eines nachhaltigen Managements

Hinterfragen Sie sich! Die folgende Checkliste dient als Umsetzungsunterstützung zur Einführung eines nachhaltigen Managements. Sie enthält zentrale Fragen für eine erfolgreiche Umsetzung. Überlegen Sie bei jeder Frage, wie der Status quo in Ihrem Unternehmen ist:

- Ist die Frage für Ihren Betrieb **nicht relevant** und wird der Gedanke deshalb **nicht weiterverfolgt**?
- Ist die Frage für Ihren Betrieb **relevant** und wurde ihr **bereits nachgegangen**?
- Ist die Frage für Ihren Betrieb **relevant** und wird ihr **gerade nachgegangen**?
- Ist die Frage für Ihren Betrieb **relevant,** aber ihr wurde **bislang nicht nachgegangen**?

> **Checkliste: Umsetzungsunterstützung bei der Einführung eines nachhaltigen Managements**
> - Wurde in Ihrem Managementsystem bereits ein Nachhaltigkeitsprozess implementiert?
> - Greifen Sie bei der Einführung oder dem Monitoring des Nachhaltigkeitsgedankens auf interne personelle Ressourcen oder eine externe Unterstützung zurück?
> - Liegt Ihnen ein Drei-Jahres-Plan inklusive Maßnahmen für die Einführung eines nachhaltigen Managementprozesses vor?
> - Haben Sie eine Bestandsaufnahme Ihrer Profitcenter in Bezug auf nachhaltiges Agieren durchgeführt?
> - Führen Sie interne oder externe Audits durch?

Literatur

Deutscher Tourismusverband e. V. (2016). PRAXISLEITFADEN Nachhaltigkeit im Deutschlandtourismus Anforderungen I Empfehlungen I Umsetzungshilfen. www.bte-tourismus.de/wp-content/uploads/2019/01/LF-Nachhaltigkeit-Deutschlandtourismus.pdf. Zugegriffen am 20.02.2024.

Haase, A. (2013). *Make-or-Buy-Entscheidung für die Unternehmensberatung*. Deutscher Universitätsverlag.

Melzig, C., Kuhlmeier, W., & Kretschmer, S. (2021). *Berufsbildung für nachhaltige Entwicklung. Die Modellversuche 2015–2019 auf dem Weg vom Projekt zur Struktur*. Bundesinstitut für Berufsbildung.

Sudau, C., Heller, C., Kleber, N., & Schäfer, T. (2021). Leitfaden für Unternehmer – In fünf Schritten zum Erfolg: Nachhaltigkeitsberichterstattung für KMUs. www.ihk-muenchen.de/ihk/documents/CSR-Ehrbarer-Kaufmann/Leitfaden-Nachhaltigkeitsberichterstattung.pdf. Zugegriffen am 21.02.2024.

Kommunikation eines nachhaltigen Hotelangebots

8

> **Zusammenfassung**
>
> In diesem Kapitel geht es um die effektive Kommunikation nachhaltiger Hotelangebote. Die Autoren betonen, dass positive Handlungen kommuniziert werden sollten. Es werden Instrumente der Nachhaltigkeitskommunikation sowie die Vorteile von Marketingkooperationen besprochen. Auch die Bedeutung von Auszeichnungen zur Würdigung nachhaltiger Maßnahmen wird behandelt. Das Kapitel schließt mit einer praxisorientierten Checkliste zur Umsetzungsunterstützung.

8.1 Tu Gutes und sprich darüber

Der Gast des 21. Jahrhunderts schätzt Nachhaltigkeit – dies ist mittlerweile keine neue Erkenntnis mehr. Zahlreichen Studien oder auch dem Nachhaltigkeitsbericht des Hotelkonzerns Accor zufolge achten Touristen zwar mehr und mehr auf Themen wie sauberes Klima, gesunde Umwelt und faire Arbeitsbedingungen und nehmen sogar freiwillig Einschränkungen zu Gunsten der Nachhaltigkeit in Kauf. Jedoch zeigt ein Großteil noch keine Bereitschaft, die jeweilige Umsetzung auch monetär zu kompensieren. Zwischen der Einstellung zur Umwelt und dem tatsächlichen Umweltverhalten der Deutschen besteht also eine Diskrepanz. Dies bringt den Gastgeber in eine komplexe Situation, und so liegt es nun an ihm, seine nachhaltigen Aktivitäten in Bezug auf Ökologie und Ökonomie sowie im Bereich des Sozialen aktiv an seine Gäste zu kommunizieren, um nicht nur im Interesse seiner eigenen Unternehmung das nötige Umdenken zu erreichen, sondern darüber hinaus einen wichtigen Beitrag in puncto Zukunftsfähigkeit unserer Erde zu leisten – ein Thema, das vielen womöglich bereits abgeschmackt erscheinen mag und dennoch von größter Wichtigkeit ist. Warum aber lohnt es sich, ein Kapitel dem Aspekt *Kommunikation* zu widmen?

Die Antwort auf diese Frage ist relativ leicht gegeben. Zwar legt der Gast wie eingangs erwähnt immer mehr Wert auf Nachhaltigkeit – auch auf Reisen –, doch kann er dies nicht immer wertschätzen, da ihm womöglich das notwendige Hintergrundwissen fehlt. Mutet dem Gast beispielsweise die frische Almbutter auf dem Frühstückbuffet ein wenig ungewohnt an, versäumte es der Hotelier offenkundig, dem Gast aktiv z. B. durch einen Aufsteller zu vermitteln, dass es sich um ein regionales Produkt handelt und welch entscheidenden Beitrag er durch dessen Einsatz im eigenen Betrieb zum Thema Nachhaltigkeit leistet. Bei mangelnder Kommunikation der eigenen guten Taten besteht also die Gefahr der mangelnden Wertschätzung durch den Gast trotz dessen eigenen Anspruchs auf Nachhaltigkeit. Ein Paradoxon, das es durch den Hotelier zu überwinden gilt.

Des Weiteren gewinnt Kommunikation im Rahmen des unternehmerischen Handelns in der heutigen Zeit grundsätzlich eine immer größere Bedeutung. In Bezug auf die Kommunikationsbedingungen sind in hohem Maße die dynamische Entwicklung der Medienlandschaft sowie die Bedrohung durch zunehmende kommunikative Konkurrenz zu berücksichtigen. Ferner wächst die regelrechte Informationsüberflutung unserer Gesellschaft und stellt somit ein weiteres Faktum dar, das bei der wirkungsvollen Interaktion mit dem Gast nicht vernachlässigt werden sollte.

Doch stellt die passende Kommunikation des Nachhaltigkeitsgedankens, sofern er bereits gelebt wird, anstatt ein bloßes Lippenbekenntnis zu sein, für viele Hotels noch eine Herausforderung dar. Da Nachhaltigkeit jedoch heutzutage sogar ein bedeutendes Buchungskriterium ist und vom Gast als zusätzliches Qualitätsmerkmal verstanden wird, ist die richtige Vermittlung der eigenen Anstrengungen ausschlaggebend. Wenn also ein Hotelier in besonderem Maße auf nachhaltiges Wirtschaften achtet und dies vom Gast dann auch deutlich wahrgenommen wird, gelingt es häufig, ihn positiv zu überraschen. Die Folge sind nicht selten begeisterte und zufriedene Gäste, die durch eine emotionale Bindung loyale Stammgäste des Hotels werden können und es durch Mund-zu-Mund-Werbung oder mittels der neuen Medien im besten Falle vielmalig weiterempfehlen (von Freyberg et al., 2017, S. 196) – der letztendlich günstigste und wirksamste Weg der Vermarktung sowie die langfristige Existenzgrundlage jeder Unternehmung (Gruner et al., 2013, S. 96).

Entscheidend bei der Kommunikation des Nachhaltigkeitsgedankens sind mehrere Punkte. Zum einen müssen alle Stakeholder und möglichen Zielgruppen adressiert werden; neben den bereits bestehenden sowie potenziellen Gästen in gleich großem Maße die Zulieferer, Partner sowie die Mitarbeiter des eigenen Betriebs. Denn Letztere stellen einen entscheidenden Erfolgsfaktor des Hotelbetriebs dar (von Freyberg et al., 2017, S. 57) und somit liegt es auf der Hand, dass eben jene den Nachhaltigkeitsgedanken genau wie der Hotelier selbst leben, sich also gerne mit ihm identifizieren sollen und wollen. Zum anderen darf der Hotelier bei der Vermittlung des Themas Nachhaltigkeit nicht „oberlehrerhaft" wirken. Dies führt im schlimmsten Falle zu einer gänzlichen Ablehnung der sensiblen Thematik und wäre somit vollkommen kontraproduktiv im Hinblick auf die genannte Zielsetzung. Besondere Bedeutung kommt schließlich dem sogenannten Greenwashing zu, welches nicht minder kritisch zu betrachten ist als das bekannte Whitewashing. Beide

Begriffe beinhalten im Wesentlichen den Aspekt der Tatsachenverfärbung, sei es, indem man etwas schönfärbt – „weiß wäscht" – oder sich „ein grünes Mäntelchen umhängt", um so ein verantwortungsbewusstes und nachhaltiges Image zu erzeugen.

Greenwashing betreibt, wer zu Unrecht nachhaltiges Engagement für sich in Anspruch nimmt. Der mittlerweile international etablierte Begriff bezieht sich vor allem auf Unternehmen, die sich mit ökologischen oder auch sozialen Leistungen brüsten, die entweder nicht vorhanden sind oder die minimal sind im Verhältnis zu negativen öko-sozialen Auswirkungen des Kerngeschäfts. Doch gerade bei dem noch immer sensiblen und doch von vielen bereits als Quell des Überdrusses empfundenen Thema Nachhaltigkeit ist ehrliche und vor allem authentische Kommunikation unentbehrlich. Dies bedeutet also, dass in keinem Falle Sachverhalte Gegenstand der Kommunikationspolitik sein dürfen, die nicht tatsächlich so umgesetzt werden, wie es nach außen hin vermittelt wird. Auch die aufwendige Kommunikation eines einzigen positiven Beitrags durch das Hotel zum Thema Nachhaltigkeit, während die übrige Betriebstätigkeit eben jener genau entgegensteht, trägt nicht zur Erreichung des Ziels der Authentizität und Ehrlichkeit sowie zum langfristigen Erfolg bei.

Nun stellt sich die Frage, wie also der Hotelier seinen Gästen nahebringt, dass beispielsweise eingeschränkter Netzempfang bei Mobiltelefonen auf dem Hotelgelände nicht etwa Zeichen eines Makels ist oder gar etwa die Qualität des Angebots beeinträchtigt, sondern dass dieser Sachverhalt ganz bewusst zur Vermeidung von Elektrosmog und daraus resultierend von möglichen gesundheitlichen Risiken beitragen soll. Zur Beantwortung dieser Frage liegt es am Hotelier, im Vorfeld die geeigneten Kanäle der Kommunikation für die jeweilige Gegebenheit zu wählen und diese in der Folge effizient einzusetzen. Hierzu kann er entweder eine eigene Strategie entwickeln oder aber den Anschluss an eine geeignete Kooperation erwägen. Auch gewonnene Auszeichnungen bzw. Preise im Bereich der Nachhaltigkeit können einen wertvollen kommunikativen Beitrag leisten. In den folgenden Kapiteln sollen genau diese Entscheidungsalternativen näher beleuchtet werden, um schließlich die Entscheidungsfindung zu unterstützen.

8.2 Instrumente der Nachhaltigkeitskommunikation

Entscheidet sich der Hotelier für die Entwicklung einer eigenen Kommunikationsstrategie, sollte das Ziel sein, die Kommunikationspolitik aufeinander abgestimmt, effektiv und effizient zu gestalten. Nach Bruhn (2018, S. 2) kann unter Kommunikation die Übermittlung von Informationen und Bedeutungsinhalten zum Zweck der Steuerung von Meinungen und Einstellungen, Erwartungen und Verhaltensweise bestimmter Adressaten gemäß spezifischen Zielsetzungen verstanden werden. Welche konkreten Mittel sich dem Hotelier nun bieten, um nicht nur seinen Betrieb als Ganzes, sondern auch sein Handeln an die jeweiligen Stakeholder zu kommunizieren, sei im Folgenden aufgezeigt. Allgemein lässt sich anmerken, dass sich die instrumentelle und inhaltliche Bandbreite der Kommunikationspolitik von Unternehmen in den letzten Jahren erheblich verändert

	Interne nachhaltige Kommunikation	Externe nachhaltige Kommunikation
„Offline"	**Gegenüber Gästen:** - Aufsteller/Aufkleber/Tafeln/Schaukästen - Anbringung von Auszeichnungen - Hinweise in hausinternen Printmedien (Speisekarte, Infobroschüre, Hauszeitung etc.) - Führungen im Betrieb/zu regionalen Zulieferern **Gegenüber Mitarbeitern:** - Schulungen/Handouts	**Gegenüber (potenziellen) Gästen:** - Broschüren - Kataloge - Etc. **Gegenüber weiteren Stakeholdern:** - Redaktionelle Zeitungsbeiträge - Fachvorträge über die Nachhaltigkeitsaktivitäten - Etc.
„Online"	**Gegenüber Gästen:** - Infoscreen/Touchscreen - Touchpadkommunikation (im Zimmer) - TV Hotelinfokanal, QR Codes - Etc. **Gegenüber Mitarbeitern:** - Webseitenbereich für Mitarbeiter (Intranet) - Kommunikationstools wie hotelkit	- Imagefilme (auf Videoportalen wie Youtube, auf Betriebswebseite etc.) - Betriebswebseite (mit eigenem Reiter „Nachhaltigkeit") - Social Media (Facebook, Instagram, TikTok, Linked In) - Pre- und Poststay Emailkommunikation (Bannerwerbung) - Newsletter etc.

Abb. 8.1 Interne und externe nachhaltige Kommunikation. (Quelle: Eigene Abbildung)

haben (Gardini, 2022, S. 612), sodass sich dem Hotelier neue und innovative Möglichkeiten im Bereich der Kommunikation eröffnen.

Die jeweils richtige Auswahl und Kombination der in Abb. 8.1 genannten Mittel spielt eine entscheidende Rolle bei der Zielerreichung, in diesem Fall der richtigen Kommunikation der Nachhaltigkeitsaktivitäten.

Für ein effizientes Kommunikationskonzept liefert die Kommunikationsformel nach Laswell die entscheidenden Hinweise, die sowohl auf die Instrumente der Offline-Kommunikation als auch auf diejenigen der Online-Kommunikation angewandt werden kann:

- **Wer** (Unternehmen, Kommunikationstreibende)
- **sagt was** (Kommunikationsbotschaft)
- **unter welchen Bedingungen** (Umweltsituation)
- **über welche Kanäle** (Medien, Kommunikationsträger)
- **zu wem** (Zielperson, Empfänger, Zielgruppe)
- **unter Anwendung welcher Abstimmungsmechanismen** (Integrationsinstrumente)
- **mit welchen Wirkungen** (Kommunikationserfolg)

(Meffert et al., 2019, S. 633)

8.2 Instrumente der Nachhaltigkeitskommunikation

Es stellt sich die Frage, wie der Hotelier die in Abb. 8.1 genannten Werbemittel nun für seine Nachhaltigkeitsthemen einsetzen kann. Sicher sind die Zeiten vorbei, als bloße Aufkleber im Badezimmer, die womöglich schon ausgebleicht und abgenutzt sind und den Gast um sparsamen Wasserverbrauch oder selteneres Wechseln der Handtücher bitten, überzeugen (siehe Abb. 8.2). Schlimmstenfalls empfindet der Gast sie sogar als Sparmaßnahme seitens des Hotels auf seine Kosten – ein Gefühl, das dem Hotelgast keinesfalls vermittelt werden sollte.

Gerade die heutigen grafischen und technischen (Online-)Möglichkeiten erleichtern mittlerweile eine ansprechende Visualisierung des nachhaltigen Handelns eines Hotels in großem Maße.

Einige Beispiele mögen eine Idee geben:

> **Beispiele für Hotels, die zu nachhaltigem Handeln aufrufen**
> - Das Ferienhotel „Das Kranzbach" hängt im Haus auf einer großen, deutlich sichtbaren Tafel die 21 wichtigsten Green Facts aus und visualisiert so dem Gast die Hauptbestandteile der Nachhaltigkeitsphilosophie (www.daskranzbach.de, Einsehdatum 03.01.2024).
> - Im „Explorer Hotel" in Fischen, dem ersten zertifizierten Passivhotel Europas, findet der Gast auf interaktiven Touchscreens nicht nur Tipps für die nächste Ski- oder Wandertour, sondern auch alles Wissenswerte zur im Haus gelebten Nachhaltigkeit (www.explorer-hotels.com/oberstdorf/, Einsehdatum 30.11.2023).
> - Der Geschäftsführer der „Upstalsboom Hotels und Ferienwohnungen", Bodo Janssen ließ einen aufwendigen Kurzfilm zum Thema soziale Nachhaltigkeit mit dem Titel „Der Upstalsboom Weg" drehen, in dem er potenziellen Gästen, Mitarbeitern und sämtlichen übrigen Stakeholdern eindrucksvoll vermittelt, was nachhaltige Mitarbeiterwertschätzung in seinen Betrieben bedeutet (www.upstalsboom.de, Einsehdatum 11.05.2014).

Die fortschreitende Digitalisierung ermöglicht innovative Ansätze zur Förderung nachhaltiger Praktiken, wie im folgenden Beispiel ersichtlich wird:

Beispiel

Eine App als Kernstück für das interne Miteinander und das Mit-Unternehmertum
Bessere und schnellere Kommunikation, die Vernetzung aller Mitarbeiter, Wissen auf einen Klick verfügbar machen, Transparenz im Tun und das alles digital und ohne Papier, und darüber hinaus unkompliziert, effektiv und motivierend. Im Hoteldorf Schindlerhof ist eine App nicht nur das zentrale Tool für interne Kommunikation, sondern Teil der Unternehmenskultur. Die HUMANSTARSapp bündelt Wissen, Neuig-

Abb. 8.2 Klassische Nachhaltigkeitskommunikation in Hotelbädern. (Quelle: Eigenes Foto)

keiten und ist lustvoller Innovationstreiber. Von „Great Place to Work" wurde der Schindlerhof für die App mit dem Sonderpreis für Wissen und Kompetenz ausgezeichnet.

Wie so vieles im Schindlerhof ist die App, die für die interne Kommunikation genutzt wird, natürlich kein Produkt „von der Stange". Sie wurde inhouse konzipiert und umgesetzt – abgestimmt auf die individuellen Anforderungen – und sie wird stetig weiterentwickelt. Warum der Name HUMANSTARSapp? Im Schindlerhof gibt es keine HR-Abteilung. Denn Begriffe wie Human Ressources sind Nicole Kobjoll, der Schindlerhof-Inhaberin, ein Graus. Jedes ihrer Team-Mitglieder ist ein Human Star. „Denn das Tun, Schaffen, Wirken und Strahlen der Human Stars sind das Herzstück des Schindlerhofs", erläutert Nicole Kobjoll. „Wir lassen Menschen strahlen, damit die Welt heller wird", so der gemeinsam erarbeitete Purpose.

Zurück zur App: Ihr Entstehen hat seine Anfänge in der Endphase der Schwangerschaft von Nicole Kobjoll, es gab ein Arbeitsverbot. Um auf dem Laufenden zu bleiben, wie es im Tagungs- und Hotelgeschäft läuft, strapazierte sie alle Involvierten mit ziemlich vielen Anrufen. Die Idee für ein Tool, das alle Abläufe bündelt und aktuell sichtbar macht, war geboren. Dr. Marcel Setzer, Ehemann von Nicole Kobjoll, und sein Team entwickelten die App ganz speziell für die Anforderungen, die Strukturen und Abläufe im renommierten Tagungshotel.

„Du kannst nur dann mitdenken und Verantwortung übernehmen, wenn du alle Informationen zur Verfügung hast, …"

Im Schindlerhof ist die App-Nutzung nicht mehr wegzudenken. Jedes Team-Mitglied, vom Koch-Azubi, über das Housekeeping bis zum Bankettleiter, ist mit einem iPad ausgestattet und hat Zugang zur App. „Wir nutzen die HUMANSTARSapp jeden Tag für unser Tuning, in allen Leistungsbereichen, denn sie zeigt unseren Erfolgsspiegel: Umsätze, Hochrechnungen, Prognosen; darüber hinaus Dienstpläne, Zielpläne, den Jahresbericht und Protokolle von Führungskräfte-Meetings. Wir sind transparent für alle Team-Mitglieder. Wir möchten, dass die Menschen, die hier arbeiten, Mit-Unternehmer sind", erläutert Nicole Kobjoll.

Apropos Dienstpläne: Die App vernetzt auch alle Mitarbeitenden. So unkompliziert und direkt kommunizieren zu können, wird sehr geschätzt – insbesondere bei unterschiedlichen Dienstzeiten. Wenn der Dienstplan mit einem wichtigen Privattermin kollidiert, lässt sich über die App schnell in Erfahrung bringen, ob eine Kollegin oder ein Kollege zum Tausch bereit ist.

Tagesaktueller und zeitsparender Rückblick

Natürlich wird die App für tagesaktuelle Neuigkeiten genutzt. In einem Unternehmen, das Hotellerie, Gastronomie und Tagungsgeschäft verbindet, gibt es permanent News mit Relevanz für viele und ganz unterschiedliche Bereiche des Betriebs. So kann der spontan geäußerte Sonderwunsch eines VIP-Gastes blitzschnell an alle übermittelt werden. Darüber hinaus ist die App eine Art Schindlerhof-Wiki, in dem Mitarbeitende auch weit zurückblicken können, wenn es notwendig ist.

Ideenmanagement – auch für nachhaltige Themen

Aus dem Qualitätsmanagement kommt der Begriff des kontinuierlichen Verbesserungsprozesses (KVP). Genau dazu soll jeder Mitarbeitende mindestens einmal im Monat eine Idee entwickeln, die gut für die Umwelt ist, die zum persönlichen Wohlbefinden oder zum Wohlbefinden der Gäste beiträgt oder die einfach Sand aus dem Getriebe spült. Jeder ist aufgerufen, das Unternehmen aktiv mitzugestalten.

Team-Mitglieder entdeckten, dass sich gute Ideen von Kolleginnen und Kollegen zuweilen wiederholen. Deshalb wurde fortan dokumentiert, welche Idee bereits vorgestellt und ob sie umgesetzt wurde. Da Interaktion und die Möglichkeit zur Partizipation ein wichtiges Thema für die Akzeptanz der App sind, können Ideen gelikedt werden, und Mitarbeitende können sich für die Umsetzung bewerben.

So kam es übrigens, dass Nicole Kobjoll zur Imkerin wurde – die Gäste genießen heute eigenen Schindlerhof-Honig auf dem Frühstücksbuffet. Die Idee kam aus dem Küchenteam. Ein schönes Beispiel für die stetige Weiterentwicklung der HUMANSTARSapp – und eine kleine, feine, „grüne" Idee, die auch die Bepflanzung mit besonders bienenfreundlichen Blumen zur Folge hatte.

Motivation für die wertvolle kontinuierliche Reflexion

Der MAX STAR INDEX ist das in die App integrierte Instrument für die Reflexion jedes Einzelnen. Jeder Mitarbeitende ist aufgerufen, jeden Monat eine Frageliste zu beantworten. Hier geht es beispielsweise um wahrgenommene Weiterbildungsangebote, um das Einbringen von Ideen, darum, was der Mitarbeitende für sich selbst als Highlight des Monats empfunden hat, und um Fragen zur Identifikation mit dem Unternehmen. Die Antworten werden nach einem transparenten Punktesystem bewertet. Entwickelt wurde dieses Tool mit der Fachhochschule Schweinfurt. Um zur freiwilligen Teilnahme zu motivieren, werden jeden Monat zwei Geschenke überreicht: für den Monatsgewinner und den oder die Führende/n im MAX STAR INDEX Gesamt-Jahresergebnis. Hierdurch teilt das Team wertvolle und aktuelle Informationen. Werden Ärgernisse preisgegeben, können die Teamleiter direkt intervenieren und die Störfaktoren eliminieren.

Nachhaltige Beziehungen: Alumni-Netzwerk

Über die HUMANSTARSapp steht das Schindlerhof-Team auch mit mehr als 70 Ehemaligen in Verbindung. „Ehemalige Mitarbeitende sind für uns geschätzte Multiplikatoren in Sachen Employer Branding", erläutert Nicole Kobjoll. Auch wenn die Kommunikation von Mensch zu Mensch das Wichtigste ist, gibt es einmal wöchentlich ein Update für die Alumni über die App.

Nicole Kobjoll bestätigt, dass die App definitiv die Hürde für die Mitarbeiter senkt, mit ihren Chefs in den Austausch zu gehen. „Die HUMANSTARSapp fördert Verbindungen, ermöglicht Fair-Bindungen auf Augenhöhe."

Das Hoteldorf Schindlerhof, gegründet von Klaus Kobjoll, wird in zweiter Generation seit 2000 von Nicole Kobjoll geführt. Das mehrfach ausgezeichnete Tagungshotel beschäftigt rund 50 Mitarbeitende.

(www.schindlerhof.de, Einsehdatum 09.12.2023) ◄

Folgender Text findet sich unter anderem auf der Webseite des „The Monarch Hotel" unter dem Reiter „Nachhaltigkeit":

> **Nachhaltigkeitskommunikation im Hotel Luise: „The Wall of Change"**
>
> Die „Wall of Change", die in der Lobby des Erlanger Hotel Luise als Kunstwerk kreiert wurde, dokumentiert das unermüdliche nachhaltige Tun des Betriebs bzw. des Inhabers Benjamin Förtsch. Auf kleinen Holzblättern stehen die über 220 Maßnahmen, die das Haus in der Vergangenheit umgesetzt hat. Die Wand dient als Inspirationsquelle für Gäste und Mitarbeiter und ist eine Plattform für den Austausch von nachhaltigen Ideen. Auf der separaten Webseite www.luise.eco ist diese Wand auch digital umgesetzt. So können sich auch potenzielle Gäste über die vielen wegweisenden und innovativen Projekte und Aktionen dieses Vorzeigebetriebs informieren.
> (www.luise.eco, Einsehdatum 20.03.2024) ◄

Instrumente, die stärker auf die Interaktivität der Online-Kommunikation abstellen, bieten eine hervorragende Möglichkeit, über aktuelle nachhaltige Themen zu informieren. Beispiele sind Blogs, Foren, Communities oder Newsgroups. Insbesondere Facebook, Instagram und TikTok sind mittlerweile prädestiniert, „grüne" Botschaften zu transportieren.

8.3 Marketingkooperation – gemeinsam geht es leichter

Sieht sich der Hotelier beispielsweise aufgrund des hohen operativen Geschäftsaufkommens oder aber aufgrund mangelnder Sicherheit auf dem Gebiet der Nachhaltigkeit und deren wirkungsvoller Kommunikation nicht in der Lage, eine eigene Strategie zu entwickeln, so kann der Anschluss an eine Marketingkooperation eine interessante Alternative sein. Marketingkooperationen sind auf vielfältige Art und Weise möglich: von gemeinsamen Werbeaktionen und Cross-Promotions (gegenseitige Reklame von Firmen, die ihre Produkte in unterschiedlicher Weise anbieten) über Vertriebskooperationen und attraktive Leistungsbündel bis hin zum gezielten Querverkauf. Eine Kooperation festigt die Marktposition der Kooperationspartner und unterstützt den gemeinsamen Ausbau. Zudem bietet sie den Beteiligten die Möglichkeit, von Kostenvorteilen sowie von Arbeits- und zeitlicher Erleichterung durch Aufgabenteilung zu profitieren.

Die Gründung neuer oder der Anschluss an bestehende Kooperationen spielen im Tourismus eine zunehmend größere Rolle für die Umsetzung von Marketingkonzepten. Jede Kooperation wird mit unterschiedlichen Zielsetzungen gegründet. In Bezug auf die Kooperationsarten unterscheidet man zwischen **betrieblichen** Kooperationen, welche keine eigene Rechtspersönlichkeit haben, und **überbetrieblichen** Kooperationen, welche ein gemeinsames Unternehmen gründen (Freyer, 2011, S. 536).

Anschauliche Beispiele für eine **betriebliche** Kooperation stellen die Sleep Green Hotels sowie die Kooperation der BIO-Hotels dar.

Netzwerk für „grüne" Hotels

Die Erfolgsgeschichte der Sleep Green Hotels begann mit fünf visionären Gründern, die sich dem nachhaltigen und umweltbewussten Lebensstil verschrieben hatten. Im Jahr 2012 gründeten Volker Aust, Bertram Späth, Michaela Reitterer, Georg Maier und Tim Düysen die Gesellschaft der Sleep Green Hotels. Alle Gründer kamen aus der Hotellerie und waren bestrebt, Ressourcen zu schonen und umweltfreundlich zu arbeiten.

Die Sleep Green Hotels ermöglichten von Anfang an den Austausch und das gemeinsame Lernen zwischen ihren Mitgliedern. Die mittlerweile 17 Sleep Green Hotels legen großen Wert auf Qualitätsstandards. Es wurden strenge Kriterien für die Aufnahme neuer Mitglieder entwickelt, die Mitarbeiterführung, Nutzung von erneuerbaren Energiequellen, Verwendung von regionalen und Bio-Lebensmitteln sowie die Anerkennung von Nachhaltigkeitszertifikaten umfassen. Ein herausragendes Beispiel der Vereinigung ist das DERAG LIVINGHOTEL am Münchner Viktualienmarkt, ein „Null-Energie-Hotel" mit selbst erzeugter Energie und effizienter Ressourcennutzung. (www.sleepgreenhotels.com, Einsehdatum 30.12.2023) ◄

Bio Hotels

Im Jahr 2001 begann die Reise der BIO HOTELS, einer Gruppe von Hoteliers mit einer visionären Idee in einer Zeit, als Nachhaltigkeit im Tourismus noch belächelt wurde. Sie beschlossen, den Tourismus neu zu denken, indem sie sich ganzheitlich für Mensch und Umwelt einsetzten. Alle BIO HOTELS zeichnen sich durch ihre Individualität aus, halten jedoch gemeinsame Standards ein, darunter Bio-Lebensmittel, Naturkosmetik und Ökostrom. Die Gemeinschaft hat klare Werte und Ziele festgelegt, die sich im Laufe der Zeit entwickelt haben.

Diese Werte umfassen:

- Die Weiterentwicklung als impulsgebende Wertegemeinschaft mit ökologischer Begeisterung
- Die Prägung der Entwicklung für nachhaltige Erholung und Gastlichkeit
- Das Vorleben nachhaltigen Wirtschaftens und Lebens auf der Erde
- Die Pionierarbeit im grünen Tourismus, um die Zukunft des Tourismus zu gestalten und Nachhaltigkeit zu fördern

Die BIO HOTELS demonstrieren, wie Nachhaltigkeit und Tourismus Hand in Hand gehen können, und engagieren sich aktiv für eine lebenswerte Welt für künftige Generationen. Die Werte der Gemeinschaft, darunter Wertschätzung, Verantwortung, Authentizität, Individualität und Innovation, dienen als Leitplanken für ihr Handeln. Sie setzen sich für einen höflichen und respektvollen Umgang, Achtsamkeit gegenüber Mensch, Tier und Umwelt sowie die Förderung von Vielfalt und Andersartigkeit ein. (www.biohotels.info, Einsehdatum 02.12.2023) ◄

Tab. 8.1 Vor- und Nachteile einer Kooperation

Vorteile	Nachteile
Wissens- und Erfahrungsaustausch zwischen Hoteliers	Fehlender Bekanntheitsgrad der Kooperation beim Gast
Profitieren von langjährigen Erfahrungen auf dem Gebiet der Nachhaltigkeit	Zusätzliche Kosten für Anschluss an die jeweilige Kooperation
Stärkung und Ausbau der eigenen Marktposition	Diskrepanz zwischen eigenem und durch Kooperation vermitteltem Nachhaltigkeitsgedanken
Möglichkeit der Aufgabenteilung	
Kosteneinsparungspotenziale	

Natürlich birgt der Anschluss an eine Kooperation in manchen Fällen auch Risiken. Überwiegen aber die Vorteile für den jeweiligen Hotelier, so stellt der Anschluss an eine Marketingkooperation eine sinnvolle Alternative zur „selbst gestrickten" Kommunikation dar. Eine detaillierte Übersicht über die Vor- und Nachteile einer Kooperation ist in Tab. 8.1 dargestellt.

8.4 Auszeichnungen – Ehre, wem Ehre gebührt

Wer Herausragendes leistet, soll die entsprechende Anerkennung für seine Leistung erhalten. Nur so wird die Motivation, immer neue Höchstleistungen zu erzielen, aufrechterhalten. Wer bei den Bundesjugendspielen Spitzenergebnisse erbringt, erhält eine Ehrenurkunde. Wer geistige Höchstleistungen erzielt, hat die Möglichkeit, über ein Begabtenstipendium ausgezeichnet und unterstützt zu werden. Wer als Gast oder Mitarbeiter den größtmöglichen persönlichen Beitrag zum nachhaltigen Wirtschaften in einem Hotel leistet, wird zum „Green Champion". Das Hotelforum in München verleiht jährlich Preise wie etwa den „Blue Award". Die Liste an Beispielen ließe sich noch lange fortführen. Allen gemeinsam ist der Aspekt des Anreizes in Form von Lob und Anerkennung. Durch Anreize wiederum ist der Mensch viel eher willens und in der Lage, erneut Herausragendes zu leisten. Auszeichnungen belohnen den Erbringer der jeweiligen Spitzenleistung nicht nur, sondern tragen sein Erreichtes auch nach außen. Hier schließt sich nun der Kreis, denn wie der Leser zu Beginn dieses Kapitels erfahren hat, soll der Hotelier sein nachhaltiges Handeln aktiv an die jeweiligen Interessengruppen kommunizieren, anstatt dies nur im stillen Kämmerlein zu praktizieren. Dazu können Auszeichnungen einen entscheidenden Beitrag leisten. Hierzu zählen zum einen diejenigen Auszeichnungen, die der Hotelier selbst erhält, zum anderen aber auch solche, die er vergibt. Und zwar an Gäste, Mitarbeiter, Lieferanten oder Partner.

Für vorbildliches Handeln eines Hotels im Bereich der Nachhaltigkeit gibt es diverse Auszeichnungen. Viele ehren das umweltbewusste Engagement von Hotels wie etwa das verstärkte Nutzen von erneuerbaren Energien, doch auch außergewöhnliches Umweltmarketing wird gewürdigt.

Die Anerkennung in Form einer Auszeichnung belohnt nicht nur den jeweiligen Hotelier für seine Anstrengungen, sondern schafft zudem beim Gast Vertrauen. Vor allem potenzielle Gäste, die sich noch nicht vom nachhaltigen Handeln eines Hotels überzeugen konnten, haben durch die Auszeichnung durch eine unabhängige Organisation mehr Sicherheit und der Anreiz zur Buchung kann somit erhöht werden. Erlebt ein Gast in der Folge während seines Aufenthalts auch das aufrichtige nachhaltige Handeln in den Bereichen Ökologie, Ökonomie und Soziales, so kann er wiederum loyalisiert werden und trägt durch Weiterempfehlungen zu einem höheren Bekanntheitsgrad des jeweiligen Hotels bei.

Die 101 Besten – Nachhaltigkeitspreis der deutschen Hotellerie

Die deutsche Hotellerie erkennt zunehmend die Notwendigkeit, nachhaltige Praktiken in ihren Betrieben zu implementieren. Um herausragende Akteure zu würdigen, wurde im Jahr 2021 der deutsche Nachhaltigkeitspreis ins Leben gerufen, der vom Kuratorium der „101 besten Hotels Deutschlands" in enger Zusammenarbeit mit Suzann Heinemann von Greensign entwickelt wurde.

Er basiert auf einem umfangreichen Kriterienkatalog, der die unterschiedlichen Facetten nachhaltiger Hotellerie erfasst. So stehen nicht nur die nachhaltige Vision im Vordergrund, sondern auch konkrete operative Maßnahmen. Es geht darum, wie nachhaltiges Denken und Handeln in den täglichen Betrieb integriert werden, wie Mitarbeiter dafür sensibilisiert und eingebunden werden und ob offizielle Zertifizierungen vorliegen, die die Nachhaltigkeitsbemühungen attestieren.

(www.die-101-besten.com, Einsehdatum 22.11.2023) ◄

GCB und EVVC: Nachhaltigkeitspreis

Das German Convention Bureau (GCB) und der Europäische Verband der Veranstaltungs-Centren (EVVC) haben 2014 erstmalig die „Meeting Experts Green Awards" verliehen. Der Preis würdigt Nachhaltigkeit in der deutschsprachigen Tagungs- und Kongressbranche.

Bewerber müssen nachhaltige Ansätze in ihrem Betrieb oder bei Veranstaltungen vorweisen. Eine Jury bewertet die Bewerbungen anhand von Kriterien wie Innovationsgrad und Originalität der Bewerbung, Realisierbarkeit des nachhaltigen Ansatzes, Sinnhaftigkeit, Kosten-Nutzen-Verhältnis und Evaluation.

(www.biz-awards.de; www.convention-net.de, Einsehdatum 20.11.2023) ◄

Das Green-Leaders-Programm von TripAdvisor

Die Hotelbewertungsplattform TripAdvisor ermöglicht Reisenden durch die Einführung des Öko-Spitzenreiter-Programms, gezielt umweltfreundliche Hotels zu ermitteln. Qualifizierte Unternehmen sind auf TripAdvisor durch ein „Öko-Spitzenreiter"-Widget gekennzeichnet. Durch Klick auf das Widget wird dem Gast ermöglicht, in alle Öko-Geschäftspraktiken einzusehen. Das auf freiwilliger Basis entwickelte Programm hat sich

Öko-Geschäftspraktiken wie Recycling, Verwendung lokaler und Bio-Lebensmittel sowie Ladestationen für Elektrofahrzeuge verschrieben und ermöglicht, die Nachhaltigkeit in der Hotellerie zu fördern. Um an dem Programm teilzunehmen können, müssen sich Hotels und B&B bei TripAdvisor bewerben, akzeptiert werden und sich als Öko-Spitzenreiter oder Öko-Partner qualifizieren. Das Programm unterscheidet zwischen „Öko-Spitzenreiter" und „Öko-Partner". Die Öko-Spitzenreiter können je nach Intensität der Öko-Geschäftspraktiken den Status Bronze, Silber, Gold oder Platin erreichen, wohingegen die Öko-Partner zunächst die Mindestanforderungen wie ein Programm zur Wiederverwendung von Handtüchern und Bettwäsche, die Verwendung von Energiesparlampen, Recycling oder die Nachverfolgung des Energieverbrauchs erfüllen müssen.
(www.tripadvisor.de, Einsehdatum 25.11.2023) ◄

8.5 Checkliste zur Umsetzungsunterstützung von nachhaltiger Kommunikation

Hinterfragen Sie sich! Die folgende Checkliste dient als Umsetzungsunterstützung zur richtigen Kommunikation von Nachhaltigkeit. Sie enthält zentrale Fragen für eine erfolgreiche Umsetzung. Überlegen Sie bei jeder Frage, wie der Status quo in Ihrem Unternehmen ist:

- Ist die Frage für Ihren Betrieb **nicht relevant** und wird der Gedanke deshalb **nicht weiterverfolgt**?
- Ist die Frage für Ihren Betrieb **relevant** und wurde ihr **bereits nachgegangen**?
- Ist die Frage für Ihren Betrieb **relevant** und wird ihr **gerade nachgegangen**?
- Ist die Frage für Ihren Betrieb **relevant**, aber ihr wurde **bislang nicht nachgegangen**?

> **Checkliste: Umsetzungsunterstützung zur richtigen Kommunikation von Nachhaltigkeit**
> - Verfügen Sie über eine Kommunikationsstrategie hinsichtlich Ihrer durchgeführten Nachhaltigkeitsmaßnahmen?
> - Beachten Sie die Kommunikationsformel von Laswell?
> - Haben Sie Ihre Offline- und Online-Kommunikationsmittel im Hinblick auf Ihre Nachhaltigkeitsaktivitäten auf die verschiedenen Zielgruppen abgestimmt?
> - Kennen Sie Marketingkooperationen in Bezug auf Nachhaltigkeit? Kommen sie für Ihren Betrieb in Betracht? Wenn nein, warum nicht?
> - Können Sie aus den Sachverhalten der aufgeführten Praxisbeispiele für Ihr Haus Erkenntnisse gewinnen?

Literatur

Bruhn, M. (2018). *Kommunikationspolitik* (9. Aufl.). Vahlen.
Freyer, W. (2011). *Tourismus Marketing* (7. Aufl.). De Gruyter.
Gardini, M. A. (2022). *Marketing-Management in der Hotellerie* (4. Aufl.). Walter de Gruyter.
Gruner, A., von Freyberg, B., & Phebey, K. (2013). *Erlebnisse schaffen in Hotellerie und Gastronomie*. Matthaes.
Meffert, H., Burmann, C., Kirchgeorg, M., & Eisenbeiß, M. (2019). *Marketing. Grundlagen marktorientierter Unternehmensführung* (13. Aufl.). Springer Gabler.
Von Freyberg, B., Gruner, A., & Lang, M. (2017). *ErfolgReich in der Privathotellerie* (2. Aufl.). Matthaes.

Praxisbeispiele von Vorbildern des Gastgewerbes

9

> **Zusammenfassung**
>
> In diesem Kapitel stehen Praxisbeispiele in Form von Interviews zum Thema „gelebte Nachhaltigkeit" im Fokus, entlang des von den Autoren des Buchs entwickelten „Be green"-Modells. Es werden verschiedene Beispiele präsentiert, die Einblicke in nachhaltige Praktiken in der Hotellerie geben.

Die vorangegangenen Kapitel beleuchteten die verschiedenen Angriffspunkte für die erfolgreiche Umsetzung von Nachhaltigkeitsaspekten im gastgewerblichen Betrieb. Das „BE GREEN"-Modell fasst diese Angriffspunkte zusammen und kann eine Gedankenstütze darstellen (s. Abb. 9.1).

Es gibt eine ganze Reihe von Vorreitern der „grünen" Bewegung im Gastgewerbe. Nachfolgend geben ausgewählte Hoteliers und Gastronomen einen Einblick in ihr Nachhaltigkeitsverständnis bzw. ihre Nachhaltigkeitsarbeit.

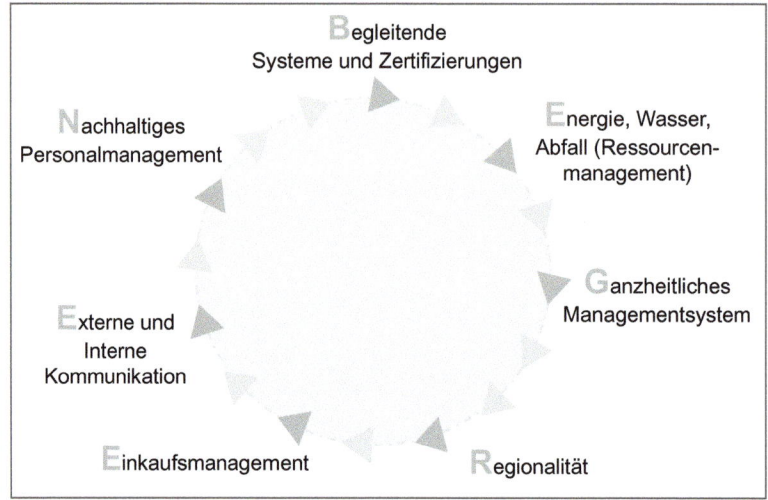

Abb. 9.1 „BE GREEN"-Modell nach von Freyberg et al. (2014)

9.1 Nachhaltiges Ressourcenmanagement im Hotel HAFFHUS

Interview mit Nele Winkler, Hospitality Managerin

(© Haffhus | Hotel & Spa)

1. **Was bedeutet Nachhaltigkeit für Sie und das HAFFHUS?**
   Nach meinem persönlichen Empfinden ist Nachhaltigkeit kein bloßes Trendthema. Sie stellt einen deutlichen Teil des gesellschaftlichen Veränderungsprozesses dar, der be-

deutend die aktuellen und die kommenden Jahre prägen wird. Für die jüngere Generation sind Umweltbewusstsein und Achtsamkeit nicht nur eine Möglichkeit, sondern eher aktive Bestandteile des Alltags. Das ist ein guter Ansatz, um der Thematik keine konkrete Definition aufzudrängen und mehr Leichtigkeit zu verschaffen. Ich verstehe unter Nachhaltigkeit ein Umdenken mit Blick auf Ressourcenschonung und ein Handeln, welches sich nicht nur auf das „Hier und Jetzt", sondern auch auf die allgemeine Zukunft bezieht.

Grüne Konzepte sind nicht nur im Sinne der Umwelt, sie stellen auch einen maßgeblichen Teil des unternehmerischen Aspektes dar. Effiziente wirtschaftliche Entscheidungen können eine langfristige und positive nachhallende Wirkung haben. Mit Projekten, bei denen man sich auf die Schonung, Einsparung sowie auf das Wesentliche konzentriert, wird nicht nur ein nachhaltiger Wandel einhergehen, sondern auch eine wirtschaftliche Absicherung für die Zukunft des Unternehmens.

2. **Wie hat sich das Thema Nachhaltigkeit in der Historie der Hotelanlage entwickelt?**
Unser HAFFHUS besteht schon seit 1999 als Familienbetrieb. Seitdem wurden viele Entscheidungen getroffen: wirtschaftliche und auch nachhaltige. Schon 2001 ging dies miteinander einher, als wir uns gegen fossile Brennstoffe und für die Installation einer Hackschnitzelheizung entschieden haben. Die Nutzung von forstwirtschaftlichen Reststoffen der Region brachte nicht nur die Wärmeautarkie der Hotelanlage mit sich, sondern auch unterbewusst den ersten Schritt in Richtung Selbstversorgung. Der Energiesektor lag schon immer im Fokus, da dieser ökologisch und ökonomisch starke Auswirkungen hat. Mitten im Schutzgebiet des Stettiner Haffs haben wir mit unserem Team von vornherein einen anderen Bezug zur Natur, die uns täglich umgibt und die wir erhalten wollen.

Über die Jahre wurden mehrere Klassifikationen für Nachhaltigkeitssiegel durchgeführt, die uns gezeigt haben, dass wir bereits auf dem richtigen Weg sind. Impulsentscheidungen, die nachhaltig waren: Energieeffizienz, Abfallorganisation, Wasser- und Wärmemanagement, eine interne Wäscherei, regionale und saisonale Produkte im Restaurant, später Elektromobilität und stets der wichtige Aspekt der Digitalisierung.

2017 führten wir mehrere Erweiterungsprojekte hinsichtlich der Hotelzimmer, Governanträume und des neuen Spa-Bereiches durch. Das Thema Ressourcen sparen haben wir priorisiert und es bezieht sich auf Wasser, Strom und Wärme. In unserer Region kommt es in den Sommermonaten vermehrt zu Trockenzeiten, welche eine Wasserknappheit hervorrufen. Ein effizientes Wassermanagement hat demnach einen immer höheren Stellenwert. Mit effizienter Technik wie eigenen Frischwasserstationen, Kapillarfilteranlagen, Elektrolyseverfahren oder Gadgets zur Duschwasserreduzierung sparen wir im Vergleich zu herkömmlichen Systemen etwa zwei Drittel der benötigten Wassermengen ein.

Im selben Atemzug installierten wir die ersten Fotovoltaikanlagen auf den Dachflächen zur regenerativen Stromversorgung und sind auf den Geschmack gekommen. Wir konnten den erhöhten Energiebedarf unseres HAFFHUS an sonnigen Tagen immer klimaneutraler decken Die Frage, wie wir diesen energetischen Mehraufwand bewerkstelligen können, konnten wir damals durch einige wirtschaftspolitische Faktoren beantworten: selbst! 2018 haben wir unsere Energiewende umgesetzt und sind seither autark, regenerativ und klimaneutral mit Strom und Wärme versorgt.

3. **Wie kann das Konzept der Energieautarkie genauer erläutert werden?**
Schon anfangs haben wir uns mit der Erneuerung des Heizsystems der Hotelanlage für die Verwendung forstwirtschaftlicher Kronabschnitte entschieden und nutzen diese noch immer. Zusätzlich zur Hackschnitzelheizung installierten wir zwei Blockheizkraftwerke, welche mit demselben Rohstoff betrieben werden. Diese versorgen uns nicht nur mit Wärme, sondern auch mit Strom. Wir aktivieren sie vermehrt saisonweise, um beispielsweise den erhöhten Bedarf an Energie im Winter decken zu können.

Unsere Fotovoltaikanlagen haben wir mittlerweile auf allen möglichen Dachflächen installiert und somit auf 150 kwp Spitzenleistung aufstocken können, was uns in sonnigen Phasen zur energetischen Bedarfsdeckung der Hotelanlage ausreicht. Allein mit der Sonnenkraft und den Hackschnitzeln können wir den gesamten Energiebedarf unseres HAFFHUS ganzjährig decken und betreiben somit 71 Zimmer, Restaurant- und Veranstaltungsräume, eine vollelektrische Küche, Bowlingbahnen und unseren Spa mit Pools und Saunen, Wäscherei und Elektromobilität autark.

Das Herzstück des gesamten Systems, welches die Abkopplung möglich machte, ist unser 1000 kwh Batteriespeicher mit einer Spitzenleistung von 400 kW. Die Grundlage der Autarkie ist das Zusammenspiel von Erzeugung, Speicherung und Sektorkopplung. Wir legen beim täglichen Wirtschaften den Fokus auf die effektive Nutzung der Energie, sodass wir einerseits beispielsweise Strom für die Nacht einspeichern, andererseits aber bei Überproduktion diese optimal nutzen. Wird also mehr erzeugt, als verbraucht wird, waschen und mangeln wir die Wäsche, laden Elektrofahrzeuge, backen unseren Kuchen oder heizen die Sauna oder Hotelzimmer für den nahenden Betrieb vor. Neben unserem 30.000-Liter-Warmwasser- und 3000-Liter-Kaltwasserspeicher nutzen wir unseren Pool als zusätzliches Medium. Die Rücklaufwärme wird nicht einfach ins Heizsystem zurückgeführt, sondern beheizt gleichermaßen unseren 7×18-Meter-Pool, wodurch Temperaturen im Pufferbereich von 30 bis 33 °C problemlos möglich sind.

Um unserem Autarkiesystem eine weitere Dimension zu geben, bestehen bereits Pläne für die Installation einer kompakten, lastengesteuerten und aufwandsarmen Biogasanlage. Diese Technik ermöglicht es, Bioabfälle des Küchen- und Restaurantbereichs sowie Gras und Grünabschnitte unserer 22.000 qm großen Hotelanlage effektiv zu verwerten. In diesem Prozess werden die genannten Reststoffe zugeführt, um Biogas und Bioöl aus eigener Produktion zu erhalten. Durch die vorhandenen Blockheizkraftwerke ist eine sofortige Verstromung des Biogases möglich. Auch die dabei abfallende Wärme wird effektiv unserem Heizsystem zugeführt. Das Bioöl kann zwischengelagert und bei Bedarf zur Energiegewinnung wieder hinzugeführt werden. Dies verschafft uns mehr Flexibilität und Sicherheit in der Energieerzeugung.

Um das optimale Wirtschaften mit der Energie zu ermöglichen und den Überblick zu behalten, braucht es Datensammlung und ein Team, welches dieses System wie selbstverständlich umsetzt. Um diese Komponenten zu verbinden, haben wir ein eigenes Energie-Dashboard, welches für unser Team und unsere Gäste einsehbar ist. Dieses zeigt die aktuelle Erzeugung unserer Anlagen und die Verbräuche unseres Hotels. Dazu zählen zum Beispiel Pooltemperatur, Saunaaktivitäten oder die Abnahme von Wäscherei und Ladesäulen. Zahlreiche Schnittstellen und somit über 600 Datenpunkte helfen dabei, das System besser zu koordinieren und immer mehr zu automatisieren.

4. **Ich möchte um einen Blick in die Kristallkugel bitten: Welche Maßnahmen im Zusammenhang mit dem Ressourcenmanagement, die derzeit von Hotelbetrieben aufgegriffen oder nur sporadisch umgesetzt werden, werden im Jahr 2030 wohl Standard sein?**

Prinzipiell sollte es der Grundsatz sein, mit den gesamten vorhandenen Ressourcen schonend umzugehen und somit eine Minimierung des Verbrauchs vorauszusetzen zu können. Dazu gehört aber nicht nur der ökologische Aspekt, definiert durch das effizientere Management der Ressourcen wie Energie und Wasser, Nahrungsmittel oder sonstige Verbrauchsgüter. Gleichermaßen sollten die weiteren Säulen der Nachhaltigkeit wie soziales Handeln und ökonomisch sinnvolle Entscheidungen eine wichtigere Rolle spielen.

Um sich in der Branche weiterhin behaupten zu können, wird es ein Standard sein, Geschäftsprozesse weitestgehend zu digitalisieren. Tools wie der digitale Check-in und Meldescheine, Buchungs- und Informationsmöglichkeiten über Tablets von intern angebotenen Leistungen, digitale Backoffices, interaktive Dienst- und Aufgabenpläne, in der Handhabung einfache Hotelprogramme und Kassensysteme und Apps zur Unterstützung der „Guest Journey" sind nur einige der Möglichkeiten zur Digitalisierung. Ein gewisses Maß sollte Standard sein, um Arbeitsprozesse zu vereinfachen und somit Zeit, personelle Aufgaben, CO_2 und finanzielle Aufwände einzusparen, um den Fokus auf das Wesentliche lenken zu können.

Was die Hotellerie und Gastronomie maßgeblich ausmacht, ist allerdings kein technisches System, sondern das Team, das von diesen neuen Möglichkeiten langfristig und nachhaltig profitiert. Damit der persönliche Kontakt zum Gast und somit die Dienstleistung nicht verloren geht, sollten individuelle Konzepte zur Schonung der Fachkräfte entstehen. Durch familienfreundliche Öffnungszeiten und einen fairen sowie erleichterten Arbeitsrahmen, flache Hierarchien und Freiraum für individuelle Verwirklichung im Rahmen des Unternehmens kann erfahrungsgemäß Motivation geschöpft und gerade die junge Generation durch nachhaltige soziale Voraussetzungen wieder für den Berufszweig begeistert werden.

Was diese mitbringt, ist nämlich das Fundament für die Agenda 2030: Das Grundverständnis für bewussteres Handeln und ein selbstverständlicherer nachhaltiger Alltag. Derzeitige Maßnahmen wie die Reduzierung von Einwegartikeln, Dezimierung und Trennung des Abfallaufwandes, effizientes Heizmanagement, eine sinnvolle Digitalisierung, nachweisliche Einsparung der größten Stellhebel wie Wasser und Energie und die Kooperation mit regionalen Partnern sollten mittlerweile die Voraussetzung sein. In diesem Sinne auch die Durchführung der Energiewende hin zu regenerativer und klimaneutraler Erzeugung mit Eigenanteil der Unternehmen.

Der Blick in die Kristallkugel geht mit dem Wunsch einher, dass nachhaltiges Wirtschaften kein auferlegter Standard sein muss, sondern in der Branche selbst durch zukunftsgerechtes Handeln der Einzelnen entsteht.

5. **Welche Empfehlungen und Erfahrungen können an Hoteliers gegeben werden, die ihren Betrieb trotz sehr begrenzter Ressourcen nachhaltiger gestalten wollen?**
Nachhaltige Projekte und Ideen sollten mit viel mehr Mut umgesetzt werden. Es gibt nicht den richtigen Weg zur Nachhaltigkeit oder ein einheitliches Konzept, welches sich auf jedes Hotel projizieren lässt. Dafür aber die Möglichkeit der individuellen Ansätze für bestehende oder neue Objekte anhand der Lage der zur Verfügung stehenden Mittel und der Klientel, welche individuell geplant und umgesetzt werden können.

In vielen Hotelbetrieben, vorherrschend im Luxussegment, werden zahlreiche Dienstleistungen rund um die Uhr zur Verfügung gestellt. Zielführend kann es sein, die Gästegruppe der Destination zu analysieren und sich innerbetrieblich an die wirklichen Wünsche der Gäste anzupassen. Beispiele, die je nach Zielgruppe möglich sind, wären angepasste Öffnungszeiten, bedarfsorientierte Saunaaktivitäten, das Einsetzen von digitalen Check-ins und Buchungsoptionen der gewünschten Leistungen zur effizienteren internen Betriebsplanung oder die Möglichkeit der Reduzierung von täglichen Reinigungsaufwänden der Hotelzimmer und somit auch der Wäscherei.

Dies soll zeigen, dass nachhaltige Umsetzung nicht immer mit hohen Investitionen verbunden sein muss. Oft sind es die unscheinbaren oder kleinen Stellschrauben, welche einen großen Einfluss auf das nachhaltige Wirtschaften haben. Solange eine Agenda an das Gästeklientel angepasst ist, werden Einschränkungen kaum spürbar und schaffen sogar einen Mehrwert ganz nach der Frage: „Was wünscht sich mein Gast wirklich und worauf könnte man verzichten?" Wir regeln beispielsweise die Saunaaktivität auf Anmeldung, geben Handtücher im Spa nach wirklichem Bedarf aus, haben die Gastronomiezeiten an den Erholungstourismus unserer Region angepasst und sensibilisieren unsere Gäste für einen Verzicht auf die tägliche Zimmerreinigung. Auf der einen Seite geht es um Einsparung von Energie und Aufwand und auf der anderen Seite darum, diese dann beispielsweise in Elektromobilität, überdurchschnittliche Pooltemperaturen oder in mehr Zeit am Gast zu investieren, ohne die Preise der Gäste anpassen zu müssen. Unser Energiekonzept war zwar mit hohen Investitionen verbunden, allerdings amortisiert sich die regenerative Versorgung von selbst und schafft langzeitlich eine Stabilität und Senkung der Kosten, von denen auch die Gäste profitieren. Ökologische Projekte haben meist nicht nur den positiven Aspekt der Umweltschonung, sondern auch der ökonomischen Absicherung für die Zukunft.

Was wir in den letzten Jahren gelernt haben, ist, dass die Gäste durchaus flexibler und offener für derartige Veränderungen sind. Die Energiekrise und die steigenden Preise in jeglicher Hinsicht haben dazu geführt, dass Gäste für Einsparungen ein intuitives Verständnis entwickelt haben, was gleichermaßen dem ökologischen Wirtschaften der Hotellerie zugutekommt. Wichtig sind die transparente Kommunikation mit dem Gast und die Schulung des Teams, um mit Akzeptanz und einer gewissen Selbstverständlichkeit interagieren zu können.

Um einen gemeinsamen Wandel zu schaffen, ist das Teilen der positiven und negativen Erfahrungen ein wichtiges Instrument. Experten und Berater sowie Referenzpartner sollten öfter im operativen Bereich kooperieren, um gut umsetzbare Projekte zu schaffen. Klar sollte irgendwann eine ganzheitliche Nachhaltigkeit angestrebt werden, vorerst ist es aber essenziell, sich mit der Thematik zu identifizieren und mit kleinen Schritten zu starten, um letztendlich ein optimales Gesamtkonzept zu schaffen.

Auch bieten wir Energieworkshops und Besichtigungen für andere Unternehmen der Branche und Interessenten an. Uns geht es darum, unser Konzept und unsere Erfahrungen auf diesen Wegen mit der Hotellerie zu teilen und für mehr Mut für Veränderungen zu animieren. „Einfach mal machen."

9.2 Nachhaltiges Einkaufsmanagement im Schillings Gasthof, Schaprode

Interview mit Mathias Schilling, Eigentümer

(© Schillings Gasthof)

1. **Was bedeutet für Sie Nachhaltigkeit?**
Für mich gibt es verschiedene Sichtweisen auf den Begriff Nachhaltigkeit. Einerseits eine möglichst effiziente Verwendung von Produktionsmitteln oder die Nutzung nachwachsender Rohstoffe. Für unseren Betrieb gilt natürlich dasselbe, nur erweitert um die Abwägung, was für den Betrieb nachhaltig ist und ihn wirtschaftlich tragfähig macht. Also auch unter dem Gesichtspunkt der Gewinnmaximierung, um künftige Investitionen zu ermöglichen.

Andererseits achten wir darauf, dass in der Region, in der wir leben, weiterhin ein kulinarisches Angebot bestehen bleibt. Dies bedeutet, dass kleine handwerkliche Produktionsbetriebe erhalten werden und zudem eine Ladenstruktur besteht, die diese Produkte verkauft. Zu unserer Gastronomie gesellten sich so über die Jahre einige Hofläden, die nicht nur für Touristen attraktiv sind, sondern auch der Daseinsvorsorge einer ländlichen Bevölkerung dienen.

Als ein Beispiel führe ich den Einkauf von Fisch bei regionalen Fischern zu guten Preisen an. Durch unseren Einkauf unterstützen wir die küstennahe Fischerei. Für uns bedeutet das einen höheren Arbeitsaufwand, da die Fische erst küchenfertig gemacht werden müssen. Wir haben aber immer großartigen und frischen Fisch, zu dem wir eine „Geschichte" erzählen können. Wir helfen dadurch auch mit, dass eine Fangflotte im Hafen liegt, die von Touristen erwartet wird. Der Erhalt des von Touristen gewünschten Bildes eines Fischerdorfes erhöht auch die Attraktivität unseres Standortes direkt am Hafen. Hieraus sind in den letzten Jahren zwei Unternehmen entstanden. Als letzter zwar kleinteiliger, aber industrieller Verarbeiter von Ostsee-Hering hat die Hiddenseer Kutterfisch GmbH den Hering in die Dose gebracht und vermarktet diesen erfolgreich über den deutschen Feinkosthandel. Zu den Kunden gehören das KaDeWe in Berlin oder die Manufactum Gruppe. Die Rasmus GmbH & Co. KG verarbeitet handwerklich Hering in einer kleinen Manufaktur in Stralsund und produziert z. B. den Original Stralsunder Bismarckhering.

2. **Aus welchen Gründen verfolgen Sie das Thema Nachhaltigkeit in Ihrer Unternehmensstrategie?**

Wir haben als Landwirte mit einem Betrieb von 75 ha Fläche begonnen, auf dem wir Bio-Rindfleisch produzieren. Dieser Betrieb war zu klein, um davon leben zu können, liegt aber auf der kleinen Insel Öhe vor Rügen. Es war also notwendig, bei der Vermarktung unserer landwirtschaftlichen Produkte in der Wertschöpfungskette in die Tiefe zu gehen.

Da wir in einer Touristenregion liegen, haben wir uns im Jahr 2009 entschlossen, einen Gasthof neben unserem Betrieb zu eröffnen. In diesem vermarkten wir seither unser eigenes Rindfleisch. Über die Jahre ist mit der Vermarktung und der gesteigerten Wertschöpfung auch unsere Landwirtschaft gewachsen. Heute halten wir Rinder auf den Inseln Öhe, Rügen und Hiddensee. Wir beweiden Naturschutzgebiete und tragen damit zum Erhalt dieser Kulturlandschaft bei.

Einerseits verfolgen wir das Thema Nachhaltigkeit also aus persönlichem Interesse, andererseits aus der Notwendigkeit heraus, höhere Preise für eine begrenzte Menge an Produkten zu generieren. Nebenbei betreiben wir damit aktiven Umwelt- und Artenschutz. Durch die konsequente Umsetzung von Nachhaltigkeits- und Qualitätszielen hat sich dies zum Kern unseres Marketings entwickelt und ist unser USP.

In einem immer stärker werdenden Wettbewerb und einer immer größeren Saturiertheit der Konsumenten haben wir das Thema Nachhaltigkeit neben dem Schaffen von Erlebnissen zu unserer Kernstrategie gemacht.

3. **Wie können Sie als Gastronom sichergehen, tatsächlich Produkte einzukaufen, die nicht nur einem „Greenwashing" unterzogen wurden?**
Wir haben beim Einkauf eine betriebsinterne Rangfolge eingeführt.
   a. Was wir selbst produzieren können, steht an erster Stelle. Bei uns ist dies Rind- und Lammfleisch. Hier verwenden wir nichts anderes, da es auch von uns erwartet wird. In Konsequenz bedeutet dies: „Wenn aus dann aus", zugekauft wird nicht.
   b. Regional: Es gibt nur einheimischen Fisch. Kartoffeln und Gemüse je nach Verfügbarkeit aus der direkten Nachbarschaft. Feste Lieferbetriebe, eher kleine Strukturen: Manufakturen und befreundete Landwirtschaftsbetriebe.
   c. Nur was wirklich nicht anders geht, wird im Großhandel gekauft.

   Bio-Produkte haben eine nicht so große Bedeutung. Unser Fleisch ist biologisch erzeugt und zertifiziert, aber wir bezeichnen es nicht, da es zwar in der Gastronomie die Einzelkomponentenauslobung gibt, aber der Betrieb doch zertifiziert sein müsste. Diesen Aufwand betreiben wir derzeit nicht.

4. **Sind Ihre Gäste bereit, für nachhaltig erzeugte Lebensmittel einen höheren Preis zu bezahlen?**
Durch unsere Wirtschaftsweise und die Möglichkeit, die Geschichte jedes unserer Produkte zu erzählen, haben wir sehr viel mediale Resonanz. So haben wir Artikel im Feinschmecker, im Slowfood, in der Bild der Frau und anderen Magazinen gehabt. Dazu kommen diverse Filme im NDR, ZDF und ARD etc.

Durch diese mediale Präsenz haben wir uns eine Klientel aufgebaut, die auf unseren Ansatz Wert legt und diesen auch honoriert. Es kommt also nicht so sehr auf den Preis, sondern auf das Produkt an. Natürlich müssen auch wir uns am Wettbewerb orientieren, aber sollte ein Gericht mal teurer sein, kann dies immer argumentiert werden und wird verstanden. Eine Preisdiskussion kennen wir eigentlich nicht. Eher „es ist nicht ganz günstig, ist aber sein Geld wert". In einigen Bereichen, wie unserem Steak, spielt der Preis quasi gar keine Rolle, sondern es gibt nur die Frage: „Habt ihr welches oder ist es aus?" Auf die begrenzte Menge Steak weisen wir im Übrigen schon gleich in der Karte hin.

Unser Weg, die Speisekarte einer Gastronomie von der Produktionsseite zu denken, hat zu einer anderen Art Gastronomie geführt. Es geht also immer darum, was da ist und was verkauft werden muss. Dies führt zur Verwertung ganzer Tiere und erhöht auch die Abwechslung für die Kunden.

5. **Welche Maßnahmen in Bezug auf Nachhaltigkeit planen Sie in Zukunft?**
Wir werden versuchen, bei der Vermarktung unserer Rinder über die Gastronomie weiter in der Tiefe zu gehen: ein Stichwort soll hierbei „noose to tail eating" sein. Strom wird auf den Dächern der landwirtschaftlichen Lagerhallen selbst produziert.

Die Einsparung von Wasser, Strom und Gas soll dokumentiert werden, um Vergleichswerte zu haben und um es auch kommunizieren zu können.

Außerdem planen wir eine noch stärkere Vermeidung von Müll, wenngleich viele unserer Produkte bereits heute überhaupt nicht verpackt sind.

Wir schließen Partnerschaftsverträgen mit dem Nationalpark Vorpommersche Boddenlandschaft ab und unterstützen das NABU und den BUND, um das Bewusstsein der Verbraucher und das unserer Kunden weiter zu schärfen.

Unsere Ansätze haben zur Gründung diverser Gastronomie, Läden und Produktlinien geführt. Alle mit regionalem Bezug und Ansatz. Dieser Weg war erfolgreich und motiviert auch andere, solche Wege einzuschlagen. Wir erhoffen uns damit den Erhalt einer strukturschwachen Region und Ausbau als Urlaubsdestination.

9.3 Regionalität im FORESTIS

Interview mit Teresa und Stefan Hinteregger, Geschäftsführer

(© Forestis Dolomites)

1. **Was bedeutet für Sie Nachhaltigkeit?**
Nachhaltigkeit ist für FORESTIS und seine Menschen Auftrag und Herzensangelegenheit. Dies zeigt sich in vielfältiger und recht ganzheitlicher Weise, in großen und in kleinen Dingen.

So erfolgt beispielsweise die Energieversorgung über eine eigene Anlage und eine Pellets-Heizanlage bzw. 100 % erneuerbare Energie. Wir setzen weitestgehend auf das No-Waste-Prinzip, also Achtsamkeit im Hinblick auf Verpackungsabfall, Wasserverschmutzung oder Food-Waste. Unsere Spa-Produkte bestehen aus 100 % natürlichen Inhaltsstoffen. Unser Quellwasser wird im Spa in recycelten Pet-Nachfüllflaschen gereicht.

Auch unsere Gäste können Teil des Engagements für Nachhaltigkeit sein. Wenn der Gast während seines Aufenthalts ganz oder teilweise kein Housekeeping wünscht, wird für jeden Tag ohne Housekeeping ein Baum gepflanzt.

Nachhaltigkeit wird bei FORESTIS auch für die Mitarbeiter gelebt. Frisch zubereitete Teamverpflegung, neue und moderne Unterkünfte mit Dolomiten- oder Waldblick, Weiterbildungsmöglichkeiten und Work-Life-Balance, sprich Fünf-Tage-Woche und Freizeitmöglichkeiten mit vielen Vergünstigungen, sind ein wichtiger Teil des Konzepts.

2. **Aus welchen Gründen verfolgen Sie das Thema Nachhaltigkeit in Ihrem Betrieb?**
Wir haben während unserer Ausbildung und auf Reisen viel Zeit im Ausland verbracht, wurden uns fern der Heimat noch mehr der Einzigartigkeit und Schönheit unserer Heimat Südtirol und insbesondere des Ortes Palmschoß bewusst und wollten dies entsprechend würdigen. Die Ursprünglichkeit des Ortes, die beeindruckende Bergwelt, die reine Luft und das Klima, das sich durch das Aufeinandertreffen warmer Südwinde aus dem Mittelmeerraum und kühleren Luftmassen aus dem Norden auszeichnet, sowie das Plose Quellwasser, eines der reinsten und leichtesten Wasser der Welt, machen diesen Platz zu einem Kraftort, der spürbar, erlebbar und sichtbar ist. Das historische Haus, das von Otto Wagner Anfang des 20. Jahrhunderts gebaut wurde, ist denkmalgeschützt und fordert Achtsamkeit, ebenso wie die umgebende Natur und das UNESCO Weltnaturerbe Dolomiten.

3. **Wie zeigt sich das Thema „Regionalität" in Ihrem Haus?**
Dies zeigt sich schon in der Bauweise des FORESTIS. Die Holzfassade des historischen Gebäudes steht unter Denkmalschutz und wurde mit langlebigen Naturmaterialien aus der unmittelbaren Umgebung wie (Föhren-)Holz und Steinen des Plosebergs errichtet. Für unsere bauliche Erweiterung wurden Südtiroler Unternehmen engagiert. Geschlagene Bäume wurden für Zäune um das FORESTIS verwendet und für jeden geschlagenen Baum wurden zwei Neuanpflanzungen getätigt. Aus abgetragenem Stein, der zermahlen wurde, wurden die Steinmauern im Außenbereich gebaut und die Bäder verspachtelt. Auch bei der Inneneinrichtung im FORESTIS kommen überall heimische Materialien vor.

Für unsere Küche bezieht das FORESTIS alles von Produzenten aus der unmittelbaren Umgebung, der Region Südtirol und aus Italien. Die Qualität der Produkte ist hervorragend. Es gibt Bauern, die für das FORESTIS und die Küche von Chef Roland Lamprecht alte Gemüse- und Obstsorten wieder anpflanzen. Roland Lamprecht und sein Küchenteam nutzen die Zeit vom Frühjahr bis in den Herbst und sammeln unter anderem Beeren, Nüsse, Pilze, Kräuter und Nadeln von Fichte, Kiefer, Lärche und Latsche. Vieles davon wird eingemacht. Auch ein eigener Garten mit Kräutern, Wurzeln und essbaren Blumen wurde angelegt.

4. **Wie erfährt der Gast von Ihrem nachhaltigen Tun?**
Das FORESTIS ist sehr aktiv auf Instagram. Auch die Webseite zeigt, welche Philosophie hinter dem FORESTIS steht. Wenn der Gast dann einmal im FORESTIS ist, sieht, spürt und schmeckt er, was das FORESTIS in Bezug auf Nachhaltigkeit leistet. Zusätzlich bekommen die Gäste vor Ort die Möglichkeit, mehr zu erfahren, bei der Lektüre des FORESTIS Magazins oder im Gespräch mit Mitarbeitern. Das jährlich einmal erscheinende Magazin ersetzt eine Standard-Hotelbroschüre, die in gedruckter Form längst überflüssig ist. Die ersten drei Ausgaben erschienen unter den Titeln „Aufbruch", „Ursprung" und „Stille". Hier kommen zum einen wir als Inhaber zu Wort, aber ebenso auch

Lieferanten, Handwerker, Mitarbeiter oder berühmte Persönlichkeiten wie Reinhold Messner, der zu den Gästen des FORESTIS gehört, weil er unweit von hier aufgewachsen ist und ihn ein starkes Gefühl mit diesem besonderen Platz verbindet.

9.4 Nachhaltiges Personalmanagement im Waldhotel Stuttgart

Interview mit Jörg Grede, Geschäftsführender Hoteldirektor, und Anna Juranek, Direktionsassistentin & Nachhaltigkeitsbeauftragte

(© Waldhotel Stuttgart)

1. **Was bedeutet für Sie Nachhaltigkeit?**
Jörg Grede: Nachhaltigkeit hat mit Verantwortung zu tun. Ich selbst habe drei Kinder und möchte meinen Teil dazu beitragen, dass sie in einer Welt aufwachsen, die zukunftsfähig und lebenswert ist. Im Waldhotel Stuttgart geht Nachhaltigkeit gleichermaßen aus der Grundhaltung hervor. Es ist eine wichtige Säule des umfassenden Qualitätsmanagements, denn wir sind gegenüber unseren Gästen, Mitarbeitern und der Umwelt einer klaren Position verpflichtet – und dies gilt für alle Bereiche. Diesen Anspruch versuchen wir täglich umzusetzen und stetig weiterzuentwickeln. Erst kürzlich haben wir eine Fotovoltaikanlage installiert, die etwa 70 % des eigenen Energiebedarfs abdeckt.
Anna Juranek: Als wir das Thema mit der Eigentümerfamilie und den Führungskräften in der Unternehmensstrategie verankert haben, ist folgende Maxime entstanden: unser Beitrag, zauberhafte Orte zu schätzen und zu bewahren. Unser Haus ist ein zauberhafter Ort und wir möchten gemeinsam auf allen Ebenen grüne Maßnahmen

umsetzen. Nur ein ganzheitliches Nachhaltigkeitskonzept ist tatsächlich glaubwürdig und dies fordert jeden Einzelnen. Für mich heißt es, täglich dazulernen, umdenken und dabei alle Mitarbeiter einbeziehen.

2. **Aus welchen Gründen verfolgen Sie das Thema Nachhaltigkeit in Ihrem Betrieb?**
Jörg Grede: Das Waldhotel Stuttgart steht seit jeher für Authentizität und Qualität. Das Thema Nachhaltigkeit liegt der Eigentümerfamilie sehr am Herzen. So wurde das Haus seinerzeit bereits mit ausgewählten regionalen Materialien gebaut; dazu zählen unter anderem Bäder aus Naturstein von der Alb. Wir haben uns erstmals im April 2020 nachhaltig zertifizieren lassen, um einen Status-Bericht zu erhalten. Wir haben auf Anhieb das höchste Green Sign Level 5 erreicht und konnten dies in der Re-Zertifizierung Anfang 2023 wiederholen. Das Green Sign Institut prüft alle Leistungen in den Kernbereichen für nachhaltiges Wirtschaften. Dabei ist uns insbesondere die partnerschaftliche Zusammenarbeit mit Lieferanten aus der Region wichtig. Wäscherei, Pflegeprodukte, Metzgerei etc. müssen höchste Qualitäts- und Nachhaltigkeitsansprüche erfüllen. Es ist unsere Motivation, das tägliche Denken und Handeln darauf auszurichten, den ökologischen Fußabdruck bewusst zu minimieren.

3. **Welche Maßnahmen haben Sie im Bereich nachhaltiges Personalmanagement in den letzten Jahren unternommen?**
Anna Juranek: Wir setzen auf flache Hierarchien und eine „Politik der offenen Tür"; die Qualität spiegelt sich in vielen langjährigen Mitarbeitern und Auszubildenden, die gern bei uns bleiben. Dies ermöglicht Nachbesetzungen aus den eigenen Reihen und den Aufbau unserer Führungskräfte von morgen. Instrumente dafür sind unter anderem ein jährlicher Schulungsplan, Beurteilungsgespräche, Mitarbeiterbefragungen und -versammlungen sowie ein eigener Unternehmenscoach, der uns schon viele Jahre begleitet. Hinzu kommen die übertarifliche und individuelle Bezahlung sowie Mitarbeiterfeiern und Ausflüge. Für die tägliche Verpflegung mit gesunden, frischen Speisen in der eigenen Kantine sorgt unser Küchenteam. Den Ausbau der Nachhaltigkeitsbestrebungen fördern wir intern zudem durch unser Green Team, das Ideen aus den Abteilungen ableitet, als Projekte aufgleist und kleineren Gruppen zuweist. Beispielsweise die Bewirtschaftung des eigenen Kräutergartens oder die Entwicklung neuer saisonaler Getränke.

4. **Welchen Stellenwert hat die Weiterbildung in Ihrem Betrieb?**
Jörg Grede: Die Erweiterung der Kompetenzen ist bei uns essenzieller Teil des gemeinsamen Wachstums. Schon in der Ausbildung investieren wir sehr viel in den Nachwuchs; zum Einstieg haben wir ein zweitägiges Einführungsseminar etabliert. Die Auszubildenden werden auf eine Übernachtung mit Besuch im Restaurant FINCH eingeladen und dürfen die „Gastbrille" aufsetzen. Beim dazugehörigen Teamevent im angrenzenden Wald steht das Thema Nachhaltigkeit stets im Fokus.

Anna Juranek: Im Rahmen der Budgetplanung ist jeder Abteilungsleiter angehalten, seine Gedanken für das Folgejahr einzubringen und mitzuentscheiden, welche Themen aufgenommen werden. Die Bandbreite reicht von der Sommelier-Schulung bis zur Resilienz-Stärkung. Der hauseigene Unternehmenscoach begleitet die Prozesse Teambuilding und Kommunikation. Neue Impulse setzen wirksame Motivationskräfte frei und es gewinnen beide Seiten: Die Fluktuation sinkt, wir benötigen nahezu kein Fremdpersonal, die Leistungsbereitschaft und die Aufstiegschancen steigen.

5. **Wie stellen Sie sicher, dass Sie gute Arbeitsbedingungen für alle Mitarbeiter bieten?**
Anna Juranek: Das Waldhotel Stuttgart verfügt über ein ausgezeichnetes Service-Qualitätsmanagement (Serqua) mit zugehörigen Standards, Anweisungen und Formularen, das die Abläufe transparent darstellt und vereinfacht. So können sich Auszubildende vor einem Abteilungswechsel professionell vorbereiten und darüber hinaus dient es allen Mitarbeitern als Nachschlage- und Orientierungshilfswerk für den Arbeitsalltag.

Jörg Grede: Als Mitglied der Initiative Fairjob-Hotel garantieren wird faire Arbeitsbedingungen, die Sicherung von Qualitätsstandards sowie eine faire Entlohnung. Außerordentliche Arbeitsbedingungen in schönen Räumlichkeiten, eine ansprechende Umgebung sowie zahlreiche Zusatzleistungen festigen das positive Betriebsklima, den tollen Zusammenhalt und die hohe Identifikation mit den Aufgaben. Der Schlüssel ist: persönliche Zufriedenheit. Zahlreiche Auszeichnungen und ein großer Stammgästeanteil bekräftigen unser Engagement; wir spüren den Stolz der Mitarbeiter, Teil dieses Teams zu sein.

6. **„What is next" mit dem Thema Nachhaltigkeit?**
Jörg Grede: Künftig möchten wir die Regionalität ausbauen und die Zusammenarbeit mit lokalen Dienstleistern in weiteren Bereichen einführen. Ein langfristiger Herzenswunsch ist, als einer der besten Arbeitgeber im Großraum Stuttgart zu gelten und noch viele spannende Wegbegleiter kennenzulernen, die das Thema Nachhaltigkeit ebenfalls fest verankert haben. Nach der Fotovoltaik steht nun das Thema Digitalisierung als Großprojekt für uns an. Dies bedeutet zunächst, den richtigen „Digitalisierungsgrad" erarbeiten und dann sukzessive in alle Bereiche zu überführen, um auch auf diesem Gebiet nachhaltig aufgestellt zu sein.

9.5 Nachhaltige Systeme und Zertifizierungen mit GreenSign

Interview mit Suzann Heinemann, Geschäftsführerin

(© GreenSign Institut GmbH)

1. **Was bedeutet Nachhaltigkeit für Sie?**
Für mich bedeutet Nachhaltigkeit, das Gewohnte in Frage zu stellen und nach besseren Alternativen zu suchen. Es geht nicht um Verzicht, sondern um eine kluge Umgestaltung von Entscheidungen und Prozessen, sowohl im Berufsleben als auch im sozialen Kontext. Wichtig ist dabei, dass Nachhaltigkeit Freude bereiten kann! Themen wie

Regionalität, Naturverbundenheit oder Biodiversität bieten viele Vorteile und können inspirieren. Als Hoteliers haben wir das Privileg, Menschen aus unterschiedlichsten Kulturen zu beherbergen, was uns die Möglichkeit gibt, unsere nachhaltigen Bemühungen und Werte zu multiplizieren.

2. **Wie und warum haben Sie GreenSign gegründet?**

Die Idee zu GreenSign kam mir 2014, als ich unseren damaligen Mitgliedern der GreenLine Hotels ein anerkanntes, praxisnahes und transparentes Nachhaltigkeitsprogramm anbieten wollte. Trotz des Namens hatte GreenLine Hotels zu diesem Zeitpunkt keinen spezifischen Nachhaltigkeitsfokus. Angesichts der wachsenden Bedeutung von Umwelt- und Klimaschutz entschied ich mich, das Konzept vollständig auf Nachhaltigkeit umzustellen. Dazu gehörte auch die Entwicklung eines glaubwürdigen Zertifizierungssystems, das wir mit Unterstützung von Wissenschaftlern und Hoteliers geschaffen haben. Die eigentliche Gründung des Unternehmens erfolgte 2015.

3. **Was sind die Vorteile für Hotels, die sich für eine Nachhaltigkeitszertifizierung entscheiden?**

Die Vorteile einer Nachhaltigkeitszertifizierung variieren je nach den spezifischen Bedürfnissen und Umständen des jeweiligen Hotels. Einige Hotels beginnen gerade erst ihren Weg zur Nachhaltigkeit und sehen in der Zertifizierung einen hilfreichen Leitfaden, während andere Hotels nach Jahren der Bemühungen eine externe Bestätigung ihrer Maßnahmen suchen. Grundsätzlich gilt: Nachhaltigkeit ist eine Notwendigkeit, und eine Zertifizierung kann helfen, die Bemühungen des Hotels nach außen zu kommunizieren und Gäste, Investoren und Mitarbeiter zu gewinnen.

4. **Welche Kriterien sind wichtig bei der Auswahl einer geeigneten Nachhaltigkeitszertifizierung?**

Bei der Auswahl einer Nachhaltigkeitszertifizierung sollten sich Hotels die folgenden Fragen stellen:
- Berücksichtigt die Zertifizierung alle Aspekte der Nachhaltigkeit?
- Wurde sie von einer externen Stelle geprüft und anerkannt?
- Sind die Kriterien und Bewertungsgrundlagen transparent?
- Unterstützt das Zertifizierungsprogramm die Weiterentwicklung des Hotels?
- Werden die Nachhaltigkeitskriterien in einem unabhängigen Audit überprüft?
- Ist die Zertifizierung für Gäste verständlich?

  Neben diesen Punkten können auch der direkte Kontakt zum Zertifizierer, die Marktbekanntheit und die Vernetzung in der Branche eine Rolle spielen.

5. **Wie sehen Sie die Zukunft der Zertifizierungen?**

Die Nachhaltigkeitszertifizierung hat sich von einem Trend zu einem Must-Have entwickelt.

Untersuchungen zeigen, dass Gäste zunehmend nach nachhaltigen Unterkünften suchen und dass Nachhaltigkeit auch im Finanzwesen immer wichtiger wird. Daher ist zu erwarten, dass qualifizierte Zertifizierungen in Zukunft noch wichtiger werden, um Gäste, Mitarbeiter, Partner und Investoren anzusprechen. Die Herausforderung liegt jedoch in der Unterscheidung zwischen qualifizierten und weniger seriösen Zertifizierungen. Es liegt an uns, als Branche, für Transparenz zu sorgen und echte Nachhaltigkeit zu fördern. Ich blicke optimistisch in die Zukunft und freue mich auf die spannenden Entwicklungen, die noch vor uns liegen.

9.6 Nachhaltige Systeme und Zertifizierungen bei Scandic

Interview mit Sara Nordmark, Projektmanagerin in der Zentrale im Bereich Nachhaltigkeit

Scandic

(© Scandic Hotels)

1. **Was bedeutet Nachhaltigkeit für Sie?**
   Nachhaltiges Handeln! Nachhaltiger Hotelbetrieb bedeutet sicherzustellen, dass jeder von uns bei Scandic nachhaltige Entscheidungen trifft und sich ständig dazu antreibt, nachhaltiger zu handeln. Das Unterlassen von Handlungen wird zu enormen Konsequenzen für unseren Planeten und die Menschheit führen. Es gibt jedoch unzählige Möglichkeiten für Veränderungen. Wenn wir es ernst meinen, müssen wir gut investieren, hohe Ziele setzen und langfristig engagiert bleiben.
2. **Aus welchen Gründen verfolgen Sie das Thema Nachhaltigkeit in Ihren Betrieben?**
   Aus mehreren Gründen. Aufgrund unserer Größe und zusammen mit unseren 19.000 Teammitgliedern hat Scandic die Kraft, nachhaltige Veränderungen voranzutreiben und andere zu inspirieren. Wir möchten auch nachhaltig bewusste Gäste und Mitarbeiter anziehen und binden. Wir setzen uns für die Einsparung von Ressourcen einschließlich Kosten ein und möchten zukünftige Risiken durch die Anpassung an kommende Vorschriften vermeiden.
3. **Welche Vorteile sehen Sie für Hotels, wenn sie ein nachhaltiges System und eine Zertifizierung wählen?**
   Umweltzeichen sind wesentlich, weil sie einem Unternehmen helfen können, die Nachhaltigkeitsleistung zu verbessern, und den Gästen die Möglichkeit bieten, grüne Entscheidungen zu treffen. Deshalb sind Drittanbieter-Validierungsetiketten wie das Nordic Swan Ecolabel so wichtig. Sie bieten sowohl Verbrauchern als auch Unternehmen eine einfache Orientierungshilfe. Die nachhaltigen Systeme, mit denen wir arbeiten, haben den Vorteil, uns in einfachen und effizienten Schritten nachhaltiger zu machen. Es wird genau festgelegt, was und wie viel von unserer Seite getan werden muss, mit festgelegten Grenzkriterien. Außerdem glauben wir, dass es für uns und unsere Glaubwürdigkeit von großem Vorteil ist, dass die Zertifizierung von einer externen Institution vergeben wird.
4. **Welche Kriterien sind für Sie wichtig bei der Auswahl eines geeigneten Nachhaltigkeitssystems oder einer Zertifizierung?**
   Wir vertrauen dem Nordic Swan Ecolabel, das ein Typ-1-Umweltzeichen ist. Es folgt der ISO 14024-Richtlinie für nachhaltige Systeme, die klare Regeln für anspruchsvolle

Systeme vorschreibt. Außerdem ist es für uns wichtig, dass die Zertifizierung auf dem Markt bekannt und respektiert wird und als anspruchsvoll (vor allem in den Augen der Gäste) betrachtet wird. Idealerweise sollte das System als best in class angesehen werden, damit unsere Anstrengungen und hohen Standards anerkannt werden.

5. **Wie sehen Sie die Zukunft nachhaltiger Systeme und Zertifizierungen? Werden sie in den nächsten fünf Jahren an Bedeutung gewinnen oder verlieren?**
Wir sind fest davon überzeugt, dass nachhaltige Systeme in den nächsten Jahren für die Hotelbranche an Bedeutung gewinnen werden. Mit der wachsenden Nachfrage der Verbraucher nach nachhaltigen Produkten und Dienstleistungen wird der Druck auf Unternehmen, nachhaltig zu agieren und Zertifizierungen zu erlangen, voraussichtlich weiter zunehmen. Unternehmen werden sich auch an strengere Nachhaltigkeitsvorschriften anpassen müssen. Technologische Fortschritte dürften es Unternehmen erleichtern und erschwinglicher machen, diesem nachzukommen. Investoren berücksichtigen zunehmend Umwelt-, Sozial- und Governance-Faktoren (ESG) in ihren Anlageentscheidungen. Dies führt zu einer größeren Nachfrage nach extern überprüften Nachhaltigkeitsdaten.

9.7 Einführung eines nachhaltigen Managements bei den Koncept Hotels

Interview mit Martin Stockburger, Geschäftsführer und Gründer

(© Gülten Hamidanoglu)

1. **Was bedeutet für Sie Nachhaltigkeit?**
   Nachhaltigkeit ist für uns zentraler Bestandteil unseres Handelns und Kern unserer Marke. Alle Entscheidungen im operativen und strategischen Bereich bewerten wir grundsätzlich nicht nur aus wirtschaftlicher, sondern auch aus der Perspektive der Nachhaltigkeit. KONCEPT HOTELS versteht sich als Purpose-driven Company und handelt entsprechend. Unsere Mission ist, durch unser Tun der Welt etwas „zu geben". Im täglichen Handeln richten wir uns nach vielen kleinteiligen Zielen aus, im Großen aber nach dem Impact, den wir geben können.
2. **Könnten Sie Ihr Konzept in wenigen Sätzen erläutern und die Gründe darlegen, warum Nachhaltigkeit in diesem eine entscheidende Rolle spielt?**
   KONCEPT HOTELS hat 2016 das Betriebsmodell und Teile der Positionierung in Zusammenarbeit mit Wissenschaftlern des Fraunhofer Instituts erarbeitet. Damals war das Ziel, eine vollständig digitale Guest Journey abzubilden und das Betriebsmodell auf die (damaligen) drei Megatrends auszurichten: Digitalität, demografischen Wandel und Nachhaltigkeit. Hotels mit möglichst wenigen Mitarbeitern führen zu können, ermöglicht bei optimaler Ausgestaltung einen Kosten-Margen-Vorteil, der dann in Maßnahmen der nachhaltigen Betriebsführung investiert werden kann.

   Dieses Prinzip wenden wir seit dem ersten Tag an. Nachhaltigkeit ist zum einen zur Gewinnung und zum Halten von Mitarbeitern relevant, gibt aber zum anderen auch für unsere Gäste den vielleicht entscheidenden Impuls. Wir sind überzeugt, dass unsere Ausrichtung unser USP ist.
3. **Haben Sie sich an einen externen Berater gewandt, der Sie bei der Entwicklung des Konzepts und der Umsetzung Ihres nachhaltigen Managementsystems unterstützt hat, oder haben Sie sich auf Ihre Erfahrung und Ihr Team verlassen?**
   Umgesetzt haben wir selbst, wurden jedoch durch die Zertifizierung mit Biosphere wissenschaftlich begleitet.
4. **Wenn Sie an die Weiterentwicklung Ihrer Marke und an das Tagesgeschäft denken, wie stellen Sie sicher, dass Sie Ihr Team für das Thema Nachhaltigkeit motivieren?**
   Alle unsere Teammitglieder müssen sich unserer Ausrichtung stellen – ich glaube, hier würde niemand lange arbeiten, wenn es für Nachhaltigkeit keine Widmung gäbe.

   Wir budgetieren jährlich Nachhaltigkeitsziele – genau wie wir uns auch wirtschaftliche Ziele setzen. Die Erreichung dieser Zielsetzungen wird wöchentlich im Management-Meeting abgeglichen.
5. **„What is next" mit dem Thema Nachhaltigkeit bei Koncept Hotels?**
   Für 2023 haben wir neben der seit 2016 erfolgten laufenden Beauftragung von Werkstätten für Menschen mit Besonderheiten Menschen mit Besonderheiten auch in unsere reguläre Leistungserstellung eingebunden. Wir konnten 2023 zwei betriebsintegrierte Arbeitsplätze schaffen. 2024 wollen wir dies verstärken und auf voraussichtlich drei bis vier Arbeitsplätze ausweiten.

9.8 Nachhaltige Kommunikation in den Explorer Hotels

Interview mit Katja Leveringhaus, Geschäftsführerin

(© Explorer Hotels)

1. **Welche Bedeutung spielt Nachhaltigkeit bei den Explorer Hotels?**
Schon seit unseren Anfangstagen sind wir mit 100 % Passivbauweise und innovativen Energiekonzepten die Vorreiter des klimafreundlichen Tourismus im Alpenraum. Nachhaltigkeit ist bei den Explorer Hotels mehr als ein wichtiger Grundwert – es ist das Fundament, auf dem unsere Marke all unsere Handlungen und Ziele aufbauen.

Aufgrund der besonders energieeffizienten Passivhausbauweise benötigen wir extrem wenig Energie. Die dichte Gebäudehülle, Spezialfenster, die Vermeidung von Wärmebrücken und eine moderne Lüftungstechnik minimieren Energieverluste, vergleichbar mit einer Thermoskanne. Die Hotels beziehen vorwiegend Fernwärme aus erneuerbaren Energieträgern und erzeugen vielerorts Strom durch eigene Fotovoltaikanlagen. Alle Hotels verfügen über ein zertifiziertes Qualitäts- und Umweltmanagement und sind zertifiziert nach den internationalen Normen 9001 und 14001.

Bestandteil der Nachhaltigkeitsstrategie der Explorer Hotels ist neben der besonders energieeffizienten Bauweise und Energieversorgung auch eine bewusst reduzierte Hotelinfrastruktur. So verzichten wir z. B. auf einen energieintensiven Wellnessbereich mit Schwimmbad, Whirlpools etc., sondern es gibt „nur" einen kompakten, funktionellen Sport-Spa mit Sauna, Dampfbad und Infrarotkabine, der die Bedürfnisse der sportlichen Zielgruppe erfüllt. Die Gäste der Explorer Hotels nutzen die bereits vorhandene Freizeitinfrastruktur in den Regionen der Standorte der Explorer Hotels. Aqua Dome, Zillertal Therme, Watzmann Therme, Oberstdorf Therme etc.

Bei allen Explorer Hotels handelt es sich um kompakte Baukörper mit in Relation zur Zimmeranzahl extrem wenig Flächenverbrauch und -versiegelung.

Im Bereich Verpflegung bieten die Explorer Hotels ihren Gästen ein hervorragendes, auf die Wünsche und Bedürfnisse der Gäste ausgerichtetes Frühstückserlebnis, verzichten jedoch auf eigene Voll-Restaurants im Hotel. Es gibt ein Angebot an Snacks und Salaten für Gäste, die abends das Hotel nicht mehr verlassen möchten. Der Großteil der Gäste nutzt jedoch das gastronomische Angebot im Dorf.

Aufgrund des extrem niedrigen Energieverbrauchs und der Tatsache, dass überschüssiger Strom ins Netz eingespeist wird, ergibt sich eine CO_2-neutrale Gesamtbilanz mit einem Überschuss im Betrieb der Immobilie.

2. **Wie sehen Ihre weiteren Pläne im Bereich Nachhaltigkeit aus?**

Im Jahr 2021 beschlossen wir, unseren Fokus nicht nur auf die CO_2-Neutralität im Betrieb der Immobilie zu richten, sondern unsere Nachhaltigkeitsbemühungen noch ganzheitlicher aufzustellen und auch auf weitere Bereiche auszudehnen. Im Bereich der Ökologie geht es uns um einen Tourismus, der noch umweltverträglicher ist. Urlaub im Alpenraum soll einen minimalen ökologischen Fußabdruck hinterlassen.

Ebenso wollen wir einen wertvollen Beitrag leisten, die sozialen und wirtschaftlichen Kreisläufe im Alpenraum im Gleichgewicht zu halten. Dabei nehmen wir auch Verantwortung für unsere Gäste, Mitarbeiter und regionalen Partner wahr.

Das, was wir tun, soll transparent und nachvollziehbar sein. Egal ob Energie, Ressourcenverbrauch oder Biodiversität, wir messen unseren Beitrag und jede Verbesserung. Wir machen kein Greenwashing und verzichten auf Nachhaltigkeits-Buzzwords in unserer Kommunikation.

3. **Wie sind Sie dabei vorgegangen?**

In zahlreichen Workshops haben wir gemeinsam mit unseren Mitarbeitern die Nachhaltigkeitsvision und -strategie der Explorer Hotels geschärft und Umsetzungsmaßnahmen erarbeitet.

Dieser gemeinsame Prozess baut auf dem Konzept von Corporate Social Responsibility (CSR) und auf dem Kompass der Nachhaltigen Entwicklungsziele der Vereinten Nationen (Sustainable Development Goals, SDG Compass) auf. In der ersten Phase haben wir uns mit den Kernthemen der ISO 26000 und den 17 SDGs auseinandergesetzt und insgesamt 37 Themen aus den Bereichen Ökologie/Klima, Soziales und Wirtschaft identifiziert. Parallel haben wir umfangreiche Analysen durchgeführt. So gab es neben einer Gästebefragung auch eine Mitarbeiterbefragung und eine Befragung der Anwohner sowie Interviews mit Stakeholdern aus dem Umfeld der Explorer Hotels wie z. B. Bergbahnen, Tourismusorganisationen, Gemeindeverwaltung, Lieferanten, Geschäftspartnern und auch Experten von z. B. Hochschulen. Dadurch konnten wir die potenziellen wesentlichen Themen für die Zukunft verdichten und priorisieren. Im Rahmen des Projektes haben wir nach einer neuen, international anerkannten Methode gesucht, die Treibhausgasemissionen zu ermitteln und zu bilanzieren. Unser Ziel ist es, mit dieser Ermittlungsmethode belastbare internationale vergleichbare Daten zu erhalten, auf deren Basis wir konkrete und vor allem messbare Verbesserungen umsetzen können. Außerdem wollten wir unseren Blick erweitern und nicht nur Emissionen berücksichtigen, die sich in unserem Besitz bzw. unter unserer Kontrolle befinden (Scope 1 und 2) sondern mit der optionalen Kategorie Scope 3 auch alle anderen indirekten Emissionen ermitteln und berücksichtigen, die zwar nicht zu unserem Unternehmen gehören oder von uns kontrolliert werden, aber trotzdem einen hohen Einfluss haben, wie z. B. die Produktion von Lieferanten, Wäsche, Reinigungsmittel, IT etc.

Wir haben uns für die Bilanzierung nach Greenhouse Gas Protocol entschieden und die Bilanzierung durch einen externen, zertifizierten Analysten durchführen lassen. Die Berechnung der CO_2-Emissionen erfolgt mit Hilfe von Verbrauchsdaten und Emissionsfaktoren für die Umrechnung in CO_2-Äquivalente. Bei der Datenerfassung und der Bewertung von Daten hinsichtlich ihrer Qualität unterscheidet man zwischen Primär- und Sekundärdaten. Bei Primärdaten handelt es sich um Daten, die im direkten Bezug auf einen Untersuchungsgegenstand erhoben werden. Als Sekundärdaten werden Daten bezeichnet, die durch Verarbeitung und Modellierung von Primärdaten gewonnen wurden. Für die Umrechnung der Verbrauchsdaten in CO_2-Äquivalente werden sowohl Primär- als auch Sekundärdaten aus wissenschaftlichen Datenbanken genutzt. Ein Beispiel für die Zusammensetzung der Werte zur Berechnung des Kohlendioxid-Fußabdrucks am Beispiel des Explorer Hotel Berchtesgaden ist in Tab. 9.1 ersichtlich.

Die Auswertungen für die Explorer Hotels liegen uns seit kurzem vor. Die Daten können wir nun für weitere konkrete Verbesserungsmaßnahmen und für die Kommunikation heranziehen. Ziel ist es, den CO_2-Verbrauch insbesondere in Scope 3 weiter zu reduzieren und die Verbesserungen zu messen. Parallel prüfen wir derzeit, ob es möglich ist, den marginalen CO_2-Verbrauch nach der neuen Berechnungsmethode durch regionale Projekte zu kompensieren, die im Verhältnis zur Branche stehen. Die Entscheidung darüber werden wir in den nächsten Wochen treffen.

4. **Welchen Einfluss hat das auf Ihre Kommunikationsstrategie?**

Wir sind und bleiben Explorer-Entdecker. Im Fokus liegt nach wie vor der unkomplizierte, sportlich orientierte Alpenurlaub. Unsere Gäste sollen die schönste Zeit des Jahres – ihren Urlaub in den Bergen – in vollen Zügen genießen – beim Wandern, Biken, Skifahren.

Nachhaltigkeit bei den Explorer Hotels erzeugt dann das zweite gute Gefühl beim Gast. Es ist ein buchungsergänzendes Motiv, und unsere Analysen belegen, dass die Bedeutung rasant steigt.

Trotzdem soll Nachhaltigkeit bei den Explorer Hotels nicht belehrend oder dogmatisch sein. Jeder Gast darf und soll selbst entscheiden, inwieweit er sich mit dem Thema Nachhaltigkeit im Urlaub beschäftigen will. Wir bieten unseren Gästen Informationen basierend auf Fakten und schaffen Anreize wie z. B. die Explorer Climate Rate, die im

Tab. 9.1 CCF – am Beispiel Explorer Hotel Berchtesgaden

Scope	t CO_2 eq/Jahr
Scope 1	0,00
Scope 2 Stromzukauf (0,08 t) Fernwärme (3,85 t)	3,93
Scope 3 Energie (Vorkette) 4,97 Dienstreisen (Nicht-Firmenfahrzeugflotte) 0,99 Mobilität Mitarbeiter 4,52 Print 0,44 Hygiene und Reinigung 26,13 Ernährung: Fleisch 16.27 Fisch 0,60 Obst, Gemüse 8,76 Milch- Käseprodukte 34,96 Getreide 1,93 Getränke 22,36 Mahlzeiten 6,35 IT 2,19 Verbrauch Abfall 2,07 Verbrauch Wasser 0	132,51

Explorer Hotel Shop online buchbar ist und mit der jeder Gast 10 % auf den Übernachtungspreis spart, wenn er mit der Bahn anreist und das Auto zu Hause stehen lässt.

Im Marketing-Mix liegt der Schwerpunkt auf Maßnahmen rund um die Website explorer-hotels.com – hier versuchen wir, die gesamte Customer Journey von der ersten Inspiration bis zum individuellen Post-Stay-Newsletter abzudecken. Wir investieren viel Energie in SEO- und SEA-Maßnahmen und die kontinuierliche Optimierung unseres Online-Shops, um in keine Abhängigkeit von Vertriebsportalen zu gelangen. Wöchentlich versenden wir differenzierte, zielgruppenspezifische Newsletter, wir haben auf der Website einen „Mein Explorer"-Fanclub, der über exklusive News und Angebote Begehrlichkeiten und Bindung schafft. Mit der Explorer Hotel-App posten unsere Gäste ihre Urlaubserlebnisse in Form von „Explorer Moments", die wir wiederum für unsere Social-Media-Aktivitäten auf Facebook, Instagram und TikTok nutzen.

Auf der „Explorer Wall" – 70 Zoll großen Multitouch-Screens in den Explorer Hotel Lounges – animieren wir die Gäste vor Ort unter anderem, mit uns auf „grüne Entdeckungsreise" zu gehen und das Nachhaltigkeitskonzept der Explorer Hotels virtuell zu erkunden.

Forschung im Bereich Nachhaltigkeit

10

> **Zusammenfassung**
>
> In diesem Kapitel wird die Forschung im Bereich Nachhaltigkeit im Hospitality-Management behandelt. Die Autoren unterstreichen die Wichtigkeit dieses Forschungsfeldes und präsentieren Trends und Erkenntnisse. Besondere Aufmerksamkeit wird dabei dem Einfluss wissenschaftlicher Forschung auf die Umsetzung von ESG-Prinzipien gewidmet, um nachhaltige Praktiken in der Branche zu fördern.

10.1 Nachhaltigkeit ist wichtig – Entwicklung des Forschungsfeldes im Hospitality-Management

Im Tourismus und besonders in der Hospitality-Industrie besteht ein wachsendes Interesse am Thema Nachhaltigkeit im Allgemeinen und im Speziellen daran, wie Umwelt-, Sozial- und Governance(ESG-)Aspekte diese in den nächsten zehn Jahren beeinflussen können und werden (Kim et al., 2019 2023). Ausgehend von unternehmerischer Verantwortung und betrieblichen Notwendigkeiten ist die Ausrichtung auf Nachhaltigkeit mehr als nur eine Wahl geworden; sie ist zu einem geschäftlichen Gebot geworden, das weitgehend von strengeren Vorschriften, Verbrauchererwartungen und insbesondere den globalen Konvergenzkrisen angetrieben wird (z. B. Verfügbarkeit und Kosten von Ressourcen; extreme Wetterereignisse; Pandemie) (Legrand et al., 2022). Da Unternehmen der Hospitality-Industrie beginnen, die Vorteile nachhaltiger Praktiken zu erkennen, werden diese nicht mehr nur als ein Kompromiss betrachtet, sondern als ein Weg zur Schaffung von Mehrwert. Parallel zum gestiegenen Interesse der Praxis sind Wissenschaftler aktiv dabei, neben den vielen aufkommenden Fragestellungen die Themen zu erkunden, die mit diesem Wandel im traditionellen Verständnis der Betriebswirtschaft verbunden sind. Allerdings scheint es eine Diskrepanz zwischen wissenschaftlichen Erkenntnissen und ihrer Anwendung in der Hospitality-Industrie zu geben (Gössling & Higham, 2021; Sharpley, 2020). Im folgenden Abschnitt wird eine Reihe von Themen und Ergebnissen aktueller Forschungen präsentiert.

10.2 Einflussreiche Trends und Schlüsselerkenntnisse

Das Interesse am Thema „nachhaltiger Tourismus und Gastgewerbe" in der wissenschaftlichen Gemeinschaft kann anhand der Zahl wissenschaftlicher Beiträge in renommierten Forschungsmagazinen analysiert werden. Bei der Verwendung der Begriffe „Nachhaltigkeit" sowie „Hospitality" und „Tourismus" zeigten Forscher eine Gesamtwachstumsrate von 125 % für die Jahre 2015 bis 2020 in Beiträgen (Molina-Collado et al., 2022). Allein im Jahr 2020 wurden mehr als 481 wissenschaftliche Artikel veröffentlicht (Molina-Collado et al., 2022).

Zu den zentralen Themen gehören **wirtschaftliches Wachstum, Zufriedenheit, nachhaltige Einstellungen, Umweltmanagement, soziale Verantwortung von Unternehmen, Strategien, Konsum** und **Politik**, um nur einige prominente Forschungsfelder zu nennen. Die Diskussionen zu diesen Themen werfen Licht auf verschiedene praktische und politikbezogene Herausforderungen. Dazu gehören die Rolle der Regierungen bei der Unterstützung des Übergangs zu sauberer Energie, die Rolle der Hospitality-Industrie in Bezug auf wirtschaftliches Wachstum und nachhaltige Auswirkungen sowie die Rolle der Verbraucher durch ihre Forderungen und Konsumgewohnheiten.

In einer weiteren ähnlichen Forschung, die Nachhaltigkeitsthemen in der Tourismus- und Hospitality-Industrie während und nach COVID-19 untersucht, kamen die Autoren zu dem Schluss, dass die Schwere der Pandemie mit ihren Folgen (z. B. Lockdown, Abstandsregelungen) zunehmende Bedenken hinsichtlich des Konzepts der Nachhaltigkeit in verschiedenen Sektoren, insbesondere jedoch im Gastgewerbe, ausgelöst hat (Salem et al., 2023). Die Pandemie hat eine Neubewertung der Säulen der Nachhaltigkeit erzwungen und einen neuen Fokus auf die menschliche Gesundheit zur herkömmlichen Triade von Menschen, Profit und Planet hinzugefügt. In der akademischen Landschaft haben verschiedene Forschungsbemühungen die Komplexitäten von COVID-19 im Kontext der Nachhaltigkeitsdiskussion und deren Beziehung zur Hospitality-Industrie untersucht. Zentrale Themen sind **Resilienz, Krisenmanagement, Innovation, Klimawandel** und **organisatorische Widerstandsfähigkeit,** um nur einige zu nennen (Salem et al., 2023).

Drei spezifische Themen und Forschungsergebnisse könnten für Fachleute der Hospitality Industrie von Interesse sein: 1) Bereitschaft zur Zahlung für Nachhaltigkeit: Transparenz und Zertifizierungen sind entscheidend, 2) Auswirkungen von Nachhaltigkeitsinitiativen auf die operative Rentabilität und die Wettbewerbsfähigkeit und 3) Widerstandsfähigkeit, Nachhaltigkeit und Weiterentwicklung der Branche in Krisenzeiten.

10.2 Einflussreiche Trends und Schlüsselerkenntnisse

1. **Bereitschaft zur Zahlung für Nachhaltigkeit: Transparenz und Zertifizierungen sind entscheidend**
   Regelmäßig werden Studien durchgeführt, die Verhaltensabsichten der Verbraucher in Bezug auf Nachhaltigkeit offenlegen. Hier liegt der Fokus auf der Frage nach einer höheren Zahlungsbereitschaft für nachhaltige Hotels (z. B. Boronat-Navarro & Pérez-Aranda, 2020; González-Rodríguez et al., 2020; Kang & Nicholls, 2021). Die Ergebnisse der Forschung zeigen, dass Schwankungen in der Bereitschaft potenzieller Gäste, mehr zu zahlen, weitgehend vom Informationsstand und dem Wert beeinflusst werden, den sie auf Nachhaltigkeitszertifizierungen legen. Mit anderen Worten zeigen Gäste, die gut informiert sind, sich um Nachhaltigkeit sorgen und sich stets bemühen, Informationen über Nachhaltigkeitsinitiativen zu bekommen, eine höhere Bereitschaft, mehr für nachhaltige Hotels zu zahlen. Darüber hinaus zeigten potenzielle Gäste, die den Nachhaltigkeitsnachweis eines Hotels schätzen, ebenfalls eine höhere Bereitschaft, für nachhaltige Alternativen zu zahlen. Diese Beobachtung stärkt die Relevanz von Zertifizierungen, welche zuverlässigere Informationen liefern können, und damit verantwortungsbewusstere Verbraucher anziehen. Schließlich ist auch die frühere Erfahrung entscheidend; Gäste, die schon einmal in einem nachhaltigen Hotel übernachtet haben, zeigten eine höhere Bereitschaft, mehr zu bezahlen. Solche Erkenntnisse sind besonders relevant für Hoteliers und Zertifizierungsstellen bei der Gestaltung ihrer Kommunikations- und Marketingstrategien.

2. **Auswirkungen von Nachhaltigkeitsinitiativen auf operative Rentabilität und Wettbewerbsleistung**
   In der Hospitality-Industrie gibt es zunehmende Belege dafür, dass Nachhaltigkeitsinitiativen die operative Rentabilität erheblich verbessern, indem sie Effizienzgewinne erzielen (z. B. Energieeinsparungen). Studien beginnen nun auch, ihre Wettbewerbsvorteile zu berücksichtigen (z. B. Gewinnung neuer Verbrauchergruppen) (z. B. Bianco et al., 2023; Sakshi et al., 2019; Yenidogan et al., 2021). Die Ergebnisse zeigen, dass Verpflichtungen zu Umweltrichtlinien, Schulungsinitiativen und effektive Kommunikation (über Umweltmaßnahmen) positive Auswirkungen auf Ressourcenschonung und Energieeffizienz haben, was zu einer verbesserten Umwelt- und Wirtschaftsleistung führt. Durch die Ausweitung des Umfangs der Vorteile von Nachhaltigkeit weisen aktuelle Studien auch auf die Wettbewerbsvorteile hin, die sich aus Nachhaltigkeitszertifizierungen ergeben. Zum Beispiel untersuchte eine Studie unter 251 zertifizierten Hotels in Florida die Auswirkungen solcher Zertifikate auf wichtige Leistungskennzahlen (KPIs) wie Auslastung, Nettodurchschnittsrate und Umsatz pro verfügbarem Zimmer (RevPAR) (Bianco et al., 2023). Die Ergebnisse zeigten, dass zertifizierte Hotels ihre KPIs im Vergleich zu ihren Mitbewerbern steigern konnten. Dieser Vorteil resultierte aus einem „First-Mover-Vorteil". Hotels mit Nachhaltigkeitszertifizierung erzielten bessere Kennzahlen im Vergleich zu ihren Wettbewerbern (Bianco et al., 2023). Forschungsergebnisse weisen zunehmend darauf hin, dass Nachhaltigkeitsinitiativen nicht nur die operative Rentabilität im Gastgewerbe durch Kostensenkung und Umsatzsteigerung fördern, sondern auch einen Wettbewerbsvorteil auf dem Markt bieten.

3. Widerstandsfähigkeit, Nachhaltigkeit und Weiterentwicklung der Branche in Krisenzeiten

Wie in diesem Buch diskutiert und präsentiert, umfasst das Nachhaltigkeitsmanagement im Gastgewerbe Schlüsselbereiche wie Energiemonitoring, Wassermanagement, Management natürlicher Ressourcen und Abfallmanagement, um nur einige zu nennen. Zunehmend wird auch die Überwachung der Resilienz einbezogen (Jones & Wynn, 2019). Die Argumentation lautet, dass die Integration von Nachhaltigkeit in operative Praktiken und Strategien den Weg für eine widerstandsfähigere Branche ebnet. Das Thema Resilienz, das als die Fähigkeit des Systems definiert werden kann, sich auf disruptive Ereignisse vorzubereiten, mit ihnen umzugehen und sich an sie anzupassen (Marchese et al., 2017), war in jüngsten tourismus- und hospitality-bezogenen Studien ein Schwerpunkt, insbesondere im Licht der Covid-19-Pandemie (Salem et al., 2023). Im Hinblick auf ökologische Nachhaltigkeit führten Lockdown-Maßnahmen zu einer vorübergehenden Entlastung, darunter einer Verbesserung der Wasserressourcen und einem Rückgang von Luft- und Wasserverschmutzung (Rupani et al., 2020; Saadat et al., 2020; Sher et al., 2021). Die Pandemie führte jedoch auch zu erheblichen finanziellen Rückschlägen, bis hin zu Insolvenzen in allen Branchen. Trotzdem sahen einige gastgewerbliche Betriebe auch neue Chancen, zum Beispiel in der Bereitstellung von Online-Bestellungen und Lieferservice (Poon & Tung, 2022). Forscher untersuchten auch die Auswirkungen auf die soziale Nachhaltigkeit. Insbesondere wurde die unternehmerische soziale Verantwortung (CSR) während der Pandemie zu einem zentralen Schwerpunkt (Peña-Miranda et al., 2022; Salem et al., 2023). Zum Beispiel zeigte die Hotellerie diese, indem sie kostenlose Unterkünfte anbot und insbesondere medizinisches Personal und obdachlose Menschen unterstützte (Chen & Hang, 2021). Die Pandemie hat auch die Digitalisierung im Gastgewerbe beschleunigt. In ihrer Studie fanden Zhong et al. (2022) heraus, dass die Akzeptanz von Robotern durch Hotelgäste nach COVID-19 signifikant zunahm. Der Fokus auf technologischer Innovation und verstärkter Zusammenarbeit kann die Widerstandsfähigkeit stärken. Aber während sich das Gastgewerbe von der Covid-Krise erholt, muss es in Bildung, Training und auch Gesundheit investieren, um seine grundlegenden nachhaltigen Grundlagen zu stärken (Weidmann et al., 2022), neben der Minderung der Umweltauswirkungen angesichts fortwährender Herausforderungen und Krisen in der Branche.

10.3 Einfluss wissenschaftlicher Forschung auf die Umsetzung von ESG-Prinzipien

Wissenschaftliche Forschung hat eine entscheidende Rolle dabei gespielt, die ESG-Prinzipien in der Branche zu verstehen und ihnen zu folgen. Forscher schlagen nachhaltige Geschäftsmodelle vor, setzen bewährte Praktiken als Maßstäbe und erkunden regulatorische Trends. Dieser Forschungszweig unterstützt Unternehmen in Entscheidungsprozessen, hebt aufkommende Marktreaktionen auf ESG-Verstöße hervor und bietet Einblicke für strategische Nachhaltigkeitspläne.

Literatur

Bianco, S., Bernard, S., & Singal, M. (2023). The impact of sustainability certifications on performance and competitive action in hotels. *International Journal of Hospitality Management, 108*, 103379. https://doi.org/10.1016/j.ijhm.2022.103379

Boronat-Navarro, M., & Pérez-Aranda, J. A. (2020). Analyzing willingness to pay more to stay in a sustainable hotel. *Sustainability, 12*(9), 3730. https://doi.org/10.3390/su12093730

Chen, Z., & Hang, H. (2021). Corporate social responsibility in times of need: Community support during the COVID-19 pandemics. *Tourism Management, 87*, 104364. https://doi.org/10.1016/j.tourman.2021.104364

González-Rodríguez, M. R., Díaz-Fernández, M. C., & Font, X. (2020). Factors influencing willingness of customers of environmentally friendly hotels to pay a price premium. *International Journal of Contemporary Hospitality Management, 32*(1), 60–80. https://doi.org/10.1108/IJCHM-02-2019-0147

Gössling, S., & Higham, J. (2021). The low-carbon imperative: destination management under urgent climate change. *Journal of Travel Research, 60*(6), 1167–1179. https://doi.org/10.1177/0047287520933679

Jones, P., & Wynn, M. G. (2019). The circular economy, natural capital and resilience in tourism and hospitality. *International Journal of Contemporary Hospitality Management, 31*, 2544–2563.

Kang, K., & Nicholls, S. (2021). Determinants of willingness to pay to stay at a green lodging facility. *International Journal of Hospitality Management, 94*, 102834. https://doi.org/10.1016/j.ijhm.2020.102834

Kim, Y. H., Barber, N., & Kim, D.-K. (2019). Sustainability research in the hotel industry: Past, present, and future. *Journal of Hospitality Marketing & Management, 28*(5), 576–620. https://doi.org/10.1080/19368623.2019.1533907

Legrand, W., Chen, J. S., & Laeis, G. (2022). *Sustainability in the Hospitality Industry: Principles of Sustainable Operations* (4. Aufl.). Routledge.

Marchese, D., Reynolds, E., Bates, M. E., Morgan, H., Clark, S. S., & Linkov, I. (2017). Resilience and sustainability: Similarities and differences in environmental management applications. *Science of the Total Environment, 613*(614), 1275–1283. https://doi.org/10.1016/j.scitotenv.2017.09.086

Molina-Collado, A., Santos-Vijande, M. L., Gómez-Rico, M., & Madera, J. M. (2022). Sustainability in hospitality and tourism: A review of key research topics from 1994 to 2020. *International Journal of Contemporary Hospitality Management, 34*(8), 3029–3064. https://doi.org/10.1108/IJCHM-10-2021-1305

Peña-Miranda, D. D., Guevara-Plaza, A., Fraiz-Brea, J. A., & Camilleri, M. A. (2022). Corporate social responsibility model for a competitive and resilient hospitality industry. *Sustainable Development, 30*(3), 433–446. https://doi.org/10.1002/sd.2259

Poon, W. C., & Tung, S. E. H. (2022). The rise of online food delivery culture during the COVID-19 pandemic: an analysis of intention and its associated risk. *European Journal of Management and Business Economics*. https://doi.org/10.1108/EJMBE-04-2021-0128

Rupani, P. F., Nilashi, M., Abumalloh, R. A., Asadi, S., Samad, S., & Wang, S. (2020). Coronavirus pandemic (COVID-19) and its natural environmental impacts. *International Journal of Environmental Science and Technology, 17*(11), 4655–4666. https://doi.org/10.1007/s13762-020-02910-x

Saadat, S., Rawtani, D., & Hussain, C. M. (2020). Environmental perspective of COVID-19. *Science of the Total Environment, 728*, 138870. https://doi.org/10.1016/j.scitotenv.2020.138870

Sakshi, K., Cerchione, R., & Bansal, H. (2019). Measuring the impact of sustainability policy and practices in tourism and hospitality industry. *Business Strategy and the Environment, 29*(3), 1109–1126. https://doi.org/10.1002/bse.2420

Salem, I. E., Abbas, H., Akram, H. W., & Elbaz, A. M. (2023). Contemporary sustainability themes in tourism and hospitality during and post COVID-19: Critical review and a step strategies forward for post the pandemic. *Sustainable Development, 31*(5), 3946–3964. https://doi.org/10.1002/sd.2636

Sharpley, R. (2020). Tourism, sustainable development and the theoretical divide: 20 years on. *Journal of Sustainable Tourism, 28*(11), 1932–1946. https://doi.org/10.1080/09669582.2020.1779732

Sher, F., Raore, D., Klemeš, J. J., Rafi-ul-Shan, P. M., Khzouz, M., Marintseva, K., & Razmkhah, O. (2021). Unprecedented impacts of aviation emissions on global environmental and climate change scenario. *Current Pollution Reports, 7*, 549–564. https://doi.org/10.1007/s40726-021-00206-3

Weidmann, S., Filep, S., & Lovelock, B. (2022). How are tourism businesses adapting to COVID-19? Perspectives from the fright tourism industry. *Tourism and Hospitality Research, 23*(1), 121–126. https://doi.org/10.1177/14673584221085

Yenidogan, A., Gurcaylilar-Yenidogan, T., & Tetik, N. (2021). Environmental management and hotel profitability: Operating performance matters. *Tourism & Management Studies, 17*(3), 7–19. https://doi.org/10.18089/tms.2021.170301

Zhong, L., Coca-Stefaniak, J. A., Morrison, A. M., Yang, L., & Deng, B. (2022). Technology acceptance before and after COVID-19: No-touch service from hotel robots. *Tourism Review, 77*(4), 1062–1080. https://doi.org/10.1108/TR-06-2021-0276

MIX
Papier aus verantwortungsvollen Quellen
Paper from responsible sources
FSC® C105338

If you have any concerns about our products,
you can contact us on
ProductSafety@springernature.com

In case Publisher is established outside the EU,
the EU authorized representative is:
**Springer Nature Customer Service Center GmbH
Europaplatz 3, 69115 Heidelberg, Germany**

Printed by Libri Plureos GmbH
in Hamburg, Germany